KB106381

그림어원 **공무원 한자**

그림어원 **공무원 한자**

발행일	1판 1쇄 2022년 6월 27일

지은이 김희수
펴낸이 손형국
펴낸곳 (주)북랩
편집인 선일영   **편집** 정두철, 배진용, 김현아, 박준, 장하영
디자인 이현수, 김민하, 김영주, 안유경   **제작** 박기성, 황동현, 구성우, 권태련
마케팅 김회란, 박진관
출판등록 2004. 12. 1(제2012-000051호)
주   소 서울특별시 금천구 가산디지털 1로 168, 우림라이온스밸리 B동 B113~114호, C동 B101호
홈페이지 www.book.co.kr
전화번호 (02)2026-5777   **팩스** (02)2026-5747

ISBN   979-11-6836-347-2 13710
            979-11-6836-348-9 15710

잘못된 책은 구입한 곳에서 교환해드립니다.
이 책은 저작권법에 따라 보호받는 저작물이므로 무단 전재와 복제를 금합니다.

(주)북랩 성공출판의 파트너

북랩 홈페이지와 패밀리 사이트에서 다양한 출판 솔루션을 만나 보세요!
홈페이지 book.co.kr • **블로그** blog.naver.com/essaybook • **출판문의** book@book.co.kr

바르고 빠르게 암기하는 공시 한자 학습법!

그림어원 공무원 한자

김희수 저

7·9급 국가직 지방직 서울시 주요 공무원 전직렬
군무원 계리직 대비!

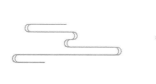

공시 합격 디딤돌인 『그림어원 공무원 한자』의 특징은 다음과 같습니다.

1. 기출 한자를 출제 빈도순으로 제시하였습니다.

2. 어원의 핵심을 설명하여 본의 파악이 쉽고 기억에 오래 남습니다.

3. 고대 한자를 함께 수록하여 현대 한자의 의미 파악과 암기에 도움을
   줍니다.

4. 한 글자를 이해하는 데 필요한 단어를 함께 수록하여 암기에 유익합니다.

5. 한자의 각 부분의 모양과 그 뜻을 나타내어, 다른 글자의 학습에 도움이
   됩니다.

6. 학습에 도움이 되는 단서를 중간중간 달아 놓았습니다.

『그림어원 공무원 한자』로 여러분이 꼭 시험에 합격하기를 진심으
로 기원합니다.

감사합니다.

저자 김희수

번호	고문	해서	설 명
1	ㅂ 止	止	발바닥(一)과 발가락(ㅂ)을 나타냄. **그칠 지/멈출 지** • 停止(정지) 머무르고(停) 그치다(止). 　*단독 사용 시: 그치다, 멈추다. 　*다른 글자에 결합될 시: 움직이다. 　*止: 발가락 5개를 3개로 간략화 함.
2	正	正	1. 다른 나라의 국경(囗→一)을 향하여 정벌하러 가다(ㅂ→止). 2. 자신들이 다른 나라를 정벌하는 것은 정당하고 바르다. **바를 정/정당할 정** • 正當(정당) 바르고(正) 마땅하다(當).
3	戈	戈	창의 날·장식·손잡이(干→弋) 그리고 창을 세워 놓는 받침대(ㅏ→丿). **창 과** • 枕戈待旦(침과대단) 창(戈)을 베고 자면서(枕) 아침(旦)을 기다린다(待): 군인의 자세.
4	或	或	혹시 다른 나라가 침입할까봐 창(戈)을 들고 국경(-)과 국민(口)을 지키고 있음. **혹 혹** • 或是或非(혹시혹비) 어쩌다가 우연히(或) 옳고(是) 어쩌다가 우연히(或) 그르다(非): 결정할 수 없음.
5	屮	之	출발지(一→乀)에서 한 발짝(ㅂ→ㄅ) 내딛다. **갈 지** • 左之右之(좌지우지) 왼쪽(左)으로 갔다(之) 오른쪽(右)으로 감(之): 어떤 대상을 제멋대로 다룸. **(영향을) 끼칠 지** • 易地思之(역지사지) 입장(地)을 바꾸어 보고(易) 그 상태(之)를 생각하다(思). • 莫逆之友(막역지우) 거스름(逆)이 없는(莫) 상태의(之) 친구(友): 매우 친한 친구.
6	禾 市	不	새싹(ㅏ)이 땅(一) 아래에서 땅 위로 나오지 **아니하고 웅크린 상태**. **아닐 불** • 不怨天(불원천) 하늘(天)을 원망(怨)하지 아니하다(不). **아닐 부** • 生面不知(생면부지) 태어난(生) 후 얼굴(面)을 알지(知) 아니함(不): 처음 보는 사람임. 　*'不' 다음 자음이 ㄷ과 ㅈ일 때 '부'로 읽음.
7	柮	杯	웅크린(不) 모양의 나무(木) 잔. **잔 배** 乾杯(건배) 술잔(杯)의 술을 다 마셔 비움(乾).

번호	고문	해서	설 명
8		抔	손(扌)으로 잔(杯→不)을 잡다. **움킬 부** • 一抔土(일부토) 한(一) 줌(抔)의 흙(土): 무덤을 이르는 말.
9		天	양팔과 양다리를 벌린 사람(大) 위의 하늘(一). **하늘 천** • 天地(천지) 하늘(天)과 땅(地).
10		大	양팔과 양다리를 벌려 숨기는 게 없는 떳떳하고 큰 사람. **큰 대** • 公明正大(공명정대) 한쪽으로 치우치지 아니하고(公) 명백하며(明), 바르고(正) 떳떳함(大). * 한자(漢字)의 특징 중 하나는 대부분 몸통을 표시하지 않고 생략하는 것임.
11		言	입(ㅂ→口)에서 소리가 퍼져 나오는(ㅍ→三) 모습. **말 언/말할 언** • 語(언어) 뜻을 전달하는 음성·문자·관습 등의 체계.
12		語	내(吾)가 하는 말(言). **말 어/말할 어** • 流言蜚語(유언비어) 흐르는(流) 말(言)과 날아다니는(蜚) 말(語): 뜬소문. * 蜚=飛
13		吾	말(ㅂ→口)로써 다른 사람과 소통하는(乂→五) **나는 나쁜 것을 막고 좋은 것을 받아들임.** **나 오** • 三省吾身(삼성오신) 내(吾) 몸(身)을 하루에 3번(三) 살핀다(省).
14		人	서 있는 사람의 머리와 팔(丿) 그리고 다리(乀)의 옆모습. **사람 인** • 眼下無人(안하무인) 자기 눈(眼) 아래(下) 사람(人)이 없음(無): 교만하여 다른 사람을 얕봄.
15		生	흙(土) 위에 풀(屮→艹)의 싹이 나다. **날 생/살 생/싱싱할 생** • 生命(생명) 숨을 쉬며(命) 살다(生).
16		土	지면(一→一)위에 쌓은 흙덩이(◊→十). **흙 토** • 土地(토지) 흙(土)과 생명을 이어주는(也) 대지(地).
17		白	1. 막 솟아오르는 태양(日)의 빛(丿)은 제일 **희고 분명함.** 2. 햇빛이 뻗어나가 사물에 **부딪치고 머묾.** **흰 백**

번호	고문	해서	설 명

白衣(백의) 흰(白) 옷(衣).

(분명히)설명할 백
- 告白(고백) 큰 소리로(告) 분명히 설명하다(白).

18

어떤 결정을 분명히(白) 할 수 있는 사람(亻)은 우두머리이다.

맏 백
- 伯父(백부) 큰(伯)아버지(父): 둘 이상의 아버지의 형 가운데 맏이가 되는 형.
- 畵伯(화백) 화가(畵)의 우두머리(伯): 화가의 높임말.

19

물(氵)이 부딪쳐(白) 튀겨 사방으로 흩어지다(放).

격할 격
- 激化一路(격화일로) 다만 세차고 사납게(激) 되어(化) 갈(路) 뿐(一): 격렬하게 되는 과정.

20

물(水→氵)가에 머물다(白).

머무를 박/배댈 박
- 碇泊(정박) 배가 닻(碇)을 내리고 머무름(泊).

21

둘러싼(勹) 뱃속에 있는 아이(巳).

쌀 포
- 包括(포괄) 일정한 대상이나 현상 따위를 어떤 범위나 한계 안(包)에 모두 끌어넣음(括).
  * 勹: 둘러싸다/두 팔로 껴안다/사람이 몸을 구부리다.

22

좋은 것(甛→舌)만 골라서 손(扌)으로 모아 묶다.

묶을 괄
- 尾括式(미괄식) 문단이나 글의 끝부분(尾)에 중심 내용(括)이 오는 산문 구성 방식(式).
  * 甛: 달 첨, 즐거울 첨, 좋을 첨

23

1. 말뚝(口)에 연결된 올가미(뤻→勹).
2. 말(口)의 한 토막(勹).

글귀 구
- 句節(구절) 구(句)와 절(節): 말이나 글을 여러 토막으로 나눈 그 각개의 부분.
  * 글귀와 귀글(한문의 시부 등 두 마디가 한 덩이씩 짝이 되도록 지은 글) 두 단어만큼은 '구'가 아닌 '귀'로 발음하는 형태를 표준어로 삼음.
  * 句=勾

24

올가미(句)로 잡다(扌).

잡을 구
- 拘束(구속) 구인(拘)하여 속박(束)함.

25

큰 술동이에서 술을 퍼내, 작은 술잔에 정확히 따르는 작은 국자(勺).

구기 작
- 勺水不入(작수불입) 한 모금(勺)의 물(水)도 마실 수(入) 없다(不).

번호	고문	해서	설 명
26	旳	的	분명한(白) 목표물을 작은 국자(勺)로 정확하게 조절하여 **확실히** 맞히다. 과녁 적 • 적중(的中) 과녁(的)의 가운데(中). 확실할 적 • 的知(적지) 확실히(的) 앎(知).
27	心	心	1개(乚)의 심장과 3개(丷)의 혈관으로 나타낸 심장으로, 심장에 마음이 있다고 봄. 마음 심/근본 심 • 從心(종심) 마음(心)을 쫓는다(從): 공자가 70세가 되어 마음대로(心) 행하여도 (從) 도에 어긋나지 않았다고 한데서 나온 말/70세를 일컬음.
28	文	文	1. 고개가 꺾인 죽은 사람의 머리(丶), 양팔(一), 죽음의 **표시**(X). 2. 사람의 가슴에 피를 의미하는 붉은 색의 X 표시로 죽은 사람을 표시하였고, 나중에 여러 가지 표시를 하게 되어 **무늬, 문자, 문화** 등을 의미함. 글월 문/글자 문 • 文房四友(문방사우) 공부하는(文) 방(房)의 네 가지(四) 벗(友): 서재에 꼭 있어야 할 네 벗/종이, 붓, 벼루, 먹.
29	史	史	기록한 **축문**(口)을 손(ナ)으로 들고 읽는 **사관**. 사기 사/문서 사/사관 사 • 歷史(역사) 시간과 공간이 변천된 자취(歷)를 기록한 문서(史).
30	吏	吏	관모를 쓰고(一) 문서(口)를 손(ナ)으로 **관리**하는 사람. 관리 리 • 淸白吏(청백리) 맑고(淸) 부정이 없는(白) 관리(吏): 청렴한 관리.
31	使	使	윗사람(人→亻)이 관리(吏)에게 일을 **시키다**. 시킬 사 • 使嗾(사주) 남을 부추겨(嗾) 좋지 않은 일을 시킴(使). 관직 사 • 大使(대사) 외교를 맡아보는 최고(大) 관직(使).
32	事	事	관리(吏→亊)가 손(彐)으로 일을 하다. 일 사 • 茶飯事(다반사) 차(茶)를 마시고 밥을 먹는(飯) 일상의 일(事).
33	山	山	산봉우리 3개로 산을 나타냄. 뫼 산 • 仁者樂山(인자요산) 어진(仁) 사람(者)은 중후하고 변하지 않는 산(山)을 좋아한 다(樂). • 知者樂水(지자요수) 지혜로운(知) 사람(者)은 물과 같이 막힘이 없으므로 물(水) 을 좋아한다(樂).

| --- | --- | --- | --- |
34	𭅢	字	집(宀)안의 자녀(子)처럼 계속 **불어나는** 글자(字). **글자 자** • 文字(문자) 문장(文)에서 계속 불어나는 글자(字).
35	杰	中	군사들의 진지 **중앙**(中)의 기. **가운데 중** • 囊中之錐(낭중지추) 주머니(囊) 속(中)의(之) 송곳(錐): 아주 빼어난 사람은 숨어 있어도 저절로 남의 눈에 드러난다는 비유.
36	一	一	막대를 옆으로 눕혀놓은 모습. **하나 일/첫째 일** • 一長一短(일장일단) 일면(一)의 장점(長)과 다른 일면(一)의 단점(短)을 통틀어 이르는 말.
37	𠘧	凡	바람(丶)을 받는 돛(几)에 바람이 **골고루** 불어치다. **무릇 범/보통 범** • 平凡(평범) 뛰어나지 않고(平) 보통(凡)임. **모두 범** • 禮儀凡節(예의범절) 예의(禮儀)와 모든(凡) 절차(節).
38	𠔔	同	1. 원통모양의 뚜껑(冂)과 몸체(口)가 잘 맞도록 만든 통은 서로 **화합**하고, 지름이 **같다**. 2. 모두(凡→冂) **같이** 말하다(口). **한 가지 동** • 同門(동문) 같은(同) 문파(門): 같은 학교.
39	銅	銅	다른 금속(金)과 융합이 잘 되는(同) 구리. **구리 동** • 銅錢(동전) 구리(銅)로 만든 돈(錢).
40	𤯁	學	학교(宀→冖)에서 어린이(子)가 사물을 연결하는 법(爻)을 두 손(𦥑→臼)으로 배움. **배울 학** • 教學相長(교학상장) 가르치고(教) 배우는(學) 과정에서 서로(相) 성장(長)함.
41	𣱸	而	성인의 수염(而)은 턱(一)과 서로 **이어져** 있음. **말이을 이** • 似而非(사이비) 비슷한 듯하다(似) 그러나(而) 아니다(非): 진짜 같지만 가짜임. • 博而精(박이정) 넓게(博) 그리고(而) 깊게(精) 앎.
42	𣞤	無	무당(宀)이 두 손에 여러 가지 주술 도구를 들고 무아지경에서 **춤을 추는** 모습(舞)으로, 신들린 모습만 보이고 원래 무당의 모습이 **없어졌다**. **없을 무** • 有備無患(유비무환) 준비(備)가 있으면(有) 근심(患)이 없다(無).

번호	고문	해서	설 명
43	舞	舞	무(無)는 '없다'와 '춤추다'로 사용되다가, 나중에 무(無)는 '없다'로, 무(舞)는 '춤추다'로 구분하여 사용. **춤출 무** • 舞踊(무용) 춤을 추고(舞) 펄쩍 뜀(踊).
44	亼	스	1. 세 가지가 잘 어울려 딱 들어맞음. 2. 여러 가지를 이치에 맞게 **모음**. **모일 집**
45	合	合	뚜껑(스)과 그릇(口)을 **합하다**. **합할 합** • 知行合一(지행합일) 지식(知)과 행동(行)이 서로(一) 맞음(合). • 合格(합격) 어떤 조건이나 격식(格)에 맞음(合).
46	冊	冊	죽간(刪)을 가죽 끈(一)으로 엮은 모양. **책 책** • 冊房(책방) 책(冊)을 갖추어 놓고 팔거나 사는 가게(房). * 죽간(竹簡): 글자를 기록하던 대나무 조각.
47	侖	侖	경전(冊)을 모아(스) 읽고 정리하며, 사람의 도리를 생각하고 실천함. **생각할 륜/둥글 륜**
48	論	論	공부한 내용을 잘 생각하고 정리하여(侖) 토론하다(言). **논할 논/토론할 논** • 卓上空論(탁상공론) 책상(卓) 위(上)에서만 펼치는 헛된(空) 논의(論).
49	倫	倫	사람(亻)이 많은 책을 읽고 생각하여(侖), 사람들과의 관계에서 **도리를** 지켜야 함. **인륜 륜** • 人倫(인륜) 부모와 자녀·형제·부부 따위에서 지켜야 할 도리.
50	崙	崙	이것저것 갖춘(侖) 산(山). **산 이름 륜** • 崑崙山(곤륜산) 중국 전설상의 높은 산: 중국의 서쪽에 있으며, 옥이 난다고 함/전국 시대 말기부터는 서왕모가 살며 불사의 물이 흐른다고 믿어짐.
51	目	目	눈을 표시. **눈 목** • 刮目相對(괄목상대) 눈(目)을 비비고(刮) 상대방을(相) 대한다(對): 다른 사람의 학식이나 업적이 크게 진보한 것을 말함.
52	木	木	나무의 원줄기(丨)·가지(一)·뿌리(八)를 나타냄 **나무 목**

번호	고문	해서	설 명
			• 緣木求魚(연목구어) 나무(木)에 올라가(緣) 물고기(魚)를 구하다(求): 목적이나 수단이 일치하지 않아 성공이 불가능함.
53	𣄰	相	나에게 필요한 목재(材→木)인지 자세히 **생김새**를 살펴보는(目) 것으로, 나중에 **나무와 눈**의 대치 관계에 착안해 '서로'라는 뜻을 갖게 됨. ━━━━━━━━━━━━ **서로 상** • 同病相憐(동병상련) 같은(同) 병(病)이 있는 사람끼리 서로(相) 가엾게(憐) 여기다. **생김새 상** • 相(상) 얼굴 생김새.
54	性	性	타고난(生) 사람의 마음(忄). ━━━━━━━━━━━━ **성품 성** • 性品(성품) 사람의 성질(性)이나 됨됨이(品).
55	交	交	사람(文→亠)이 양다리를 교차하듯(父), 다른 사람과 사귀다. ━━━━━━━━━━━━ **사귈 교** • 管鮑之交(관포지교) 관중(管仲)과 포숙(鮑叔)의(之) 사귐(交): 매우 친한 관계.
56	力	力	세 개의 발(⇒→刀)과 손잡이(丨)로 된 쇠스랑 모양의 농기구 사용은 많은 **힘**이 들어감. ━━━━━━━━━━━━ **힘 력(역)** • 務實力行(무실역행) 참되고 실속(實) 있도록 힘써(務) 실행(行)함(力). • 洞察力(통찰력) 사물을 환히 꿰뚫어(洞) 보는(察) 능력(力).
57	皮	皮	동물의 **생가죽**(冂)을 손(又)으로 벗겨냄. ━━━━━━━━━━━━ **가죽 피** • 虎死留皮(호사유피) 호랑이(虎)가 죽으면(死) 가죽(皮)을 남긴다(留). **껍질 피** • 草根木皮(초근목피) 풀(草)뿌리(根)와 나무(木)껍질(皮)로 끼니를 때움: 매우 굶주림.
58	韋	韋	1. 무두질한 가죽(口)을 더욱 가공하여(韋) 다룸가죽으로 만들다. 2. 성(口)을 에워싸고(韋) 지키다. ━━━━━━━━━━━━ **(다룸)가죽 위** • 韋編三絕(위편삼절) 죽간을 엮은(編) 가죽 끈(韋)이 세 번(三)이나 끊어짐(絕): 복습을 많이 함. ＊발 모양: 止, 足, 疋, 走, 夂, 癶, 㐄, 舛
59	衛	衛	모든 방향에서(行) 성을 지킴(韋). ━━━━━━━━━━━━ **지킬 위** • 衛生(위생) 건강에 유익하도록(生) 조건을 갖추거나 대책을 세우는 일(衛).
60	革	革	생가죽을 무두질하면 부드러운 가죽(革)이 됨. ━━━━━━━━━━━━ **(무두질한)가죽 혁**

번호	고문	해서	설 명
			• 革新(혁신) 무두질하여 부드럽고(革) 새롭게(新)함. • 革帶(혁대) 무두질한 가죽(革)으로 된 띠(帶). *무두질: 생가죽을 소변과 똥물에 넣어 밟고 치대면, 털이 쉽게 빠지며 가죽이 부드러워지고 또 다시 여러 가지 매우 **고달픈 과정**을 거쳐 무두질한 가죽이 완성됨.
61	蓳	堇	무두질한 가죽(革) 같은 부드러운 흙(土). ① 똥물 같은 **진흙**. ② 심한 가뭄이 들면 진흙을 먹고 **근근이** 살아감. .... 진흙 근 • 饑饉(기근) 조금(幾) 먹고(食) 진흙(堇)을 먹음(食): 매우 굶주린 상태. *堇: 홀로 사용되지 아니하고 다른 글자와 합하여 사용됨.
62	勤	勤	매우 힘든 상태(堇)를 벗어나려면 **부지런히** 힘(力)써야 한다. .... 부지런할 근 • 勤勉(근면) 부지런히(勤) 힘쓰다(勉).
63	艱	艱	매우 힘든 상태(莫)에 머물다(艮). .... 어려울 간 • 艱辛(간신) 힘들고(艱) 고생스러움(辛). *堇의 변형: 莫
64	隹	隹	새 모양. .... 새 추 *홀로 사용되지 아니하고 다른 글자와 합하여 사용됨.
65	崔	崔	산(山)이 높고 새(隹)가 높이 난다. .... 높을 최 • 崔嵬(최외) 산이 높고(崔) 험하다(嵬): 집이나 정자가 높고 크다.
66	難	難	손에 잡혀 매우 힘든 상태(莫)의 새(隹). .... 어려울 난 • 難攻不落(난공불락) 공격(攻)하기 어려워(難) 함락(落)되지 아니함(不).

67	欠	欠	사람(人)의 신체에 산소가 **부족할 때**, 입을 크게 벌리며(勹) **하품**을 함.
			....
			  하품 흠
			• 欠伸(흠신) 하품(欠)과 기지개(伸).
			  부족할 흠
			• 欠缺(흠결) 일정한 수효에서 부족하고(欠) 모자라다(缺).

68	歎	歎	매우 힘든 상태(莫)라 입을 벌리고 탄식을 하다(欠). .... 탄식할 탄 • 歎息(탄식) 한숨 쉬며(息) 한탄(歎)함.
69	明	明	해(⊙→日)와 달(☽→月)이 밝다.

번호	고문	해서	설 명
			밝을 명 • 明朗(명랑) 밝고(明) 밝다(朗).
70	凶	自	자신을 가리킬 때, 손가락으로 자기 얼굴의 코(自)을 가리킴. **스스로 자** • 各自圖生(각자도생) 한 사람(各) 한 사람 스스로(自) 살아갈(生) 방법을 도모(圖)함.
71	屮	出	출구(∪→凵)에서 나가다(屮→屮). **날 출** • 靑出於藍(청출어람) 푸른색(靑)은 남색(藍)에서(於) 나왔으나(出) 남색보다 더 푸르다: 제자가 스승보다 뛰어나다.
72	个	宀	지붕과 벽으로 둘러싸인 집의 모양. **집 면**
73	宧	定	집안(宀) 물건을 제자리에 바르게 놓음(正→疋). **정할 정/바로잡을 정** • 會者定離(회자정리) 만난(會) 사람(者)과 반드시(定) 헤어진다(離).
74	一	下	기준선(一) 아래의 선(卜)이 **아래**를 상징함. **아래 하** • 莫上莫下(막상막하) 위(上)도 없고(莫) 아래(下)도 없다(莫).
75	㞢	有	값비싼 고기(月)를 갖고 있는 손(ナ). **있을 유** • 必有事端(필유사단) 어떤 일(事)에는 반드시(必) 그럴만한 이유(端)가 있다(有).
76	𦙶	肉	갈비뼈(仌)가 붙어있는 고기 덩어리(肉). **고기 육** • 羊頭狗肉(양두구육) 양(羊)머리(頭)를 걸어놓고 개(狗)고기(肉)를 판다: 내로남불. *다른 글자와 같이 사용될 때: 肉→月 *달 월(月)/고기 육(月)
77	𩩲	骨	고기(月)가 붙어 있는 뼈(冎). **뼈 골** • 骨折(골절) 뼈(骨)가 부러짐(折).
78	⺜	月	점점 커지는 초승달 모양. **달 월** • 日就月將(일취월장) 날(日)마다 나아지고(就) 달(月)마다 나아진다(將).
79	凬	風	바람을 받는 돛(凡)과 바람을 일으키는 봉새(鳳→虫)의 합자. **바람 풍**

번호	고문	해서	설 명
			• 四面春風(사면춘풍) 네(四) 방향(面)이 봄(春)바람(風): 모든 사람을 따뜻하게 대함.
80	𠂤	蟲	여러 마리의 벌레나 동물. 벌레 충 • 蟲齒(충치) 벌레(蟲) 먹은 이(齒). • 夏蟲疑氷(하충의빙) 여름(夏)벌레(蟲)는 얼음(氷)을 의심한다(疑): 소견이 좁음. 동물 충 • 爬蟲類(파충류) 기어다니는(爬) 동물(蟲) 무리(類): 거북·뱀·악어 등.
81	叀	專	손(寸)으로 방추(叀)를 오로지 한 방향으로 돌림. 오로지 전 • 專攻醫(전공의) 오로지(專) 한곳만 훈련(攻)한 의사(醫). * 방추: 물레에서 실을 감는 쇠꼬챙이로 한 방향으로만 돌려야 실을 감을 수 있음.
82	傳	傳	사람(亻)이 오로지 한 방향으로(專) 전함. 전할 전 • 名不虛傳(명불허전) 이름(名)이 헛되이(虛) 전해지는(傳) 법이 아니다(不).
83	井	井	우물 난간. 우물 정 • 甘井先竭(감정선갈) 물맛 좋은(甘) 우물(井)이 먼저(先) 마른다(竭): 재능이 뛰어난 사람은 일찍 쇠함.
84	青	青	새싹(生: 生→主)과 샘물(井→丹)은 푸르고 정겨움. 푸를 청 • 靑春(청춘) 만물이 푸른(靑) 봄(春): 십 대 후반에서 이십 대에 걸치는 인생의 젊은 나이 또는 그런 시절. * 靑=青
85	情	情	푸르고 정겨운(靑) 마음(心→忄). 뜻 정 • 人之常情(인지상정) 사람들(人)이(之) 항상(常) 갖는 생각(情).
86	八	分	칼(刂→刀)로 공정하게 나누다(八→八). 나눌 분 • 安分知足(안분지족) 편안한(安) 마음으로 자기 분수(分)를 지키고 넉넉함(足)을 안다(知).
87	手	手	손가락과 손바닥을 나타내며, 솜씨 있는 사람도 의미함. 손 수 • 手不釋卷(수불석권) 손(手)에서 책(卷)을 놓지 않고(不) 늘 글을 읽는다(釋). 솜씨 수 • 手段(수단) 일을 다루어 처리하는 능력이나 솜씨(手)의 정도(段) 사람 수

번호	고문	해서	설 명
			• 歌手(가수) 노래(歌)를 잘 하는 사람(手).
			*손의 다른 모양 1. 扌: 技 재주 기[나뭇가지(十)를 손(扌,又)으로 잘 다룸] 2. 又: 友 벗 우[다른 사람의 손(ナ)을 잡은 손(又)] 3. ナ: 右 오른쪽 우[밥을 먹는(口) 손(ナ)]
88	余	余	지붕(人)과 나무기둥(木)으로 된 ① 내 ② 집은 누추하더라도 ③ 편하고 여유롭다. **나 여** • 余等(여등) **나(余)**와 같은 무리(等): 우리들.
89	途	途	내 집(余)으로 **가는 길**(辶)은 여유롭다. **길 도** • 前途洋洋(전도양양) 앞(前)길(途)이 바다(洋)처럼 넓음(洋): 앞날이 희망차고 전망이 밝음.
90	餘	餘	음식을 먹고(食) **여유**가 있어 **남음(余)**. **남을 여** • 餘裕(여유) **남음(餘)**과 **넉넉함(裕)**.
91	敘	敘	길(途→余)이 펼쳐져 있는 것처럼, 말을 **차례**에 맞게 늘어놓다(攴). **펼 서** • 敘事(서사) 사실(事)대로 차례(敘)에 맞게 기록함.
92	舍	舍	집(余→𠆢)과 울타리(口)가 있는 큰 집으로, 주로 **임시 거처**로 쓰이며, 여유롭게 머문 후 버리고 **떠나는** 집. **집 사** • 精舍(정사) 정신(精)을 수양하는 집(舍). **버릴 사** • 舍己從人(사기종인) 나(己)의 단점을 버리고(舍) 타인(人)의 장점을 익혀 행함(從).
93	捨	捨	아깝지만 나를 위해서 손(扌)으로 떼어내 버리다(舍). **버릴 사** • 取捨選擇(취사선택) 취할 것은 취(取)하고 버릴 것은 버려서(捨) 골라(選) 잡음(擇).
94	九	九	1. 손가락(ナ)을 5, 구부린 팔뚝(乚)을 4로 하여 9. 2. 손(ナ)에서 팔꿈치(乙)까지 '완성됨'을 의미하고, 양의 수 중 가장 큰 수인 9. **아홉 구** • 九死一生(구사일생) 아홉(九) 번 죽을(死)뻔 하다가 한(一)번 살아나다(生). • 十中八九(십중팔구) 열(十)에(中) 여덟(八)이나 아홉(九): 열 가운데 여덟이나 아홉이 된다는 뜻/거의 다 됨을 가리키는 말/거의 예외 없이 그러할 것이라는 추측을 나타내는 말.
95	ヨ	又	쓰고 **또** 쓰는 오른손. **또 우**

번호	고문	해서	설 명
			• 日新又日新(일신 우일신) 날(日)로 새롭고(新) 또(又) 날(日)로 새로워지다(新).
96	裘	求	털이 있는 가죽(水)을 손(寸→十)으로 **구하다.** 구할 구 • 實事求是(실사구시) 사실(事)을 바탕(實)으로 옳음(是)을 구하다(求).
97	二	上	기준점(一)의 위(卜). 윗 상 • 上善若水(상선약수) 으뜸가는(上) 착함(善)은 마치 물(水)과 같다(若).
98	阝	阜	평지(十)에 흙덩이를 쌓아올린(自) **언덕**으로, 인공적인 **계단** 등을 의미함. 언덕 부 • 高阜(고부) 높은(高) 언덕(阜). *다른 글자의 왼쪽에 사용될 때: 'ß'모양으로 줄임 [防: 막을 방]
99	日	口	사람의 입모양. ① 입, 인구 ② 출입구, 주둥이, 구멍 ③ 말하다 입 구 • 衆口難防(중구난방) 여러 사람(衆)의 입(口)을 막기(防) 어렵다(難).
100	口	口	성을 둘러싼 성벽. 나라 국(國) 에워쌀 위(圍)
101	㞎	巴	바라는 것을 손으로 **단단히 잡다.** 바랄 파
102	㔾	邑	사람들이 성(口)을 단단히 잡고(巴) 성 가까이 모여 살다. 고을 읍 • 都邑(도읍) 중앙정부(都)가 있는 곳(邑). *다른 글자의 오른쪽에 사용될 때 'ß'모양으로 줄임 [都: 도읍 도]
103	丮	寸	손(ㅋ→十)목에서 맥박이 뛰는 곳(寸)까지의 거리로, 한 치(약3㎝)의 거리라서 '조금'의 뜻으로 그리고 '맥박의 **규칙을 헤아리다**'로 쓰임. 마디 촌 • 寸刻(촌각) 짧은(寸) 시간(刻).
104	付	付	사람(亻)이 다른 사람의 손(十)에 어떤 것(丶)을 **주거나 부탁하다.** 줄 부 • 申申當付(신신당부) 거듭(申) 거듭(申) 간절히(當) 부탁(付)하다. • 付託(부탁) 어떤 일을 해달라고 맡기거나(付) 청함(託).

번호	고문	해서	설 명
105	府	府	언제든지 사람에게 내어 줄 수 있도록(付) 물건을 모아 두는 마을·관청·곳집(广). **마을 부** • 政府(정부) 국가를 다스리는(政) 기관(府): 입법부·사법부·행정부의 총칭. • 椿府丈(춘부장) 수 만년을 사는(椿) 집(府)안의 어른(丈): 남의 아버지의 존칭. 　* 椿: 참죽나무 춘[수만 년을 산다고 함]
106	腐	腐	관청과 곳집(府)의 고기(肉)를 오래 두면 썩듯이, 관료들도 부패함. **썩을 부** • 不正腐敗(부정부패) 생활이 바르지(正) 못하고(不) 썩고(腐) 무너짐(敗).
107	附	附	계단(阝)은 계단끼리 서로 **의지하여(付) 붙어 있다.** **붙을 부** • 牽強附會(견강부회) 이치에 맞지 않는 말을 억지로(強) 끌어(牽) 붙여(附) 자기 주장의 조건에 맞도록(會) 함.
108	弘	弘	활(弓)의 시위소리가 크다(宏→厶). **클 홍** • 弘文(홍문) 학문(文)을 널리 폄(弘). 　* 宏: 클 굉
109	強	強	입(口)의 힘이 활(弓)처럼 **강한** 벌레(虫). **강할 강** • 自強不息(자강불식) 스스로(自) 힘 있게(強) 하려고 몸과 마음을 가다듬으며 쉬지(息) 아니함(不). 　* 強=强
110	行	行	사거리 중 한 길을 선택하여 다니다. **다닐 행** • 言行一致(언행일치) 말(言)과 행동(行)이 하나(一)로 된다(致).
111	從	從	사거리에서(行→彳) 앞선 사람(人)을 뒤에 있는 사람(人)이 따라가다(止). **좇을 종** • 面從腹背(면종복배) 겉(面)으로는 순종(從)하는 체하고 속(腹)으로는 딴마음(背)을 먹음.
112	矢	矢	화살촉(亠)과 깃의 모양(大)으로, 곧게 나가 목표물을 맞히는 화살. **화살 시** • 嚆矢(효시) 전쟁터에서 우는(嚆) 화살(矢)을 쏘아 개전의 신호로 삼음: 모든 일의 시초.
113	知	知	말(口)이 화살(矢)처럼 목표물을 맞히듯, 이미 **알고** 있어 맞는 말을 하다. **알 지** • 知彼知己 百戰不殆(지피지기 백전불태) 상대방(彼)을 알고(知) 나(己)를 알면(知), 백(百) 번 싸워도(戰) 위태롭지(殆) 않음(不).

번호	고문	해서	설 명
114	㚆	复	사람(宀)이 골풀무의 널빤지(日)를 발(夂)로 번갈아 가며 디디다. **회복할 복/다시 부** *골풀무: 불을 피우기 위하여 바람을 일으키는 기구의 하나/땅바닥에 장방형의 골을 파서 중간에 굴대를 가로 박고 그 위에 골에 꼭 맞는 널빤지를 걸쳐 놓은 것으로, 널빤지의 두 끝을 **발로 번갈아** 가며 디뎌서 바람을 일으킴.
115	復	復	사람이 발로 번갈아 가며(复) 되풀이하다(行→彳). **회복할 복** • 回復(회복) 나빠진 상태에서 다시(回) 좋은 상태로 **되돌리는(復)** 것. **다시 부** • 復活(부활) 한 번 행하여지지 않게 된 것을 **다시(復)** 한번 행하여지도록(活) 함. • 復興(부흥) 한 번 쇠퇴한 것이 다시(復) 성하여(興) 일어남.
116	腹	腹	발로 작동되는 풀무의 공기통(复)을 닮은 신체기관(肉→月). **배 복** • 腹背之毛(복배지모) 배(腹)와 등(背)에(之) 난 털(毛): 있으나 없으나 문제가 되지 않음.
117	三	三	나무막대 3개. **석 삼** • 三人成虎(삼인성호) 세(三)사람(人)이면 없던 호랑이(虎)도 만든다(成): 무근의 풍설도 이를 퍼뜨리는 자가 많으면 끝내는 믿게 됨을 비유한 말.
118	馬	馬	말의 형상. **말 마** • 竹馬故友(죽마고우) 대나무(竹)로 만든 말(馬)을 타고 놀던 옛(故) 친구(友).
119	爲	爲	코끼리(爲)를 잡은 손(爫)으로 ①코끼리를 **억지로** 조련하다 ②코끼리는 조련 **된다**. **할 위** • 無爲徒食(무위도식) 하는(爲) 일 없이(無) 헛되이(徒) 먹기(食)만 하다. **될 위** • 轉禍爲福(전화위복) 재앙(禍)이 바뀌어(轉) 도리어 복(福)이 된다(爲). **억지로 위** • 無爲自然(무위자연) 억지(爲)가 없고(無) 스스로(自) 그러하다(然). *사람 입장: 코끼리를 조련하여 어떤 목적을 **이루다.** *코끼리 입장: 사람에게 붙잡혀 **억지로** 조련당하거나 일을 하다.
120	象	象	코끼리의 긴 코(⺈)·머리(口)·다리(ヨ)·꼬리(乀) 모양. **코끼리 상** • 象牙(상아) 코끼리(象) 엄니(牙). **모양 상** • 森羅萬象(삼라만상) 숲(森)의 나무처럼 벌려 있는(羅) 온갖(萬) 사물의 형상(象). *고대중국에 코끼리가 있었으나 농경사회로 변화되면서 코끼리가 사라져, 코끼리를 그린 모양만 있었음.

번호	고문	해서	설 명
121	〔고문〕	子	포대기에 싸인 아기의 머리와 두 팔. **아들 자** • 子女(자녀) 아들(子)과 딸(女). **사람 자** • 舟子(주자) 배(舟)를 부리는 일을 직업으로 하는 사람(子). **스승 자** 孔子(공자) 성이 공(孔)씨인 스승(子). **자식 자/열매 자/어릴 자/사랑할 자** ＊죽간에 칼로 글자를 새길 때, 사람의 머리모양을 둥글게 깎기 어려워 직선모양으로 새겼음.
122	〔고문〕	女	두 팔과 가슴(𠃌) 그리고 몸통(一)을 나타낸 여자 모양. **여자 여** • 善男善女(선남선녀) 착한(善) 남자(男)와 착한(善) 여자(女).
123	〔고문〕	安	집(宀)안에 여자(女)가 단아하게 앉아 있는 것은 전쟁과 재난이 없어 **안정되고 편안함**을 의미. **편안 안** • 安貧樂道(안빈낙도) 가난(貧)함을 편안(安)하게 받아들이고 도(道)를 즐긴다(樂).
124	〔고문〕	毌	물건에 구멍을 내어 꿰뚫는 모양. **꿰뚫을 관**
125	〔고문〕	貝	마노 조개를 그림. **조개 패** • 貝貨(패화) 고대에 조개(貝)를 돈(貨)으로 사용함: 조개 돈. ＊마노 조개: 중국 남부나 인도양에만 생산되는 조개로 휴대하기 편리하고 계산이 쉬워 돈과 장식용으로 사용됨.
126	〔고문〕	貫	끈으로 꿴(毌) 꾸러미 돈(貝). **꿸 관** • 始終一貫(시종일관) 처음(始)부터 끝(終)까지 한결같이(一) 관철(貫)함.
127	〔고문〕	實	집안(宀)에 돈뭉치(貫)가 **진실로 꽉 참.** **열매 실** • 梅實(매실) 매화나무(梅)의 열매(實). **실제 실** • 實事求是(실사구시) 사실(事)을 바탕(實)으로 옳음(是)을 구하다(求).
128	〔고문〕	樂	사람들은 나무(木)판 위의 현(幺幺)악기와 타악기(白)의 **음악소리를 즐기고 좋아하다.** **음악 악** • 音樂(음악) 목소리(音)와 악기(樂)로 사상 또는 감정을 표현하는 예술.

번호	고문	해서	설 명
			즐길 락 • 琴瑟之樂(금슬지락) 거문고(琴)와 큰 거문고(瑟)의(之) 즐거움(樂): 부부의 화목함. **좋아할 요** • 樂山樂水(요산요수) 어진 사람은 산(山)을 좋아하고(樂) 지혜로운 사람은 물(水)을 좋아한다(樂).
129		老	흐트러진 머리(土)의 허리 굽은 **늙은이**(丿)가 지팡이(匕)를 짚고 있음. .... **늙을 로** • 老馬之智(노마지지) 늙은(老) 말(馬)의(之) 지혜(智)로 길을 잃었을 때, 늙은 말을 따라가면 길을 찾을 수 있음.
130		者	경험이 많이 쌓인 늙은이처럼, 이것저것 많이 **쌓여있는**(老→耂) 사람 또는 어떤 것(日). .... **놈 자** • 結者解之(결자해지) 일을 맺은(結) 사람(者)이 풀어야(解) 한다(之): 일을 저지른 사람이 그 일을 해결해야 한다. **것 자** • 適者生存(적자생존) 환경에 맞는(適) 것(者)만 살아(生)남는다(存). * 者(우리나라에서 사용)=者(중국과 일본에서 사용)
131		渚	물(水→氵)이 흐르다가, 이것저것 **쌓여지는** 물가(者). .... **물가 저** • 沙渚(사저) 모래(沙)가 쌓인 곳(渚): 모래톱/모래사장.
132		都	강의 흐름이 느려 모래톱이 쌓인 곳(渚→者)에 **많은 사람**이 모여 사는(邑→阝) 것. .... **도읍 도** • 都市(도시) 여러 가지가 갖춰진 곳(都)과 번화한 곳(市). **모두 도(중앙정부가 있는 곳에 모든 것이 있음)** • 都給(도급) 어떠한 공사에 들 모든 비용을 미리 정하고(給) 도맡아(都) 하게 하는 일. **대강 도** • 都大體(도대체) 전체(體)의 대충(都)과 대강(大). * 도(都): 큰 도시는 물가에 형성됨.
133		舟	노(丿)를 저어 움직이는 작은 배(冊). .... **배 주** • 吳越同舟(오월동주) 오(吳)나라 사람과 월(越)나라 사람이 한(同) 배(舟)에 타고 있다: 어려운 상황에서는 원수라도 협력하게 됨.
134		刀	칼(刀)의 모양. .... **칼 도** • 快刀亂麻(쾌도난마) 헝클어진(亂) 삼(麻)을 **잘 드는**(快) 칼(刀)로 자르다: 복잡하게 얽힌 사물이나 비꼬인 문제들을 솜씨 있고 바르게 처리함을 비유함. * 刀자가 부수로 쓰일 때는 刂자 형태로 바뀌게 됨.

번호	고문	해서	설 명
135	肯	前	앞으로 나아가는(止→⏄) 배(舟→月)가 칼(刀→刂)처럼 물살을 가르다. **앞 전** • 前途有望(전도유망) 앞(前) 길(途)이 잘 될 희망(望)이 있음(有).
136	卺	色	칼(⺈) 앞에 무릎을 꿇고 있는 사람(巴)의 얼굴 빛. **빛 색** • 巧言令色(교언영색) 말(言)을 교묘하게(巧) 하고 얼굴빛(色)을 꾸민다(令).
137	屮	屮	풀이 올라오는 모습. **풀 초**
138	艸	草	풀밭(艸→⺿)에 햇살이 퍼짐(早). **풀 초** • 草露人生(초로인생) 해가 나면 없어질 풀(草)잎에 맺힌 이슬(露)처럼 덧없는 인간(人)의 삶(生).
139	早	早	해(⊙→日)가 막 떠올라 햇살이 퍼지는(十) 새벽. **이를 조** • 早晚(조만) 이름(早)과 늦음(晚).
140	古	古	1. 여러(十) 대에 걸쳐 입(口)에서 입으로 옛날부터 전해온다. 2. 오래전 전쟁(十: 방패) 이야기(口). 3. 과거 수십 년도 지금 생각해보면 **잠시** 동안에 불과하다. **옛 고** • 東西古今(동서고금) 동양(東)과 서양(西) 그리고 옛날(古)과 오늘(今): 장소와 때. **잠시 고**
141	苦	苦	봄나물은 부드럽고 향이 있으나, 계절이 지나면(古) 나물(⺿)은 쓴맛을 지니게 되어 먹기 **괴롭다**. **쓸 고** • 苦盡甘來(고진감래) 쓴(苦) 것이 다하면(盡) 단(甘) 것이 온다(來): 고생 끝에 낙이 온다. • 甘呑苦吐(감탄고토) 달면(甘) 삼키고(呑) 쓰면(苦) 뱉는다(吐): 사리에 옳고 그름을 돌보지 않고, 자기 비위에 맞으면 취하고 싫으면 버린다.
142	丁	丁	1. 못 1개를 나타내고, 못은 **두 물체를 연결**하여 **단단히 고정함**. 2. 못(丁)은 '단단하다'나 '건장하다'라는 뜻이 생겼고, 이후 장정(壯丁)처럼 건장한 성년 남자를 뜻하기도 함. **장정 정** • 壯丁(장정) 나이가 젊고 한창 힘을 쓰는 건장(壯)한 남자(丁). • 零丁孤苦(영정고고) 가난해지고 세력이 꺾여 도와주는 한 사람(丁)도 없어(零), 혼자서(孤) 괴로움(苦)을 당하는 어려운 처지를 이르는 말

번호	고문	해서	설 명
143			**전문가 정** • 庖丁解牛(포정해우) 요리(庖)사(丁)가 소(牛)의 뼈와 살을 발라낸다(解): 보통 포정은 칼을 한 달에 1개씩 바꾸었으나, 전국시대 양나라에 살던 포정은 대단히 소를 잘 발라, 하나의 칼을 19년 동안 사용했다고 함: 매우 솜씨가 뛰어남을 비유함.
144	可	可	1. 두 물체를 연결하여 고정하는 못처럼, **상대방의 요청을 연결하는**(丁) 내 말(口)은 '**옳다**', '**허락한다**', '**가능**'의 의미임. 2. 곡괭이(丁)로 농사일을 하면서 노래를 부르면(口) 힘든 일도 **가능**하고, 그 또한 **옳은** 일임. ・・・・・・・・・・・・・・・ **옳을 가** • 無可無不可(무가무불가) 옳은(可) 것도 없고(無) 옳지(可) 않은(不) 것도 없다(無). **허락할 가** • 許可(허가) 행동이나 일을 하도록 허용함. **가능 가** • 燈火可親(등화가친) 등(燈)불(火)을 가까이(親) 할 수 있다(可).
145	亦	雨	하늘(一)에 떠 있는 구름(冂)에서 떨어지는 빗방울(ﾉﾉﾉ). ・・・・・・・・・・・・・・・ **비 우** • 降雨(강우) 비(雨)가 내림(降).
146	霝	零	하늘의 비구름에서 비(雨)가 떨어져(令) 하늘에 남은 게 **거의 없거나 완전히 없다.** ・・・・・・・・・・・・・・・ **떨어질 영** • 零細民(영세민) 재산이 떨어져(零) 재산이 매우 적은(細) 국민(民). **영 영** • 零下(영하) 0(零) 이하(下).
147	齒	齒	**이**(齒)를 움직여(止) 잘라내다. ・・・・・・・・・・・・・・・ **이 치** • 角者無齒(각자무치) 뿔(角)이 있는 놈(者)은 이(齒)가 없다(無): 한 사람이 모든 복을 겸하지는 못함. **나이 치** • 尙齒(상치) 나이(齒)든 노인을 공경(尙)함. * 이(齒)의 상태로 나이를 알 수 있음.
148	後	後	족쇄(幺)가 채워진 발(夂)로 길을 걸으니(行→彳) 걸음이 **뒤처지다.** ・・・・・・・・・・・・・・・ **뒤 후** • 死後藥方文(사후약방문) 죽은(死) 뒤(後)에 약방문(藥方文)을 쓴다: 이미 때가 지난 후에 대책을 세우거나 후회해도 소용없다는 말. * 藥方文(약방문): 약(藥)을 짓기(方) 위해 약의 이름과 분량을 쓴(文) 종이.
149	羊	羊	1. 양 머리를 정면으로 본 모습. 2. 양 떼의 움직이는 모양이 매우 커 **거대한 물결처럼** 보임. ・・・・・・・・・・・・・・・ **양 양**

번호	고문	해서	설 명

			• 亡羊之歎(망양지탄) 달아난(亡) 양(羊)을 찾다가 여러 갈래 길에 이르러 길을 잃고 어찌할 바를 모르고(之) 탄식(歎)을 하다.
			* 양(羊): 고기·털·가죽·제물 등으로 쓰여, 소중히 다루었음.
150	我	我	손(手)에 창(戈)을 들고 수련을 하듯, **참다운 나를 찾기 위해 끊임없이 수련하는 나.**
			나 아
			• 我執(아집) 자기(我) 뜻을 고수함(執).
			* 我(아): 갑골문의 '我'는 삼지창으로 표현됨.
151	義	義	상서로움을 뜻하는 **양 머리(羊)를 창(我)**에 꽂아 권위의 상징으로 삼고, 종족 내부를 결속하기 위한 권력자들의 역할을 표현한 것이기 때문에 '옳다', '의롭다', '바르다'라는 뜻을 갖게 됨.
			옳을 의
			• 義理(의리) 사람으로서 마땅히(義) 지켜야 할 도리(理).
152	七	七	끊다(七)에서 7(七)로 사용됨.
			일곱 칠
			• 七縱七擒(칠종칠금) 일곱(七) 번 놓아주고(縱) 일곱(七) 번 잡는다(擒): 상대를 마음대로 다룸.
153	切	切	**모두 끊다(七)**가 7(七)로 사용되자, '도(刀)'를 붙여 구분함.
			끊을 절
			• 切磋琢磨(절차탁마) 옥돌을 자르고(切) 줄로 쓸고(磋) 끌로 쪼고(琢) 갈아(磨) 빛을 내다: 학문이나 인격을 갈고 닦음.
			온통 체
			• 一切唯心造(일체유심조) 어느 것(一)의 전부(切)는 오로지(唯) 마음(心)이 지어내는(造) 것: 모든 것은 마음먹기에 달려 있다고 여기는 사상.
154	思	思	정수리(囟→田)와 심장(心)으로 생각함.
			생각 사
			• 易地思之(역지사지) 처지(地)를 서로 바꾸어(易) 생각(思)한다(之): 상대방의 처지에서 생각해봄.
155	首	首	머리의 머리카락(쑈)과 눈(目)으로, 특히 **바르게 보고 깊게 생각**한 후 결정하라는 뜻임.
			머리 수
			• 首丘初心(수구초심) 여우는 죽을 때 자신이 태어난 구릉(丘)을 향해 머리(首)를 두고 처음(初) 마음(心)으로 돌아감: 근본을 잊지 않음/죽어서라도 고향 땅에 묻히고 싶어 하는 마음.
			• 首尾一貫(수미일관) 처음부터(首) 끝까지(尾) 변함없이(一) 일을 해 나감(貫).
156	道	道 / 道	여러 갈래의 길을 **바르게 보고(首)** 깊게 생각하여 하나의 **올바른 길을 가다(辶).**
			길 도
			• 正道(정도) 바른(正) 길(道).
			• 孝道(효도) 부모를 잘 섬기는(孝) 도리(道).
			* 辶=사거리(行)에서 하나의 길을 선택하여 걷다(止)

번호	고문	해서	설 명
157	 �	衣	옷깃과 양쪽 소매 그리고 밑자락이 표시됨. **옷 의** • 脫衣(탈의) 옷(衣)을 벗음(脫).
158	 音	音	입안(曰)에서 소리가 퍼져나가는(立) 모습. **소리 음** • 黙音(묵음) 발음되지 않는(黙) 소리(音).
159	 意	意	생각한 것(心)을 소리(音)로 나타내다. **뜻 의** • 用意周到(용의주도) 어떤 일을 할(用) 뜻(意)이 두루(周) 미친다(到).
160	 億	億	사람(亻)이 **많은 생각(意)**을 하다. **헤아릴 억** • 億中(억중) 계획한 일(億)이 잘 들어맞음(中). **억 억** • 一億(일억) 만의 만 배: 헤아릴 수 없이 많은 수.
161	 憶	憶	뜻(意)을 마음에 **새긴(忄)** 후 **항상** 생각하다. **생각할 억** • 記憶(기억) 지난 일을 잊지 않고(記) 외어 둠(憶).
162	 章	章	소리(音)를 한 묶음(十)씩 끊어 **분명히** 구분하다. **글 장/단락 장** • 文章(문장) 생각이나 감정을 말과 글(文)로 표현할 때 완결된 내용을 나타내는 최소의 단위(章).
163	 先	先	먼저 간(屮→止→牛→牛) 사람(儿). **먼저 선** • 先生(선생) 먼저 이끄는(先) 사람(生)
164	 東	東	1. 나무(木)에 해(日)가 걸린 모습으로 동쪽을 뜻함. 2. 묶은 자루(東)를 번쩍 들어 등에 매고 움직이는 것은 태양이 **동쪽**에서 솟아올라 움직이는 것과 같아 동쪽으로 사용함. **동녘 동** • 東奔西走(동분서주) 동쪽(東)으로 뛰고(奔) 서쪽(西)으로 달리다(走): 사방으로 이리저리 바삐 돌아다님. ＊東→東(동): 소중한 물건을 거듭 묶어 놓은 무거운 자루.
165	 重	重	사람(人→亻)이 소중한 물건을 **거듭 묶어 놓은 무거운 자루(東→重)**를 등에 지다. **소중할 중** • 尊重(존중) 높이고(尊) 소중(重)하게 여김.

번호	고문	해서	설 명
			다시 중/거듭 중 • 花有重開日 人無更少年(화유중개일 인무갱소년) 꽃(花)은 다시(重) 피는(開) 날(日)이 있으나(有), 사람(人)은 다시(更) 젊은(少) 때(年)로 되돌아 갈 수 없음(無). **무거울 중** • 重量(중량) 무거운(重) 정도(量)를 헤아림. 　* 東→重
166	勳	動	사람이 무거운 짐을 **옮기기**(重) 위해 힘을 씀(力). ───────────── **움직일 동** • 輕擧妄動(경거망동) 경솔하게(輕) 행동하고(擧) 망령되게(妄) 행동함(動).
167	童	童	고대 중국 일부 지역에서 **노예**의 한쪽 눈을 송곳(辛→立)으로 찔러 눈을 멀게 하여 저항하지 못하도록 하고, 무거운 짐(東→重→里)을 운반하게 함: 머리카락이 짧고 얼굴이 지저분하며 종일 노역에 시달렸던 **남자 노예**의 모습은 천방지축 뛰어놀아 먼지를 뒤집어쓰고 돌아온 **어린이의 모습과** 흡사함. **아이 동** • 兒童(아동) 어린(兒) 아이(童).
168	撞	撞	주인이 노예(童)를 때리다(扌). ───────────── **칠 당** • 撞球(당구) 대 위에 상아로 된 붉은 공과 흰 공을 놓고 큐로 쳐서 맞춰 승부를 정하는 실내 오락.
169	鐘	鐘	때리면(撞→童) 북처럼 크게 울리는 금속(金)으로 된 종 ───────────── **쇠북 종** • 鐘閣(종각) 종(鐘)을 매달아 둔 집(閣).
170	若	若	**만약** 신께서 머리(++)를 손(ナ)으로 단정히 한 **어린** 무녀의 기도(口)에 응답하시면, 신의 뜻과 무녀의 뜻은 **같은** 것임. **만약 약** • 萬若(만약) 만 가지 중(萬) 하나라도 맞는 경우(若): 혹시 있을지도 모르는 뜻밖의 경우. **어린이 약** • 老若(노약) 늙은이(老)와 어린이(若). **같을 약** • 明若觀火(명약관화) 불(火)을 보는 것(觀) 같이(若) 밝게 보인다(明): 더 말할 나위 없이 명백함. 　* 老若=老弱
171	諾	諾	청하는 부탁을 **들어주는**(若) 말(言). ───────────── **허락할 락(낙)** • 許諾(허락) 청하는 일을 하도록(許) 들어줌(諾).
172	戉	戉	반달모양의 도끼날(丿→丿)이 붙은 창(戈→戈).

번호	고문	해서	설 명
			무성할 무/천간 무
173	戍	戍	사람(人→亻)이 창(戈)을 들고 지키고 있는 국경. 수자리 수 • 戍樓(수루) 수자리(戍)에 지은 망대(樓).
174	戌	成	창으로 적을 굴복시키고(戊) 안정되게 하다(丁→丁). 이룰 성 • 成功(성공) 이룬(成) 업적(功).
175	高	高	높은 건물 또는 높은 성문. 높을 고 • 眼高手卑(안고수비) 눈(眼)은 높으나(高) 손(手)은 낮음(卑): 눈은 높으나 실력은 따라서 미치지 못함.
176	谷	谷	물이 흐르는(仌) 골짜기(口). 골 곡 • 山高谷深(산고곡심) 산(山)은 높고(高) 골짜기(谷)는 깊다(深).
177	欲	欲	계곡(谷)에서 흘러나오는 물을 마시기 위하여 입을 크게 벌리다(欠). 하고자할 욕 • 欲速不達(욕속부달) 빨리(速) 하고자 하면(欲) 달성하지(達) 못함(不).
178	慾	慾	하고자하는(欲) 지나친 마음(心). 욕심 욕 • 慾心(욕심) 분수에 넘치게 바라는(慾) 마음(心).
179	魚	魚	물고기 모양. 고기 어 • 鮮魚(선어) 신선(鮮)한 물고기(魚).
180	夕	夕	저녁에 뜨는 초승달. 저녁 석 • 朝夕不倦(조석불권) 아침(朝)부터 저녁(夕)까지 싫증(倦)을 내지 아니함(不): 부지런함. * '夕'은 초기에 '저녁'과 '밤'으로 사용하다가, 후에 석(夕)은 저녁으로 사용하고, 야(夜)자를 만들어 밤으로 사용함.
181	夜	夜	머리와 양팔(亠)·겨드랑(丿)와 다리(丨)·달(夕)과 다리(乀)를 나타내고, 겨드랑이는 빛이 들어가지 아니하여 깜깜하고 달까지 넣어 밤을 나타냄. 밤 야 • 晝夜不息(주야불식) 낮(晝)과 밤(夜)에 쉬지(息) 않는다(不).
182	名	名	어두운 저녁(夕)에 저 멀리 오는 누군가를 식별하기 위해 이름을 불러본다(口).

번호	고문	해서	설 명

이름 명
- 名不虛傳(명불허전) 이름(名)은 헛되이(虛) 전해지는(傳) 게 아니다(不): 명성이나 명예가 널리 알려진 데는 다 그럴 만한 이유가 있음을 이르는 말.

183

고개 숙인 곡식의 이삭(丿), 줄기와 뿌리(木)를 그림.

- -

벼 화
- 麥禾(맥화) 보리(麥)와 벼(禾).

184

수확한 벼(禾)를 함께 나누어 먹어(口), 서로 뜻이 맞고 사이좋은 상태를 나타냄.

화할 화
- 和睦(화목) 서로 뜻이 맞아 사이좋고(和) 가깝다(睦).

185

곡식(禾→木)의 낱알(丶丿)로 쌀·수수·조 등을 뜻하고, 특히 **쌀**의 의미로 널리 쓰임.

- -

쌀 미
- 玄米(현미) 벼를 타서 왕겨만 벗기고 속겨는 벗기지 아니한 검붉은(玄) 쌀(米).

186

밥(米)을 먹으면 생기는 힘처럼, 하늘에 떠돌아다니는 **기운**(气)이 있다.

기운 기
- 氣勢(기세) 기운차게(氣) 뻗치는 형세(勢).
- 空氣(공기) 지구를 둘러싼(空) 대기를 구성하는 무색, 무취의 투명한 기체(氣).
  * 기운: 눈에는 보이지 않으나 오관으로 느껴지는 현상: 호흡, 날씨, 정신, 근원.

187

1. 굽은 것을 **바르게 고치는 나**.
2. 결승(結繩)으로, 노끈의 **매듭**을 맺어 사건을 표시함.

몸 기
- 自己(자기) 스스로(自) 수련하는 나(己)

188

끈(絲→糸)으로 결승(己)하여, 그 기록을(紀) 기준과 시작점으로 삼음.

- -

벼리 기
- 紀綱(기강) 으뜸이 되는 중요한 규율(紀)과 질서(綱).

(계통을 세워) 기록할 기
- 紀行文(기행문) 여행(行)하면서 기록한(紀) 글(文).
  * 벼리: 그물의 위쪽 코를 꿰어 놓은 줄/잡아당겨 그물을 오므렸다 폈다 함/일이나 글의 뼈대가 되는 줄거리.

189

말(言)을 결승(己)으로 기록하고 외우다.

기록할 기
- 記錄(기록) 언어로 기록(記)하고 쇠에다 새기다(錄).

190

굽은 것을 고치도록(己) 재촉하여(攵) 개선하다.

- -

고칠 개
- 知過必改(지과필개) 누구나 허물이 있는 것이니, 허물(過)을 알면(知) 반드시(必) 고쳐야 한다(改).

번호	고문	해서	설 명
191	攴	攵	막대(卜→丨)를 쥔 손(크→又)으로 대상을 쳐(攵) **각성시키다.** **칠 복**
192	殳	殳	몽둥이(几)나 쇠뭉치를 쥔 손(又)으로 대상을 치거나 부수다. **몽둥이 수**
193	父	父	돌도끼(♣→八)를 손(크→又)에 들고, 적과 싸우거나 어렵고 고달픈 야외 노동에 종사하는 아버지 또는 성년 남자. **아버지 부** • 父爲子綱(부위자강) 아버지(父)는 자식(子)의 벼리(綱)가 됨(爲).
194	枼	枼	나무(木)에 **새롭게 나온** 순과 잎(世). **나뭇잎 엽**
195	葉	葉	나무(木)의 새로운 순(世)에서 나온 새로운 잎(艹). **잎 엽** • 秋風落葉(추풍낙엽) 가을(秋) 바람(風)에 떨어지는(落) 잎(葉): 세력 따위가 갑자기 기울거나 시듦.
196	世	世	1. 나뭇가지에서 뻗어 나온 새순처럼 **인간도 세상**에 **태어나** 살다가 **죽음.** 2. 서른 삽(卅)과 한 일(一)의 합자로 한 세대는 30년 임. **세상 세** • 世上(세상) 인류가 살고 있는 지구(世) 위(上): 한 사람이 태어나서 죽을 때까지의 동안/활동하거나 생활하고 있는 사회. • 曲學阿世(곡학아세) 학문(學)을 굽히어(曲) 세상(世)에 아첨(阿)하다: 정도를 벗어난 학문으로 세상 사람에게 아첨함. **세대 세** • 世代(세대) 같은 시대(世)에 살면서 공통의 의식을 가지는 비슷한 연령층(代)의 사람 전체: 어린아이가 성장하여 부모 일을 계승할 때까지의 **30년 정도 되는 기간**/한 생물이 생겨나서 생존을 끝마칠 때까지의 기간.
197	泄	泄	나뭇잎이 떨어지듯(葉→世) 물(氵)이 새다. **셀 설** • 排泄(배설) 안에서 밖으로 새어(泄) 나가게(排) 함: 사람이나 동물이 음식을 먹어 영양을 섭취하고 그 찌꺼기를 몸 밖으로 내보내는 일.
198	寺	寺	1. 일정한 법도(寸)를 집행하는(止→土) **관청**(寺). 2. 관청에서 인도의 스님들을 모셔서 나중에 관청을 절(寺)이라 함. **절 사** • 寺刹(사찰) 승려가 불상을 모시고 불도를 닦으며 교법을 펴는 절.
199	時	時	태양(日)이 일정한 법도(寸)에 따라 움직임(止→土). **때 시**

			• 晚時之歎(만시지탄) 때(時) 늦음(晚)의(之) 한탄(歎): 시기가 늦어 기회를 놓친 것이 원통해서 탄식함.
200	㣪	持	관청(寺)에서 나랏일을 관장하고 **유지하다**(扌). 지닐 지 • 持分(지분) 공유물이나 공유 재산 따위에서 공유자 각자(分)가 소유하는 몫(持). 버틸 지 • 維持(유지) 어떤 상태나 상황을 그대로 보존(維)하거나 변함없이 계속하여 지탱함(持).
201	㿠	虍	**범 머리**를 날카로운 송곳니(一)·입(厂)·얼룩무늬(七)로 나타냄. 범 가죽 무늬 호
202		盧	1. 술을 담기 위하여 물레를 돌려 만든 주둥이가 좁은 **항아리**. 2. 범의 머리(虍) 모양의 술독(田) 술독 로(노)
203	㐀	虎	범 머리(虍)·앞다리와 뒷다리(儿) 모양. 범 호 • 狐假虎威(호가호위) 여우(狐)가 호랑이(虎)의 위세(威)를 빌려(假) 호기(豪氣)를 부림: 남의 세력을 빌어 위세를 부림.
204	㥀	發	적을 쫓아가(屮屮→癶) 활(弓)을 **쏘고** 몽둥이(殳)를 **휘두르다**. 필 발/쏠 발 • 花發多風雨(화발다풍우) 꽃(花)이 필(發) 무렵에는 바람(風)과 비(雨)가 많아(多), 피어난 꽃도 허무하게 떨어져 버림: 세상 사람들이 하는 일에는 뜻대로 되지 않게 방해하는 것이 많음을 이르는 말. • 發展(발전) 더 낫고 좋은 상태나 더 높은 단계(發)로 나아감(展): 일이 어떤 방향으로 전개됨.
205	云	雲	비(雨)가 될 수 있는 구름(云→云). 구름 운 • 行雲流水(행운유수) 하늘에 떠도는(行) 구름(雲)과 흐르는(流) 물 (水): 자연 그대로 유유히 움직이는 모양/자연에 맡기어 행동함.
206	米	未	나무(木) 열매(十)의 맛이 **아직 없어, 더 기다려야** 함. 아닐 미 • 未詳(미상) 자세하지(詳) 아니함(未). 미래 미 • 未來(미래) 앞으로(未) 올(來) 때: 아직 오지 않은 때.
207	㗊	味	나무(木) 열매(十)가 완전히 맛이 들어 먹을(口) 수 있음. 맛 미 • 味覺(미각) 맛(味)을 느끼는 감각(覺).

번호	고문	해서	설 명
208	𥃉	見	보는 눈(目)을 강조한 사람(儿). **볼 견** • 先見之明(선견지명) 앞(先)을 보는(見) 것(之)에 밝다(明). **뵈올 현** • 謁見(알현) 뵙고(見) 인사드리다(謁).
209	𥝢	利	벼(禾)를 벨 수 있는 **날카로운** 칼(刀→刂)은 농부에게 **이롭다.** **이로울 리** • 利害得失(이해득실) 이익(利)과 손해(害) 그리고 얻는 것(得)과 잃는 것(失). • 銳利(예리) 날이 서 있거나(銳) 끝이 뾰족함(利): 사물을 이해, 판단, 처리하는 힘이 빠름.
210	𡿺	兄	축문을 세세히 읽는(口) 사람(儿)은 형님. **형 형** • 難兄難弟(난형난제) 누구를 형(兄)이라 아우(弟)라 하기 어렵다(難): 누가 더 낫다고 할 수 없을 정도로 서로 비슷함.
211	𠑹	兌	동생이 형(兄)이랑 나눈(八) 물건을 서로 **바꿀** 수 있어 **기뻐하다.** **바꿀 태** • 兌換(태환) 지폐를 금이나 은으로 서로 통하여 바꿈. * 八: 공정하게 나누다
212	𨥏	銳	**날카롭게** 나누는(兌) 금속(金). **날카로울 예** • 銳利(예리) 끝이 뾰족하거나(銳) 날이 선(利) 상태: 관찰이나 판단이 정확하고 날카로움.
213	𧪤	說	말(言)을 서로 상대방과 바꿀(兌) 수 있어 기뻐하다. **설명할 설** • 說明(설명) 일정한 내용을 상대편이 잘 알 수 있도록 풀어(說) 밝힘(明). **달랠 세** • 遊說(유세) 각처로 돌아다니며(遊) 자기 또는 자기 소속 정당 등의 주장을 설명(說)함. **기뻐할 열** • 學而時習之 不亦說乎(학이시습지 불역열호) 배우고(學) 그리고(而) 때때로(時) 익히면(習) 또한(亦) 기쁘지(說) 아니(不)한가(乎)?
214	𢧖	戠	창(戈)에 상징을 표시한(音) 깃발을 매달아 세워놓으면(戠), 사람들이 그 깃발의 표시를 보고 무엇인지 **안다.**
215	𦕅	職	남의 말을 듣고(耳) 알아서(戠), **맡은 일**을 잘 처리하다. **직분 직** • 職分(직분) 듣고 안 것(職)을 분명히(分) 처리함: 마땅히 하여야 할 본분.

번호	고문	해서	설 명
216	䛊	識	언어(言)를 안다(戠). **알 식** • 博學多識(박학다식) 학문(學)이 넓고(博) 식견(識)이 많음(多).
217	纖	織	실(絲→糸)로 짜는 것을 안다(戠). **짤 직** • 組織(조직) 얽어서(組) 만듦(織).
218	㓼	杀	나무(朮)를 베다(乂). **죽일 살** * 杀: 죽일 살[빠르게(朮) 베다(乂)]
219	殺	殺	**빠르게**(朮) 베고(乂) 때리다(殳). **죽일 살** • 矯角殺牛(교각살우) 쇠뿔(角)을 바로 잡으려다(矯) 소(牛)를 죽이다(殺): 결점이나 흠을 고치려다 수단이 지나쳐 도리어 일을 그르침. **빠를 쇄** • 殺到(쇄도) 빠르게(殺) 밀려듦(到).
220	㓞	刹	나무(木)를 칼(刀→刂)로 잘라(乂) 당간을 만들어 세워 놓아 신성한 곳임을 알림. **절 찰** • 寺刹(사찰) 일정한 법도를 실천하고(寺) 당간이 있는 절(刹). **짧은 시간 찰** • 刹那(찰나) 저쪽(那)으로 가는 매우 짧은 시간(刹)으로 75분의 1초. * 당간(幢竿): 절에서 기(幢)를 달아 세우는 대(竿)
221	石	石	벼랑(厂) 아래에 떨어진 돌(口). **돌 석** • 他山之石(타산지석) 다른(他) 산(山)의(之) 나쁜 돌(石)이라도 자신의 산의 옥돌을 가는 데에 쓸 수 있다: 본이 되지 않은 남의 말이나 행동도 자신의 지식과 인격을 수양하는 데에 도움이 될 수 있음.
222	叚	叚	왼손(ㅋ)과 오른손(又)으로 벼랑(厂)에서 캐낸 옥(二)은 내 것이 아니고, 자연에서 옥을 잠시 **빌리는** 것임. **빌릴 가**
223	假	假	사람(亻)이 잠시 **빌린 것**(叚)은 진짜 자기 것이 아닌 **가짜**임. **거짓 가/가짜 가** • 假像(가상) 실물처럼 보이는 거짓(假) 형상(像).
224	叚	段	벼랑(厂)에 충계(𨸏)를 연장(殳)으로 만들다. **충계 단**

33

번호	고문	해서	설 명
			• 階段(계단) 사람이 오르내리기 위하여 건물이나 비탈에 만든 섬돌(階)이 놓여있는 층층대(段). **단락 단** • 段落(단락) 한 도막(段)으로 떨어진(落) 것: 일이 어느 정도 다 된 끝.
225	冎	冎	발라낸 뼈가 서로 **어긋난 상태**. **뼈 발라낼 과**
226	咼	咼	발라낸 뼈가 서로 어긋나듯(冎), 입(口)이 비뚤어져 어긋남. **입 비뚤어질 괘**
227	過	過	1. 어긋나 있는(咼) 길을 **바르게** 지나다(辶). 2. 어긋나 있는(咼) 길을 **지나치다**(辶). **지날 과** • 過去(과거) 지나(過)간(去) 때. • 通過(통과) 통(通)하여 지나(過)가거나 옴. **지나칠 과** • 過猶不及(과유불급) 모든 사물이 정도를 지나치면(過) 오히려(猶) 미치지(及) 못한(不) 것과 같다. • 謝過(사과) 잘못(過)에 관하여 용서를 빎(謝).
228	失	失	손에서 물건을 떨어트려 잃음(手→失). **잃을 실** • 千慮一失(천려일실) 천(千) 가지 생각(慮) 가운데 한(一) 가지 실책(失): 지혜로운 사람이라도 많은 생각을 하다 보면 하나쯤은 실수가 있을 수 있다는 말.
229	能	能	**재주 많은** 곰의 머리(厶)·입(月)·다리(匕)를 그림. **능할 능/능력 능** • 能力(능력) 일을 감당하거나 해결해 낼 수 있는(能) 힘(力).
230	態	態	능(能)히 일을 할 수 있는 **자신에 찬 생각(心)**이 얼굴에 **나타남**. **모습 태** • 千態萬象(천태만상) 천(千) 가지 모습(態)과 만(萬) 가지 모양(象): 천차만별의 상태.
231	熊	熊	재주가 많고(能) 불꽃같은 강력한 힘(炎→灬)을 가진 곰. • 熊女(웅녀) 처음에 곰(熊)으로 있다가 환웅대왕 때에 쑥과 마늘을 먹고 여자(女)가 되어 환웅과 혼인하여 단군을 낳았다 함: 옛날 한국민족이 곰을 믿는 토템사상에서 나온 것임.
232	女	女	손을 앞으로 모으고 무릎을 꿇고 앉아 있는 모양. **여자 녀(여)** • 甲男乙女(갑남을녀) 갑(甲)이라는 남자(男)와 을(乙)이라는 여자(女): 평범한 사람들.
233	如	如	신의 말씀(口)과 **같게** 행동하는 사람(女).

번호	고문	해서	설 명
		같을 여	• 如履薄氷(여리박빙) 얇은(薄) 얼음(氷)을 밟는(履) 상태와 같다(如): 몹시 위험함을 가리키는 말.
234		另	발라낸 뼈가 서로 **어긋난 상태**.
		헤어질 령	
		咼	뼈를 발라내다.
		뼈 발라낼 과	
235		別	칼(刂)로 뼈를 **특별히 나누다**(另).
		나눌 별	• 夫婦有別(부부유별) 남편(夫)과 아내(婦)는 분별(別)이 있어야(有) 한다: 부부 사이에는 인륜상 각각 직분이 있어 서로 침범하지 못할 구별이 있음.
		다를 별	• 特別(특별) 뛰어나게(特) 다르다(別).
236		帚	**빗자루**(帀)를 잡은 손(彐).
		비 추	• 弊帚千金(폐추천금) 다 닳은(弊) 비(帚)를 천금(千金)인 양 생각한다: 제 분수를 모르는 과실이나 제가 가진 것은 다 좋다고 생각함.
237		婦	집 안을 청소하는(帚) 며느리나 아내(女)를 표현.
		며느리 부	• 婦老爲姑(부로위고) 며느리(婦) 늙어(老) 시어미(姑) 된다(爲).
238		小	자잘한 것 3개.
		작을 소	• 小貪大失(소탐대실) 작은(小) 것을 탐(貪)하다 큰(大) 것을 잃음(失).
239		少	자잘한 것 4개.
		적을 소	• 食少事煩(식소사번) 먹을(食) 것은 적고(少) 할 일(事)은 많음(煩): 수고는 많이 하나 얻는 것이 적음.
		젊을 소	• 老少同樂(노소동락) 노인(老)과 젊은이(少)가 함께(同) 즐김(樂).
240		僉	여러 사람(从)이 말(吅)한 것을 **다 모은 것**(亼).
		다 첨	• 僉議(첨의) 여러 사람(僉)의 의논(議).
241		劍	양쪽 모두(僉) 날이 있는 검(刂).
		칼 검	

번호	고문	해서	설 명
			• 怒蠅拔劍(노승발검) 파리(蠅)를 보고 화(怒)를 내어 칼(劍)을 빼들고(拔) 쫓다: 사소한 일에 화를 잘 냄.
242	驗	驗	대상이 되는 말(馬)에 관하여 여러 사람 평가하여 모두 합하다(僉). 시험 험 • 試驗(시험) 재능이나 실력 따위를 일정한 절차에 따라 검사(試)하고 평가(驗) 하는 일.
243	先	先	(우뚝 선) 버섯 록 (멈춰있는) 두꺼비 록
244	坴	坴	흙(土) 위에 우뚝 선 언덕(先). 언덕 륙
245	丸	丸	두 손을 모으고 몸을 둥글게 함. 둥글 환 • 丸藥(환약) 작고 둥글게 만든 알(丸)약(藥).
246	執	埶	땅(土)에 나무(木→先)를 우뚝하게 두 손(丸)으로 심고 가꾸다: 고대 사회에서 나무와 농작물 재배가 그 부족의 존립을 결정함. 재주 예/심을 예/형세 세
247	勢	勢	현재 자라는 나무(埶)의 힘(力). 형세 세 • 騎虎之勢(기호지세) 호랑이(虎)를 타고(騎) 달리는 상태의(之) 기세(勢): 범을 타고 달리는 사람이 도중에서 내릴 수 없는 것처럼 도중에서 그만두거나 물러설 수 없는 형세를 이르는 말.
248	竹	竹	대나무 잎과 줄기. 대 죽 • 破竹之勢(파죽지세) 대나무(竹)를 쪼개는(破) 상태의(之) 기세(勢): 세력이 강대 하여 대적을 거침없이 물리치고 쳐들어가는 기세.
249	夭	夭	1. 젊은이가 나긋나긋 춤을 추는 모양. 2. 어려서 고개가 꺾임. 어릴 요/윤이 나고 싱싱할 요 • 夭桃(요도) 아름답게(夭) 꽃이 핀 복사나무(桃): 젊은 여자의 얼굴. 일찍 죽을 요 • 夭折(요절) 젊은 나이(夭)에 죽음(折).
250	笑	笑	대나무(竹)가 바람에 휘어지는 것처럼 머리를 젖히고(夭) 웃다. 웃음 소 • 破顔大笑(파안대소) 얼굴(顔)이 찢어지도록(破) 크게(大) 웃는다(笑): 즐거운 표 정으로 한바탕 크게 웃음.

번호	고문	해서	설 명
251	占	歺	고대에 사람이 죽으면 시신을 숲에 두고 썩게 한 후에 남은 뼈(歺)만 수습해 장례를 치렀음. **살 바른 뼈 알** * 歺=歹
252	イ	ヒ	비수·수저·사람 등을 나타냄. **비수 비** • 匕首(비수) 손잡이(首)가 있고 날이 짧은(匕) 검. * 匕: 비수 비, 수저 비, 손을 올린 사람 비, 거꾸로 된 사람 비
253	肌	死	죽음(歹)을 애도하고 있는 사람(匕). **죽을 사** • 生老病死(생로병사) 태어나(生) 늙고(老) 병들어(病) 죽는(死) 네 가지의 고통.
254	尹	尹	손(ⴈ)에 권력을 상징하는 지팡이(丿)를 들고 있는 임금이나 권력자. **다스릴 윤** • 府尹(부윤) 한 부(府)의 행정 사무를 맡아 보던 으뜸 벼슬(尹).
255	君	君	임금이나 권력자(尹)가 명령(口)을 내림. **군자 군** • 君子三樂(군자삼락) 군자(君子)의 세(三) 가지 즐거움(樂): 첫째는 부모가 다 살아 계시고 형제가 무고한 것, 둘째는 하늘과 사람에게 부끄러워할 것이 없는 것, 셋째는 천하의 영재를 얻어서 교육하는 것. **남편 군** • 郎君(낭군) 젊은 여자가 자기 남편(郎)이나 연인(郎)을 높여(君) 부르는 말. **임금 군/부모 군/친구 군**
256	臣	臣	**아래로 향한 눈.** ① 신하 또는 하인은 왕 또는 주인을 똑바로 보지 못하고 아래를 봄. ② 자세를 낮추고 가까이 그리고 자세히 보는 눈. **신하 신/벼슬아치 신/하인 신** • 臣下(신하) 임금의 아래(下)에서 자세히 보는 눈(臣)으로 임금을 섬기는 자. • 君臣有義(군신유의) 임금(君)과 신하(臣) 사이에 의리(義)가 있어야(有) 함.
257	宦	宦	관청(宀)의 벼슬아치(臣). **벼슬 환** • 從宦(종환) 벼슬살이(宦)를 함(從): 벼슬길에 나아감.
258	臥	臥	눈을 아래로 향하듯(臣) 몸(人)을 아래로 향하여 눕다. **누울 와** • 臥薪嘗膽(와신상담) 땔나무(薪) 위에 눕고(臥) 쓸개(膽)를 씹는다(嘗): 원수를 갚으려고 온갖 괴로움을 참고 견딤.

번호	고문	해서	설 명
259	𥄉	監	사람(人→⺅)이 물이 담긴 대야(皿) 앞에 무릎을 꿇고 앉아서, 눈(臣)으로 물에 비친 자신의 모습(丶)을 자세히 살펴보는 것은 내가 나를 감독하는 것임. **볼 감** • 監督(감독) 어떤 일이나 그 일을 하는 사람을 잘못이 없도록 보살펴(監) 통제함(督).
260	鑑	鑑	금속(金)으로 된 거울(監). **거울 감** • 龜鑑(귀감) 거북등(龜)과 거울(鑑): 사물의 본보기/거북등(龜)으로 길흉을 점치고 자신을 돌아보고(鑑) 바로 잡는다.
261	覽	覽	자세히 본(監) 후 이리저리 둘러보다(見). **두루 볼 람** • 一覽不忘(일람불망) 한 번(一) 보면(覽) 잊지(忘) 않음(不).
262	臨	臨	자잘한 물건(品)을 사람(⺅)이 위에서 내려다보다(臣). **임할 임** • 臨場(임장) 일이 생겼거나 문제가 제기된 현장(場)에 감(臨).
263	臤	臤	매우 세밀히 살펴서(臣) 손으로(又) 단단하게 하다. **어질 현/굳을 간**
264	賢	賢	세밀히 살펴서(臣) 어려운 사람에게 재물(貝)을 나누어 주는(又) 어질음. **어질 현** • 愚問賢答(우문현답) 사리에 맞지 않거나 요점을 파악하지 못한 수준이 낮은(愚) 질문(問)에도 알아서 본질을 꿰뚫고 정확하게(賢) 답변하는(答) 경우.
265	堅	堅	땅(土)을 단단히 하다(臤). **굳을 견** • 堅固(견고) 굳세고(堅) 단단함(固).
266	間	間	대문(門)이나 방문(門) **사이**로 햇빛(日)이 들어오다. **사이 간** • 弘益人間(홍익인간) 널리(弘) 인간(人間)을 이롭게(益) 한다: 우리나라의 건국 시조인 단군의 건국 이념.
267	閑	閑	모든 문(門)을 나무(木)로 막아, 외부와 단절되어 한가하다. **한가할 한/막을 한** • 忙中有閑(망중유한) 바쁜(忙) 가운데(中)에도 한가(閑)한 짬이 있음(有)
268	𠂤	斤	도끼날(厂)과 손잡이(丁). **도끼 근** • 斧斤(부근) 큰 도끼(斧)와 작은 도끼(斤).

번호	고문	해서	설 명
269	辛	辛	노예의 몸에 문신을 새기던 도구로 **송곳**이나 끌처럼 끝이 날카로움. **매울 신** • 辛辣(신랄) 맛이 몹시 쓰고(辛) 매움(辣): 수단이 몹시 가혹함. • 辛酸(신산) 맛이 맵고(辛) 심(酸): 세상살이의 쓰라리고 고된 일. **괴로울 신** • 艱辛(간신) 힘들고(艱) 고생스러움(辛). • 千辛萬苦(천신만고) 천(千) 가지의 괴로움(辛)과 만(萬) 가지의 고통(苦): 온갖 어려운 고비를 다 겪으며 심하게 고생함.
270	新	新	나무(木)를 자르고(斤) 다듬어(辛→立) **새로운 물건을 만듦.** **새 신** • 革新(혁신) 일체의 묵은 제도나 방식을 고쳐서(革) 새롭게(新) 함.
271	繼	繼	실(絲)을 잇고(ㄴ) 또 실(絲)을 잇다(ㄴ). **이을 계**
272	繼	繼	실(糸)을 잇다(𢇍). **이을 계** • 繼續(계속) 끊이지 않고(繼) 잇따라(續).
273	斷	斷	이어진 실타래(𢇍)를 도끼(斤)로 **끊다.** **끊을 단** • 優柔不斷(우유부단) 마음이 부드럽고(柔) 넉넉하여(優) 딱 잘라 결단(斷)을 하지 못함(不).
274	威	威	창(戊)과 불(火)로 공격하여 적을 멸하다. **멸할 멸/꺼질 멸**
275	滅	滅	1. 물(氵)로 공격하여 적을 멸하다(威). 2. 물(氵)로 불을 끄다(威). **멸할 멸** • 生者必滅(생자필멸) 생명(生)이 있는 것(者)은 반드시(必) 죽음(滅): 불교에서 세상만사가 덧없음을 이르는 말. **꺼질 멸** • 點滅(점멸) 등불이 켜졌다(點) 꺼졌다(滅) 함 또는 등불을 켰다(點) 껐다(滅) 함: 어떤 생각이나 현상 따위가 생겨났다 사라졌다 함을 비유적으로 이르는 말.
276	本	本	나무(木→木)의 뿌리(木→木) 부분을 가리키고, 나무를 지탱하는 것이 뿌리이듯이 사물을 구성하는 가장 원초적인 바탕이라는 의미에서 **근본**을 뜻함. **근본 본** • 拔本塞源(발본색원) 근본(本)을 빼내고(拔) 원천(源)을 막아 버림(塞): 사물의 폐단을 없애기 위해서 그 뿌리째 뽑아 버림.

번호	고문	해서	설 명
277	待	待	관청(寺)에 가다(行→彳). ① 관청에 가면 사람을 **대접**해 줌. ② 관청은 행정을 담당하던 곳이었으나 업무를 처리하는 속도가 매우 더디어 '**기다리다**'라는 뜻을 갖게 됨. …………………………………………………………………………… ■ 대접할 대 • 待接(대접) 마땅한 예(待)로써 대(接)함: 음식을 차려 접대함. • 門前薄待(문전박대) 문(門) 앞(前)에서 야박(薄)하게 대접(待)함. ■ 기다릴 대 • 期待(기대) 희망을 가지고 기약(期)한 것을 기다림(待)
278	侍	侍	높은 분(亻)을 모시다(寺). …………………………………………………………………………… ■ 모실 시 • 侍奉(시봉) 부모를 모시어(侍) 받듦(奉).
279	甬	甬	1. 고리 달린 종을 나타내고, 속이 텅 빈 **대롱모양**으로 소리가 멀리 퍼짐. 2. 양쪽에 담을 쌓은 길. …………………………………………………………………………… ■ 대롱 통 ■ 길 용
280	通	通	가는 길(辶)이 뻥 뚫려있어(甬) 거침이 없음. …………………………………………………………………………… ■ 통할 통 • 無不通知(무불통지) 무슨 일이든지 환히 통하여(通) 알지(知) 못하는(不) 것이 없음(無). * (行→彳)+止=(辵→辶): 길을 가다
281	頁	頁	머리카락(丆)과 눈(目)을 강조한 사람(八) …………………………………………………………………………… ■ 머리 혈 頁巖(혈암) 책의 면(頁)처럼 층층이 쌓인 암석(巖). ■ 쪽 엽 * '혈암(頁巖)'보다 '엽암(頁巖)'으로 읽어야 맞지만, 많은 사람들이 '혈암'으로 읽음.
282	頭	頭	머리통 모양인 두(豆)를 닮은 머리(頁)가 몸의 **가장 위에** 있어 일의 **시작**을 뜻함. …………………………………………………………………………… ■ 머리 두 • 頭括式(두괄식) 글의 첫머리(頭)에 중심 내용(括)이 오는 산문 구성 방식(式). *豆: 콩 두, 제기 두
283	夏	夏	**여름**에 기우제를 지낼 때 머리에 탈을 쓰고(頁→百) 춤추는 모양(夊). …………………………………………………………………………… ■ 여름 하 • 夏季(하계) 여름(夏)철(季)
284	達	達	목동(大→古→土)이 양(羊)을 몰고 다닐(辶)정도로 길의 막힘이 없다. …………………………………………………………………………… ■ 통달할 달 • 通達(통달) 사물의 이치나 지식, 기술 따위를 훤히 알거나(通)아주 능란하게(達) 함.

번호	고문	해서	설 명
285	麻	麻	삼 껍질(枾)을 작업장(广)에 널어놓고 말리는 모습. **삼 마** • 快刀亂麻(쾌도난마) 헝클어진(亂) 삼(麻)을 잘 드는(快) 칼로 자르다(刀): 복잡하게 얽힌 사물이나 비꼬인 문제들을 솜씨 있고 바르게 처리함을 비유.
286	磨	磨	삼(麻)을 부드럽게 하기 위하여 돌(石)로 된 기구로 삼을 갈거나 찧는 행위. **갈 마** • 磨斧作針(마부작침) 도끼(斧)를 갈아(磨) 바늘(針)을 만든다(作): 아무리 어려운 일이라도 끈기 있게 노력하면 이룰 수 있음을 비유.
287	魔	魔	마(麻)의 잎과 꽃에 들어있는 마취성분으로 정신이 혼미한 귀신(鬼). **마귀 마** • 魔鬼(마귀) 요사스럽고 못된(魔) 잡귀(鬼)를 통틀어 이르는 말.
288	亂	亂	베틀의 북(禹→冏)에 **엉킨** 실타래를 두 손(爪)과 칼(乙→乚)로 풀고 있는 모습. **어지러울 란** • 一絲不亂(일사불란) 한(一) 오라기의 실(絲)도 흐트러지지(亂) 않음(不): 질서나 체계 따위가 잘 잡혀 있어서 조금도 흐트러짐이 없음.
289	亞	亞	고대 중국에서, 담으로 **둘러싸인** 큰 저택 모습으로 궁궐보다 작아 둘째임. **버금 아** • 亞獻(아헌) 제사를 지내는 절차의 하나: 초헌한 다음에 하는 것으로, 둘째(亞) 술잔을 신위 앞에 올린다(獻).
290	惡	惡	꽉 막힌(亞) 마음(心). **악할 악** • 勸善懲惡(권선징악) 착한(善) 행실을 권장(勸)하고 악(惡)한 행실을 징계(懲)함. **미워할 오** • 嫌惡(혐오) 싫어하고(嫌) 미워함(惡).
291	入	入	천막의 문. **들 입** • 漸入佳境(점입가경) 들어(入)갈수록(漸) 아름다운(佳) 곳(境)이 나옴 또는 시간이 지날수록 하는 짓이나 몰골이 더욱 꼴불견임.
292	公	公	사사로움(厶) 없이 공정하게 나누다(八). **공평할 공** • 公務員(공무원) 국가(公) 또는 지방공공단체의 사무(務)를 담당하는 사람(員). **존칭 공** • 愚公移山(우공이산) 어리석은(愚) 노인(公)이 산(山)을 옮긴다(移): 남이 보기엔 어리석은 일처럼 보이지만 한 가지 일을 끝까지 밀고 나가면 언젠가는 목적을 달성할 수 있다는 뜻.

번호	고문	해서	설 명
293	퓡	豕	돼지 모양. ━━━━━━━━━━ 돼지 시
294	彐	亥	1. 머리와 다리를 잘라 도축한 돼지로 필요부분만 **갖추다**. 2. 돼지가 땅을 파놓아 길을 **막다**. 3. 싹틀 힘을 **갖춘** 씨앗 4. 좋고 나쁜 씨앗을 **분명히 가리다**. 5. 씨앗은 생명의 기틀. ━━━━━━━━━━ 돼지 해 씨앗 해
295	劾	刻	돼지(亥)가 먹이를 구하기 위해 코로 땅을 파듯, 칼(刂)로 새기다. ━━━━━━━━━━ 새길 각 • 刻舟求劍(각주구검) 칼(劍)을 강물에 떨어뜨리자 뱃전(舟)에 그 자리를 표시(刻)했다가 나중에 그 칼을 찾으려(求) 함: 판단력이 둔하여 융통성이 없고 세상일에 어둡고 어리석다는 뜻.
296	誗	該	잘 갖춰진(亥) 말(言). ━━━━━━━━━━ 갖출 해 • 該博(해박) 모든 것(該)을 널리(博) 앎.
297	核	核	나무(木)의 갖춰진 씨앗(亥). ━━━━━━━━━━ 씨 핵 • 核心(핵심) 사물의 중심이 되는(核) 중요한 부분(心).
298	劾	劾	씨앗의 좋고 나쁨(亥)을 캐묻다(力). ━━━━━━━━━━ 꾸짖을 핵 • 彈劾(탄핵) 죄상을 조사하여(彈) 꾸짖음(劾). 　*彈: 탄알 탄, 두드릴 탄
299	勿	勿	1. 신성한 장소의 출입을 **금지**하는 깃발(勿). 2. 마을에 일이 있을 때 장대(勹)에 건 빨강·하양의 신호기(彡)로 금지 또는 **격려**를 알렸으나, 그 신호가 **불분명하여** 알기가 어렵다. 3. 날카로운 칼(勹)로 다루다(彡) 　가. 부정한 것을 **금지·제거**하여 **확실히 하다**. 　나. 부정한 것이 **희미하여** 확실히 가려내기가 어렵다. ━━━━━━━━━━ 말 물 • 勿失好機(물실호기) 좋은(好) 기회(機)를 놓치지(失) 말라(勿).
300	物	物	여러 가지 기(勿)의 색깔처럼 여러 종류의 소(牛) 또는 물건. ━━━━━━━━━━ 물건 물 • 格物致知(격물치지) 사물(物)의 이치(致)를 구명하여(格) 자기의 지식(知)을 확고하게 함. 　*格: 격식 격, 고칠 격, 연구할 격

번호	고문	해서	설 명
301	㘅	忽	1. 분명하지 아니하여(勿) 마음(心)에 두지 아니함. 2. 날카로운 칼(勿)을 보고 **갑자기** 다른 마음(心)을 갖지 못함. **소홀히 할 홀** • 疏忽(소홀) 대수롭지 아니하고(疏) 예사롭게(忽). **갑자기 홀** • 忽然(홀연) 뜻하지 아니하게 갑자기.
302	豐	豊	제기(豆) 위의 가득하고 풍성한 곡식(曲=㗊). **풍년 풍** • 豐盛(풍성) 넉넉하고(豐) 많음(盛). ＊ 豐=豊
303	體	體	뼈(骨)를 포함한 모든 것(豊)을 갖춘 신체. **몸 체** • 絶體絶命(절체절명) 몸(體)도 목숨(命)도 다 되었다(絶): 어찌할 수 없는 절박한 경우.
304	乞	乞	사람(亻)이 길거리에서 새(乙)처럼 몸을 구부리고 구걸하다. **빌 걸** • 哀乞伏乞(애걸복걸) 애처롭게(哀) 하소연하면서(乞) 엎드리고(伏) 빎(乞).
305	匄	匃	사람(勹)이 망해서(亡) 필요한 것을 **빌다**. **빌 개**
306	曷	曷	신분이 높은 분에게 어찌하여 **바라게**(匃) 되었는가 말씀(曰)을 올리다. **어찌 갈** • 爲人子者, 曷不爲孝(위인자자, 갈불위효) 사람(人)의 자식(子)된(爲) 자(者)로써 어찌(曷) 효도(孝)를 하지(爲) 않으리오(不).
307	葛	葛	높은 나무를 의지하여 높이 올라가는(曷) 칡(艹). **칡 갈** • 葛藤(갈등) 칡(葛)과 등나무(藤): 일이나 사정이 서로 복잡하게 뒤얽혀 화합하지 못함의 비유.
308	渴	渴	목이 말라 물(氵)을 **바라다**(曷). **목마를 갈** • 渴而穿井(갈이천정) 목이 말라야(渴) 비로소(而) 샘(井)을 판다(穿).
309	揭	揭	손(扌)으로 바라는 것을 높이 올리다(曷). **높이들 게/걸 게** • 揭示板(게시판) 여러 사람에게 알릴 내용을 내붙이거나 내걸어(揭) 두루 보게(示) 붙이는 판(板).

번호	고문	해서	설 명
310	謁	謁	신분이 높으신 분을 찾아뵈며(曷) 말씀드려 알리다(言). **뵐 알** • 謁見(알현) 지체 높은 사람을 찾아(謁) 뵙는 일(見).
311	歇	歇	피곤하여 하품이 나와(欠) **쉬기**를 바라다(曷). **쉴 헐** • 間歇泉(간헐천) 일정한 간격(間)을 두고 뜨거운 물이나 수증기를 뿜었다가 멎었다가(歇) 하는 온천(泉).
312	厶	厶	팔을 안으로 굽힌 모습으로 사적인 것 또는 내 것. **사사 사**
313	私	私	곡식(禾)의 소유주가 나 자신(厶). **사사 사** • 私事(사사) 개인의 사사로운(私) 일(事).
314	否	否	아니라고(不) 말하다(口). **아닐 부** • 拒否(거부) 거절(拒)하여 받아들이지 않음(否). ＊不: 잘못되다, 못하다 ＊否: 아니라고 말하다, 옳지 않다
315	水	水	시내(丨) 주변으로 떨어지는 빗방울(氺). **물 수** • 山戰水戰(산전수전) 산(山)에서의 싸움(戰)과 물(水)에서의 싸움(戰): 세상의 온갖 고난을 다 겪어 세상일에 경험이 많음.
316	象	象	코끼리의 긴 코(⺈) · 머리(□□) · 다리(豸) · 꼬리(乀) 모양을 그림. **코끼리 상** • 群盲撫象(군맹무상) 여러(群) 맹인(盲)들이 코끼리(象)를 더듬는다(撫): 자기의 좁은 소견과 주관으로 사물을 그릇 판단함. **모양 상** • 現象(현상) 눈앞에 나타나 보이는(現) 사물의 모양(象).
317	夬	夬	상아 따위의 속을 후벼내어, 그 깍지(⊐)를 손가락(又→人)에 끼고 활시위를 당긴 후 놓다. **터놓을 쾌, 나눌 쾌, 결정할 쾌, 깍지 결**
318	快	快	마음(忄)을 터놓아(夬) 홀가분하다. **쾌할 쾌** • 爽快(상쾌) 느낌이 시원하고(爽) 산뜻하다(快).
319	抉	抉	손(扌)으로 도려내다(夬).

| --- | --- | --- | --- |
			도려낼 결
			• 剔抉(척결) 살을 긁어내고(剔) 뼈를 발라냄(抉): 나쁜 부분이나 요소들을 깨끗이 없애 버림.
320		決	물(氵)을 가둬 둔 둑을 알맞은 때에 터놓다(夬).
			결단할 결
			• 決斷(결단) 결정적인 판단(決)을 하거나 단정(斷)을 내림.
			• 決定(결정) 행동이나 태도를 분명하게(決) 정함(定).
321		訣	1. 활이 시위를 떠나듯 나누어지는(夬) 말(言)을 하다. 2. 계책(言)을 떼어놓아(夬) 다른 사람들이 모르게 하다.
			헤어질 결
			• 訣別(결별) 기약 없는 이별을 함: 관계나 교제를 영원히 끊음.
			비결 결
			• 祕訣(비결) 세상에 알려져 있지 않은(祕) 자기만의 뛰어난 방법(訣).
322		袂	옷(衣)의 터놓는 부분(夬)인 소매.
			소매 메
			• 袂別(메별) 소매(袂)를 잡고 섭섭히 헤어진다(別).
323		缺	항아리(缶)가 깨짐(夬).
			이지러질 결
			• 缺席(결석) 출석하여야 할 경우에 출석(席)하지 아니함(缺).
324		向	집(宀)안의 북풍이 불어오는 방향으로 난 창문(口).
			향할 향
			• 指向(지향) 지정(指)해 그 쪽으로 향(向)하게 함.
325		尚	집(宀)에서 신을 **오히려 더욱 숭상해야** 창문(口)으로 **바라는** 신기가 내려 옴(八).
			오히려 상
			• 時機尙早(시기상조) 어떤 일을 하기에 오히려(尙) 알맞은(機) 때(時)가 이름(早).
			숭상할 상
			• 崇尙(숭상) 높여(崇) 소중히(尙) 여김.
			바랄 상
			• 尙饗(상향) '바라건대(尙) 흠향(饗)하옵소서'의 뜻으로, 축문의 맨 끝에 쓰는 말.
326		常	집(尙)에서 **항상** 예법에 맞는 옷을 입어(巾) **떳떳하다.**
			항상 상
			• 常套的(상투적) 늘(常) 버릇(套)이 되다시피 한(的).
			떳떳할 상
			• 常軌(상궤) 떳떳하고(常) 바른 길(軌). * 항상 입는 치마(常)가 '항상'으로 사용되자 치마(裳)를 새로 만들어 사용함.

| 327 | 𧝓 | 裳 | 집(尙)에서 항상 두르고 있는 치마(衣). |

치마 상
- 衣裳(의상) 겉에 입는 저고리(衣)와 치마(裳): 모든 옷.

| 328 | 賞 | 賞 | 공을 세운(尙) 사람에게 재물(貝)을 주고, 그 모습을 즐기다. |

상줄 상
- 襃賞(포상) 칭찬하고(襃) 상을 줌(賞).

즐길 상
- 賞春客(상춘객) 봄(春)의 경치를 감상(賞)하러 나온 사람(客).

| 329 | 𦥑 | 牙 | 위(⊏)와 아래(丿)의 이가 딱 맞게 맞물림. |

어금니 아
- 齒牙(치아) 이(齒)와 어금니(牙): '이'의 점잖은 표현.

상아 아
- 象牙(상아) 코끼리(象)의 엄니(牙): 위턱에 나서 입 밖으로 뿔처럼 길게 뻗어 있음/맑고 연한 노란색이며 단단해서 갈면 갈수록 윤이 남.
 * 齒(이 치) 앞니와 어금니
 * 어금니: 튼튼하고 서로 딱 맞으며 서로 도움을 줌.

| 330 | 𤘛 | 邪 | 어금니(牙)가 서로 딱 맞고, 성을 단단히 붙잡는 사람들(邑→阝)처럼 상대방의 비위에 맞추어 자신의 이익을 추구하다. |

간사할 사
- 奸邪(간사) 나쁜 꾀(奸)가 있어 거짓으로 남의 비위를 맞추는(邪) 태도가 있음.

| 331 | 𦥔 | 與 | 함께(𦥑→与) 주고(曰) 받다(𠃍). |

더불 여
- 與世推移(여세추이) 세상(世)이 변하고(推) 바뀜(移)에 따라 함께(與) 변하고 바뀜.

줄 여
- 贈與(증여) 물품 따위를 선물(贈)로 줌(與).

| 332 | 𦥒 | 擧 | 함께(與) 손으로 들다(手). |

들 거
- 一擧兩得(일거양득) 한 가지(一)의 일로 두 가지(兩)의 이익(得)을 잡다(擧).
- 選擧(선거) 많은 사람 가운데서 투표 등에 의하여 뽑아(選) 냄(擧).

| 333 | 用 | 用 | 나무통(用)을 사용하다. |

쓸 용
- 經世致用(경세치용) 학문(經)은 세상(世)을 다스리는 데(致)에 실질적인 이익을 줄 수 있는 것(用)이어야 한다는 유교의 한 주장.

| 334 | 𰀭 | 問 | 남의 집을 방문해(門) 질문함(口). |

물을 문

번호	고문	해서	설 명
			• 不恥下問(불치하문) 지위·학식·나이 따위가 자기보다 아랫사람(下)에게 묻는 것(問)을 부끄럽게 여기지(恥) 아니함(不).
335	㪔	散	마(林→朮) 또는 고기(月)를 몽둥이로 두드려(攵) 흩어지게 하다. **흩을 산** • 風飛雹散(풍비박산) 바람(風)이 불어(飛) 우박(雹)이 이리저리 흩어진다(散): 엉망으로 깨어져 흩어져 버림/풍지박산은 잘못된 말임. • 散炙(산적) 쇠고기 따위를 다져(散) 길쭉하게 썰어 양념을 하여 꼬챙이에 꿰어서 구운(炙) 음식. * 膾炙人口(회자인구) 회(膾)는 날고기, 자(炙)는 구운 고기이니, 맛있는 음식처럼 시문 등이 사람들(人)의 입에 많이 오르내리고 찬양을 받음(口). * 炙: 구울 자, 구울 적
336	坙	巠	베틀(工)의 날실(巛)을 그림. **날실 경**
337	經	經	실(絲→糸)을 엮어 베를 짜듯이(巠) **기초를 닦고 일을 해 나가다.** **지날 경** • 經緯(경위) 직물의 날(經)과 씨(緯)를 아울러 이르는 말: 일이 진행되어 온 과정/지구 경도와 위도를 아울러 이르는 말. • 經營(경영) 기업이나 사업 따위를 관리하고(經) 운영함(營): 기초를 닦고 계획을 세워 어떤 일을 해 나감/계획을 세워 집을 지음. **글 경** • 經典(경전) 성인의 말이나 행실을 적어 엮은(經) 책(典).
338	疋	疋	발바닥(止)에서 허벅지(一)까지 완전한 다리. **피륙 필** • 疋緞(필단) 한 필(疋)의 비단(緞). * 필(疋): 한 필로 성인의 옷을 완전히 지을 수 있음/주로 단위로 쓰임
339	足	足	발바닥(止)에서 허벅지(口)까지 완전한 다리로 '만족하다', '근본', '가다', '달리다'의 뜻이 파생됨. **발 족** • 畵蛇添足(화사첨족) 뱀(蛇)을 그리고(畵) 발(足)을 더한다(添): 하지 않아도 될 일을 하거나 필요 이상으로 쓸데없는 일을 하여 도리어 실패함. **만족할 족** • 知足可樂(지족가락) 만족함(足)을 알면(知) 가히(可) 즐겁다(樂).
340	丙	丙	1. 화롯불은 따뜻하고 **빛**이 난다. 2. 체내에 심한 열이 나서 땀을 뻘뻘 흘리는 **환자.** 3. **튼튼한** 다리가 달린 상. **불 병/빛날 병/강할 병/환자 병**
341	㿺	病	병든 사람(疒)이 눕는 침대(爿)에, 중병에 걸려 땀을 뻘뻘 흘리는 환자(火→丙)가 누워 있음.

번호	고문	해서	설 명

병 병

- 先病者醫(선병자의) 먼저(先) 앓아(病) 본 사람(者)이 의원(醫): 경험 있는 사람이 남을 인도할 수 있다는 말.
- * 옛날에는 사람이 중병에 걸리면 침상에 눕히고 죽기를 기다림.

---

342 工

기술자가 나무판 사이에 흙을 넣어 **달구(工)를 내리치는** 방식으로 흙벽을 만들어 튼튼하다.

장인 공

- 匠人(장인) 손으로 물건을 만드는 일을 직업으로 하는(匠) 사람(人): 예술가의 창작 활동이 심혈을 기울여 물건을 만드는 것과 같다는 뜻으로, 예술가를 두루 이르는 말.
- 石工(석공) 돌(石)을 다루어 물건을 만드는 사람(工).

솜씨 공

- 工夫(공부) 어떤 솜씨(工)를 배우는 일(夫).

만들 공

- 工場(공장) 원료나 재료를 가공하여 물건을 만들어(工) 내는 설비를 갖춘 곳(場).

---

343 左

공구(工)를 쥔 **왼손(ナ)은** 오른손 보다 못하여 오른손을 보조함.

왼 좌

- 左顧右眄(좌고우면) 왼쪽(左)을 둘러보고(顧) 오른쪽(右)을 곁눈질한다(眄): 이쪽 저쪽을 돌아본다는 뜻으로, 앞뒤를 재고 망설임을 이르는 말.

---

344 右

밥을 먹는(口) 오른손(ナ).

오른쪽 우

- 座右銘(좌우명) 늘 자리(座) 오른쪽(右)에 적어놓고 자기를 경계하는 말(銘).

---

345 主

등잔(主)의 심지(丶)는 자신을 태우고 남을 환하게 밝혀주는 진정한 주인(王)이다.

주인 주

- 主客顚倒(주객전도) 주인(主)은 손님처럼(客) 손님은 주인처럼 행동을 바꾸어 한다(顚倒): 입장이 뒤바뀐 것.

---

346 處

항아리 모양(庿→虍)의 집에서 움직이고(夂) 머무르다(几).

거처할 처/살 처

- 隨處作主(수처작주) 가는(隨) 곳(處)마다 주인(主)이 됨(作).

처리할 처

- 處理(처리) 사무나 사건 따위를 절차에 따라 정리하여 치르거나 마무리를 지음.

---

347 登

음식을 층층이 쌓은 제기를 들고(豆) 제단 위로 올라가는(癶) 모습.

오를 등

- 登高自卑(등고자비) 높은 곳(高)에 올라가려면(登) 낮은 곳(卑)에서부터(自) 오른다: 일을 하는 데는 반드시 차례를 밟아야 한다/천 리 길도 한 걸음부터/지위가 높아질수록 스스로를 낮춘다는 말.
- *自: 스스로 자, 자기 자, ~부터 자

번호	고문	해서	설 명
348	亾	亡	1. 적과 싸우다 칼(刀)의 끝부분이 부러져(乀) **죽음을 당하거나 달아나 숨다.** 2. 사람(人→亠)이 죽어 구덩이(乚) **묻히거나**, 도망가서 구덩이(乚) **숨다.** **망할 망** • 生死存亡(생사존망) 살아(生) 있음(存)과 죽어(死) 없어짐(亡). • 逃亡(도망) 피하여(逃) 달아남(亡). * 乚=隱(숨을 은): 몸을 웅크리고 숨다.
349	🥢	急	지금 떠나는 사람(人→勹)을 붙잡고 싶은(又→彐) 급한 마음(心). **급할 급** • 緩急(완급) 느림(緩)과 빠름(急).
350	🥢	悬	위의 손(爪)과 아래의 손(彐)으로 **재빨리 만들어(工)** 다른 사람이 볼 수 없는 마음속(心)에 **숨기다.** **급할 급/삼갈 은**
351	隱	隱	언덕(阜→阝) 뒤로 재빨리 숨다(悬). **숨을 은** • 隱忍自重(은인자중) 밖으로 드러내지 아니하고(隱) 참고(忍) 감추어 몸가짐(自)을 신중(重)히 함.
352	禽	禽	새장의 지붕(人)·아름다운 무늬(文)를 가진 새·새장(凵)·새의 발(禸)을 나타냄. **날 짐승 금** • 禽獸(금수) 날짐승(禽)과 길짐승(獸)이라는 뜻으로, 모든 짐승을 이르는 말: 행실이 아주 더럽고 나쁜 사람을 비유적으로 이르는 말.
353	离	离	1. 새장(禽)의 지붕(人)이 없어져(离) 새가 날아가다. 2. 새그물(离)로 잡은 새를 **떼어놓다.** **떠날 리**
354	離	離	새장(禽)의 지붕(人)이 없어져(离) 새(隹)가 날아가다. **떠날 리** • 會者定離(회자정리) 만난(會) 자(者)는 반드시(定) 헤어짐(離).
355	曲	曲	대나무나 싸리를 엮어 만든 **굽은** 모양의 바구니. **굽을 곡** • 不問曲直(불문곡직) 굽음(曲)과 곧음(直)을 묻지(問) 않는다(不): 옳고 그름을 가리지 않고 함부로 일을 처리함/잘잘못을 묻지 않고 함부로 행함. **구석 곡** • 坊坊曲曲(방방곡곡) 동네(坊) 구석(曲): 어느 한군데도 빼놓지 않은 모든 곳.
356	土	土	지면(一) 위로 흙덩어리가 뭉쳐 쌓여있는(十) 모습. **흙 토** • 焦土化(초토화) 불에 타서 검게 그을린(焦) 흙(土)이 되다(化): 초토가 되거나 초토로 만드는 것.

번호	고문	해서	설 명
357	朩	木	나무를 가지 3개, 줄기1개, 뿌리 3개로 그림. **나무 목** • 竹頭木屑(죽두목설) 대나무(竹) 조각(頭)과 나무(木) 부스러기(屑): 쓸모없다고 생각한 것도 소홀히 하지 않으면 후에 긴히 쓰인다는 말. * 木: 곡식 모양에도 사용됨→禾(벼 화)
358	㠯	在	새싹(才)이 흙(土)에 **있다.** **있을 재** • 人命在命(인명재천) 사람(人)의 목숨(命)은 하늘(天)에 있다(在): 사람이 살고 죽는 것이나 오래 살고 못 살고 하는 것이 다 하늘에 달려 있어 사람으로서는 어찌할 수 없음.
359	轉	轉	실을 감는 용도의 방추를 돌리고(專), 수레바퀴(車)를 구르게 하다. **구를 전** • 起承轉結(기승전결) 시문을 짓는 형식의 한 가지, 글의 첫머리를 기(起), 그 뜻을 이어받아 쓰는 것을 승(承), 뜻을 한번 부연시키는 것을 전(轉), 전체를 맺는 것을 결(結)이라 함. • 轉禍爲福(전화위복) 화(禍)가 바뀌어(轉) 오히려 복(福)이 된다(爲): 어떤 불행한 일이라도 끊임없는 노력과 강인한 의지로 힘쓰면 불행을 행복으로 바꾸어 놓을 수 있다.
360	単 / 干	干	1. 방패로 적을 **찌르거나** 화살·칼 등을 **막는** 전쟁에 **기본 무기.** 2. 태양 빛이 부딪쳐(干) 사물이 **마르다.** **방패 간** • 干戈(간과) 방패(干)와 창(戈). **범할 간** • 干涉(간섭) 남의 일에 또는 어떤 사람에게 이래라저래라 하면서(干) 영향을 주려고 하는 것(涉). **마를 간** • 干滿(간만) 썰물(干)과 밀물(滿): 간조(干)와 만조(滿). • 干拓(간척) 호수나 바닷가에 제방을 만들어 그 안의 물을 빼고(干) 육지나 경작지를 만듦(拓).
361	㓝	刑	죄지은 사람을 구덩이(井→开)가두고 죄의 **기준**에 따라 칼(刂)로 형벌을 내림. **형벌 형** • 刑罰(형벌) 죄지은(刑) 사람에게 주는 벌(罰).
362	荆	荊	형벌을 주는(刑) 가시나무(艹). **가시나무 형** • 荊棘(형극) 나무의 온갖 가시: 고난을 비유적으로 이르는 말.
363	型	型	흙(土)으로 만든 기준이 되는 거푸집(刑)으로 모형을 뜻함. **모형 형** • 模型(모형) 모양(模)이 같은 물건을 만들기 위한 틀(型): 실물을 모방하여 만든 물건.

번호	고문	해서	설 명
364	形	形	방패 2개의 **모양**(幵)이 빛이 있어 분명히 보인다(彡). **모양 형** • 形而上學(형이상학) 형체(形) 이전(而)의 초월한 영역(上)에 관한 과학(學): 철학을 뜻함 * 彡: 털/모양/무늬/빛이 있어 분명히 보인다.
365	面	面	사람의 얼굴 표정 또는 겉모습. **낯 면/밀가루 면** • 鐵面皮(철면피) 쇠(鐵)처럼 두꺼운 낯(面)가죽(皮): 뻔뻔스럽고 염치없는 사람. • 四面楚歌(사면초가) 전후좌우(四)의 방면(面)에서 들리는 초(楚)나라의 노래(歌): 적에게 둘러싸인 상태나 누구의 도움도 받을 수 없는 고립 상태에 빠짐.
366	弋	弋	1. 주살. 2. 줄이 달린 **말뚝**. **주살 익** • 弋不射宿(익불사숙) 주살질은 해도(弋) 자는(宿) 새를 쏘지는(射) 않는다(不): 무슨 일에나 정도를 넘지 않는 훌륭한 인물의 태도를 이르는 말. * 주살: 활에 줄을 매어 쏘는 화살.
367	必	必	땅을 나눌 때(八) **반드시** 말뚝(弋)을 박아 경계를 분명히 하다. **반드시 필** • 必死則生(필사즉생) 반드시(必) 죽고자(死) 하면(則) 오히려 살아난다(生): 전쟁이나 전투에서 결연한 의지를 나타낼 때 쓰는 말. * 必死則生=必死卽生
368	代	代	활과 화살이 줄로 이어지고 있듯이, 새로운 세대(亻)가 **대신**하여 **이어지고**(弋) 있다. **대신할 대** • 代身(대신) 어떤 대상의 자리(身)나 구실을 바꾸어서 새로 맡음(代).
369	速	速	발목의 고름을 단단히 묶고(束) **빠르게** 가다(辶). **빠를 속** • 拙速(졸속) 서투르지만(拙) 빠르다(速): 지나치게 서둘러 함으로써 그 결과나 성과가 바람직하지 못함을 이르는 말.
370	破	破	짐승의 껍질을 벗기듯(皮) 돌(石)을 깨뜨리다. **깨뜨릴 파** • 破鏡(파경) 깨어진(破) 거울(鏡): 부부의 금슬이 좋지 않아 이혼하게 되는 일.
371	斿	斿	어린아이(子)가 기(㫃)를 펄럭이며 이리저리 뛰어다니며 놀다. **깃발 유** * 㫃→㫃
372	遊	遊	깃발을 펄럭이며(斿) 어슬렁거리며(辶) 놀다. **놀 유**

번호	고문	해서	설 명
			• 遊魚出聽(유어출청) 거문고 소리가 빼어나 물고기(魚)가 떠(遊)올라(出) 들을(聽) 정도: 재주가 뛰어남을 칭찬하여 이르는 말.
373	声	声	석경(尸)을 매단 끈(土). 소리 성 * 石磬(석경): 아악기(雅樂器)의 하나/돌로 만든 경쇠.
374	聲	聲	석경(声)을 치는(殳) 소리를 듣다(耳). 소리 성 • 虛張聲勢(허장성세) 헛되이(虛) 목소리(聲)의 기세(勢)만 높임(張): 실력이 없으면서도 허세로만 떠벌림.
375	方	方	일정한 **방향**으로 **네모진 지방**의 **땅**을 **지금** 쟁기(方)로 갈아엎는다. 방향 방 • 方向(방향) 어떤 방위(方)를 향한 쪽(向). 네모 방 • 正方形(정방형) 바른(正) 네모(方) 모양(形): 정사각형. 바를 방 • 方正(방정) 말이나 행동이 바르고(方) 점잖다(正). 지방 방 • 地方(지방) 어느 방면(方)의 땅(地): 서울 이외(方)의 지역(地). 상대방 방 : 쟁기의 상대방은 땅. • 相對方(상대방) 어떤 일이나 말을 할 때 서로(相) 짝을 이루는(對) 사람(方). 지금 방 • 方今(방금) 말하고 있는 시점보다 바로 조금 전에: 말하고 있는 시점과 같은 때에/말하고 있는 시점부터 바로 조금 후에. 방법 방 : 쟁기 사용 방법. • 方法(방법) 어떤 일을 해 나가거나 목적을 이루기 위하여 취하는(方) 수단(法).
376	於	於	사람(人)이 쟁기(方)로 밭을 갈고(冫), 밭을 가는 것에 결과가 **있다**. 어조사 어 • 青出於藍(청출어람) 청색(青)은 남색(藍)에서(於) 나온다(出): 제자가 스승보다 낫다. • 樂生於憂(낙생어우) 즐거움(樂)은 어려움(憂)에서(於) 생긴다(生). 있을 어 • 民保於信(민보어신) 국민(民)은 믿음(信)이 있을(於) 때 안정된다(保).
377	旁	旁	쟁기(方)의 **곁**에 부착한 보습과 볏(立). 곁 방 • 旁岐曲徑(방기곡경) 옆(旁)으로 난 샛길(岐)과 구불구불한(曲) 길(徑): 일을 바른 길을 좇아서 순탄하게 하지 않고 정당한 방법이 아닌 그릇되고 억지스럽게 함 * 보습은 땅을 갈아서 흙덩이를 일으키고, 볏은 그 흙을 부수고 뒤집음.

번호	고문	해서	설 명
378	傍	傍	서 있는 사람(亻)의 곁(旁). **곁 방** • 袖手傍觀(수수방관) 손(手)을 소매(袖)에 넣고 곁(傍)에서 보고(觀)만 있다: 어떤 일을 당하여 옆에서 보고만 있음.
379	謗	謗	옆(旁)에서 남의 잘못을 나무라다(言). **비방할 방** • 誹謗(비방) 남을 비웃고 헐뜯어서 말함. • 毁謗(훼방) 남을 헐뜯어(毁) 비방(謗)함.
380	北	北	1. 가옥의 형태가 남향으로 되자, **가옥의 뒤**는 북(北)쪽이 됨. 2. 두 사람이 등을 서로 **맞대고** 있는 모습(北). **북녘 북** • 南北(남북) 남쪽(南)과 북쪽(北) **달아날 배** • 敗北(패배) 싸움에 져서(敗) 적에게 등(北)을 보이고 달아남
381	背	背	사람(月)의 뒤(北)는 등(背). **등 배** • 背水陣(배수진) 물(水)을 등지고(背) 진(陣)을 친다: 물러설 곳이 없으니 목숨을 걸고 싸울 수밖에 없는 지경. **배반할 배** • 面從腹背(면종복배) 겉으로는(面) 순종(從)하는 체하고 속으로는(腹) 딴마음을 먹음(背).
382	里	里	1. 사람이 거주하는 **마을**의 논밭(田)과 토지(土)를 관리해야 함. 2. 바깥세상과 구분된 마을의 **안쪽**. **마을 리** • 鄕里(향리) 고향(鄕) 마을(里). **리 리** • 一瀉千里(일사천리) 강물이 쏟아져(瀉) 단번(一)에 천리(千里)를 간다: 조금도 거침없이 빨리 진행됨. * 1리=400m
383	理	理	옥(玉→王)의 원석 **속에 숨어 있는** 고운 결(里)을 찾아 갈아내다. **다스릴 리** • 理解(이해) 풀어서(解) 속까지(理) 알게 됨: 사리를 분별하여(理) 해석함(解). • 辦理(판리) 일을 판별하여(辦) 처리(理)함.
384	裏	裏	옷(衣)의 안쪽(理→里). **속 리** • 表裏不同(표리부동) 겉(表)과 속(裏)이 같지(同) 않음(不): 마음이 음흉 맞아서 겉과 속이 다름.

번호	고문	해서	설 명

385 艮 艮

1. 의식을 집중한 상태로 눈길이 한곳에 머문 상태(目)의 사람(ヒ)은 **강직하다.**
2. 눈길이 한곳에 머문 상태이므로 **한정되다.**
3. 뒤 돌아 보며 **원망하다.**
4. 멈춰있어 **가난하고 어렵다.**

- 그칠 간/딱딱할 간

* 睍: 두루두루 살펴보는 것.

386 良 良

1. 방에서 대문까지 구불구불한 회랑으로 연결된 **좋은 집.**
2. 북을 세우고 위와 아래를 고정한 후 북을 치면, 북소리가 널리 퍼지며 사람의 기분을 **좋게** 하다.

- 좋을 량(양)

• 良藥苦口(양약고구) 좋은(良) 약(藥)은 입(口)에 쓰다(苦): 충언은 귀에 거슬린다는 말
* 회랑: 정당(正堂)의 좌우에 있는 긴 집채/양옥의 어떤 방을 중심으로 하여 둘러댄 마루.

387 浪 浪

물결(氵)이 **커다란 집채(良)**같이 일어나다.

- 물결 랑

• 波浪(파랑) 작은 물결(波)과 큰 물결(浪).

- 터무니없을 랑

• 虛無孟浪(허무맹랑) 텅 비고(虛) 없으며(無) 엉터리(孟)이고 터무니없다(浪).
• 浪漫(낭만) 현실에 매이지 않고 감상적이고(浪) 이상적으로(漫) 사물을 대하는 태도나 심리.

- 함부로 랑

• 浪費(낭비) 재물·시간 따위를 헛되이 헤프게(浪) 쓰는 것(費).

388 狼 狼

커다란 물결처럼(浪→良) 몰려다니는 이리(犭).

- 이리 랑

• 狼藉(낭자) 이리(狼)에게 깔렸던(藉) 풀처럼 어지럽게 흩어져 있음.
• 狼狽(낭패) 계획한 일이 실패로 돌아가거나 기대에 어긋나 매우 딱하게 됨.
* 성격이 거칠고 급한 '낭(狼)'과 순하지만 지략을 갖춘 '패(狽)'가 협력을 하지 않고 서로 싸워 목적을 이룰 수 없는 상황.

389 食 食

그릇뚜껑(人)과 발이 달린 그릇의 음식(艮).

- 먹을 식

飲食(음식) 마시는 것(飲)과 먹는 것(食).

- 먹이 사

• 簞食瓢飲(단사표음) 대그릇(簞)의 밥(食)과 표주박(瓢)의 물(飲): 안빈낙도하는 조촐한 삶을 이르는 말.

390 夫 夫

비녀를 머리에 꽂은(一) 성인 남성(大)는 **가족을 구성**할 수 있고 이에 따른 고된 **노동**을 해야 함.

- 남편 부

• 夫婦(부부) 남편(夫)과 부인(婦).

- 사내 부

• 漁夫之利(어부지리) 고기 잡는(漁) 사내(夫)의(之) 이익(利): 둘이 다투는 틈을

번호	고문	해서	설 명
			타서 엉뚱한 제3자가 이익을 가로챔. 노동 부 • 工夫(공부) 학문이나 기술을 닦는(工) 일(夫).
391		雷	비(雨)가 올 때 발생하는 우레(田). 우레 뢰(뇌) • 附和雷同(부화뇌동) 우레 소리(雷)에 맞춰(同) 함께(和) 한다(附): 자신의 뚜렷한 소신 없이 그저 남이 하는 대로 따라가는 것을 의미함. * 우레: 천둥과 번개.
392		西	해가 서쪽으로 질 때, 새(兀)들이 둥지(口)로 돌아감. 서녘 서 • 東西古今(동서고금) 동양(東)과 서양(西) 그리고 옛날(古)과 오늘(今): 어디서나 언제나.
393		要	여자(女)의 **허리를 잡은** 두 손(襾) 모양으로, 허리는 상체와 하체를 딱 맞게 **합치는 중요한** 부분이다. 요긴할 요 • 不要不急(불요불급) 필요(要)하지도 않고(不) 급(急)하지도 않음(不). 요약할 요 • 要約(요약) 말이나 문장의 요점(要)을 잡아 추림(約). 구할 요 • 要求(요구) 필요(要)하여 달라고 강력히 청함(求).
394		粦	두 팔과 다리를 벌린 도깨비(大)가 맑은 불빛을 내며(火) 두발(舛)로 격렬하게 춤추는 모습. 도깨비불 린(인) * 大+火→米
395		鄰	식량(米)이 떨어진 **이웃에게** 다가가(舛) **도움을 주는** 도깨비(粦)같은 사람들이 모여 사는 비탈진 언덕(阝). 이웃 린 • 遠族近隣(원족근린) 먼 데(遠) 있는 친척(族)은 가까운(近) 이웃(隣)만 못함. * 鄰=隣
396		憐	어려운 이웃(鄰)을 안타깝게 생각하는 마음(心→忄). 불쌍히 여길 련(연) • 憐恤(연휼) 불쌍히 여겨(憐) 물품을 내어 도와줌(恤).
397		示	제단(丁)위에 제물(-)을 올리니, 신이 **나타나 알려주다(八)**. 보일 시 • 表示(표시) 겉으로(表) 드러내 보임(示). 알릴 시 • 示唆(시사) 어떤 것을 미리 간접적으로(唆) 표현해 주다(示).

번호	고문	해서	설 명
			* 시(示): 홀로 쓰일 때↔시(礻): 다른 글자와 함께 쓰일 때 * 礻(보일 시)≠礻(옷 의) * 夋: 뛰어날 준/진실한 사람(允)이 춤추다(夂). * 唆: 부추길 사/뛰어난(夋) 말(口)로 상대방을 부추기다.
398	𥄨	視	제단에 나타난 신(示)을 보다(見). **볼 시** 視聽(시청) 눈으로 봄(視)과 귀로 들음(聽).
399	A	今	**아래로 향한 입 안(亼)으로 어떤 것(ㄱ)이 막 들어가려는 지금.** **이제 금** • 今日(금일) 지금 지나가고 있는(今) 이날(日). • 今週(금주) 이번(今) 주일(週). • 今始初聞(금시초문) 이제야(今) 비로소(始) 처음으로(初) 들음(聞).
400	𠅘	令	1. **명령(亼)을 내리는 사람 앞에 무릎 꿇고 명령을 받는 사람(卩).** 2. **추장이 좋은 방울 소리(亼)를 내어 사람을 모으고, 그 사람(卩)들에게 명령을 내리다.** **하여금 령/명령 령** • 朝令暮改(조령모개) 아침(朝)에 명령(令)을 내리고서 저녁(暮)에 다시 바꾼다(改): 법령의 개정이 너무 빈번하여 믿을 수가 없음. **좋을 령** • 巧言令色(교언영색) 말(言)을 교묘(巧)하게 하고 얼굴빛(色)을 꾸미다(令): 남의 환심을 사기 위해 교묘히 꾸며서 하는 말과 아첨하는 얼굴빛.
401	命	命	**명령(亼)을 내린 사람이 명령을 받은 사람(卩)으로부터 그 결과(口)를 듣고, 목숨을 결정하다.** **목숨 명** • 人命在天(인명재천) 사람(人)의 목숨(命)은 하늘(天)에 있다(在): 사람이 살고 죽는 것이나 오래 살고 못 살고 하는 것이 다 하늘에 달려 있어 사람으로서는 어찌할 수 없음. **명령 명** • 知天命(지천명) 하늘(天)의 명령(命)을 앎(知): 쉰 살을 달리 이르는 말.
402	舍	含	지금(今) 입(口)안에 있는 어떤 것. **머금을 함** • 含意(함의) 말이나 글 속에 어떠한 뜻(意)이 들어 있음(含).
403	𡥈	孕	여성(人→乃)의 배 안(乃)에 태아(子)가 자라고 있음. **아이밸 잉** • 孕胎(잉태) 태반(胎)에 아이나 새끼를 뱀(孕): 어떤 사실이나 현상이 내부에서 생겨 자라남.
404	秂	秀	벼(禾)가 잘 여물음(孕→乃) **빼어날 수**

번호	고문	해서	설 명
			• 優秀(우수) 여럿 가운데 아주(優) 뛰어남(秀).
405	𫾴	威	날 있는 도끼(戌)를 들고 있는 여성(女)으로, 한 집안의 권력을 잡고 있는 시어머니의 위엄. **위엄 위** • 威嚴(위엄) 존경할 만한 위세(威)가 있어 점잖고 엄숙(嚴)함.
406	㞣	卉	풀(艸→十) 3포기로 수많은 식물을 말함. **풀 훼** • 花卉(화훼) 꽃이 피는 풀(花)과 나무 또는 꽃이 없더라도 관상용이 되는 모든 식물(卉)을 통틀어 이르는 말: 화초를 주제로 하여 그린 그림. **무성할 훼**
407	𢠽	憤	솥(貝)의 물이 끓는(卉) 것처럼 마음(心)이 화나고 원통함. **분할 분** • 憤怒(분노) 분개(憤)하여 몹시 성을 냄(怒).
408	𥑉	呈	윗분에게 바르게(壬) 말씀(口)을 **드리다**. **드릴 정** • 贈呈(증정) 남에게 선물(贈)을 줌(呈). * 壬: 천간 임, 바른 사람 임, 짊어진 사람 임, 간사할 임
409	程	程	벼(禾)의 무게를 바르게 재는 일정한 **절차**를 말하다(呈). **한도 정** • 課程(과정) 과업(課)의 정도(程): 학교 따위에서 어느 일정 기간 중에 할당된 학습·작업의 범위. **길 정** • 過程(과정) 일이 되어 가는(過) 길(程).

410	𢆶	幾	사람(人)이 베틀(戈)에서 **가늘고 약한** 날실과 씨실(幺幺)로 베를 짜는 모습으로, 잘못될 **기미**가 있을 **때** 바로잡아 **거의** 완벽한 베를 짜다.
			
			기미 기
			• 幾微(기미) 앞일이나 상황에 대하여 느낌으로 알아차릴 수 있게 하는 어떤 현상이나 상태.
			
			몇 기
			• 幾萬(기만) 몇(幾) 만(萬).
			
			거의 기
			• 幾死之境(기사지경) 거의(幾) 다 죽게(死) 된(之) 지경(境).
			  * 幾微=機微
			  * 幾: 대개 10 이하의 적은 수효를 막연하게 이름.

411	機	機	나무(木)로 만든 **베틀**(幾)에서 베를 짤 때, 세심한 주의로 **알맞은 때**에 잘못을 바로잡아야 좋은 베를 짤 수 있음.

번호	고문	해서	설 명
			틀 기/기계 기
			• 機械(기계) 동력을 써서 움직이거나 일을 하는 장치.
			• 斷機之戒(단기지계) 베틀(機)의 베를 끊는(斷) 것으로(之) 훈계(戒): 학문을 중도에서 그만두면 짜던 베의 날을 끊는 것처럼 아무 쓸모없음을 경계한 말/맹자가 수학 도중에 집에 돌아오자, 그의 어머니가 짜던 베를 끊어 그를 훈계하였다는 데서 유래함.
			때 기
			• 機會(기회) 어떠한 일을 하는 데 적절한(會) 시기(機).
			• 危機(위기) 위험한(危) 고비나 시기(機).
412	功	功	땅을 다지는 도구를 들고(工) 힘을 쓰는(力) 모습.
			공 공
			• 螢雪之功(형설지공) 반딧불(螢)과 눈빛(雪)으로 이룬(之) 공(功): 가난을 이겨내며 반딧불과 눈빛으로 글을 읽어가며 고생 속에서 공부하여 이룬 공.
413	化	化	살아 있는 사람(亻)이 거꾸로 된 죽은 사람(匕)으로 **되다**.
			될 화
			• 變化無雙(변화무쌍) 사물의 모양이나 성질 따위가 바뀌고(變) 달라지는(化) 일이 매우 많거나 심하여 서로 견줄만한 짝(雙)이 없음(無).
414	花	花	풀(++)이 꽃으로 됨(化).
			꽃 화
			• 花無十日紅(화무십일홍) 열흘(十·日) 붉은(紅) 꽃(花)이 없다(無): 한 번 성한 것이 얼마 못 가서 반드시 쇠하여짐/권세나 세력의 성함이 오래 가지 않음.
415	帛	帛	제일 하얗고 제일 빛나는(白) 천(巾)은 하얀 **비단**이다.
			비단 백
			• 幣帛(폐백) 신부가 처음으로 시부모를 뵐 때 큰절을 하고 올리는 물건으로 돈(幣)과 비단(帛): 혼인 전에 신랑이 신부 집에 보내는 예물.
416	白	錦	비단(帛)에 수를 넣고 금박(金)을 붙인 고급 비단.
			비단 금
			• 錦上添花(금상첨화) 비단(錦) 위(上)에 꽃(花)을 더한다(添): 좋은 일에 또 좋은 일이 더하여짐.
417	卑	卑	넓적한 부채(甲→由)를 손(ナ→十)에 들고 있는 시종의 신분이 **낮다**.
			낮을 비
			• 卑怯(비겁) 비열(卑)하고 겁(怯)이 많음.
418	甫	甫	1. 밭(田→用)에 뿌린 곡식의 모가 **크게** 자라도록 손(ナ→十)으로 **넓게 펴** 옮겨 심는다.
			2. 이것저것 법도에 맞게(ナ→十) 일하는(用) 아름답고 큰 사나이.
			클 보
			• 甫田(보전) 큰(甫) 밭(田).

번호	고문	해서	설 명
419		捕	곡식의 모(甫)를 손(扌)으로 **잡다.** 잡을 포 • 捕捉(포착) 꼭 붙잡음.
420		哺	음식을 먹여(口) 점점 자라게 하다(甫). 먹일 포 • 反哺之孝(반포지효) 까마귀 새끼가 자란 뒤(反)에 늙은 어미에게 먹이(哺)를 물어다 주는(之) 효성(孝): 자식이 자라서 부모를 봉양함.
421		瓜	식물의 덩굴(⺁)에 오이 · 참외 · 수박 · 박 등 열매(ㄙ)가 매달린 모습. 오이 과 • 種瓜得瓜(종과득과) 오이(瓜)를 심으면(種) 오이(瓜)가 난다(得).
422		孤	덩그러니 매달려있는 오이(瓜)처럼 어린아이(子)가 **외롭다.** 외로울 고 • 孤掌難鳴(고장난명) 외(孤)손뼉(掌)은 울릴(鳴) 수 없다(難): 혼자서는 어떤 일을 이룰 수 없다/상대 없이는 싸움이 일어나지 않음.
423		官	집(宀)의 시설이 서로 연결된(㠯) **관청**에서 일하는 **관리.** 관청 관 • 관리들이 나랏일을 맡아보는 기관(官廳) 벼슬 관 • 貪官汚吏(탐관오리) 탐욕(貪)이 많고 부정(汚)을 일삼는 벼슬아치(官吏)
424		推	**앞으로만** 날 수 있는 새(隹)처럼 손으로 밀다(扌). 밀 추 • 推進(추진) 밀고(推) 나아감(進). 밀 퇴 • 推敲(퇴고) 미느냐(推: 퇴) 두드리느냐(敲: 고): 시문의 자구를 여러 번 고침/당나라의 시인 가도(賈島)가 '僧推月下門'이란 시구를 지을 때 '推'를 '敲'로 바꿀까 말까 망설이다가 한유(韓愈)를 만나 그의 조언으로 '敲'로 결정하였다는 데에서 유래함. * 推: '推敲'의 경우만 '퇴'로 발음하고, 나머진 모두 '추'로 발음함.
425		反	절벽(厂) 아래에서 손(又)을 써서 위로 오르다 떨어져 뒤집히다. 돌이킬 반/돌아올 반 • 賊反荷杖(적반하장) 도둑(賊)이 도리어(反) 몽둥이(杖)를 든다(荷): 잘못한 사람이 도리어 잘 한 사람을 나무라는 경우. • 反駁(반박) 어떤 의견, 주장, 논설 따위에 반대하여(反) 말함(駁).
426		比	두 사람이 우측을 향해 나란히 서 있는 모습으로 두 사람을 **비교**하다. 견줄 비 • 比喩(비유) 어떤 현상이나 사물을 직접 설명하지 아니하고 다른 비슷한 현상이나 사물에 빗대어서(比) 알아듣게 설명하다(喩).

번호	고문	해서	설 명
427	蒻	落	나뭇잎(++)이나 비(氵)가 목적지로 떨어지다(各). **떨어질 락(낙)** • 落落長松(낙낙장송) 가지가 아래로 축축 늘어진(落落) 키 큰(長) 소나무(松).
428	沿	注	물(氵)을 주관하고 책임지다(主). **부을 주** • 注油(주유) 자동차 등에 휘발유(油)를 넣음(注). **주 달 주** • 注釋(주석) 낱말이나 문장의 뜻을 자세하게(注) 풀이함(釋). * 注釋=註釋
429	弢	收	얽고(弓→니) 쳐서(攴→攵) **잡거나 거두다**. **거둘 수** • 反水不收(반수불수) 엎질러진(反) 물(水)은 다시 주워 담을(收) 수 없다(不): 이미 지난 일을 후회해도 아무 소용이 없음.
430	男	男	경작지(田)에서 힘든 쟁기질(力)을 하는 사내. **사내 남** • 男女老少(남녀노소) 남자(男)와 여자(女) 늙은이(老)와 젊은이(少): 곧 모든 사람.
431	故	故	옛날에 전쟁(中→十)이 일어난 **이유**에 관한 이야기(口)를 하다(攵). **연고 고** • 緣故(연고) 일의 까닭: 어떤 인연(緣)으로 맺어진 관계(故)/사람들 사이에 맺어지는 관계. **일부러 고** • 故意(고의) 일부러 또는 억지로 하려는(故) 생각이나 태도(意). **옛 고** • 故事(고사) 예로부터(故) 전해 오는 유서 깊은 일(事). * 中: 군대 진지 중앙에 펄럭이는 깃발.
432	海	海	비녀(一)로 머리를 단정하게 묶고 가슴으로 자녀를 양육하는(母) 어머니 같은 바다(氵). **바다 해** • 桑田碧海(상전벽해) 뽕나무(桑)밭(田)이 푸른(碧) 바다(海)가 되었다: 세상이 몰라 볼 정도로 바뀐 것.
433	長	長	늙어서 머리가 빠지고 짧아져 비녀를 할 수 없어, 흐트러진 **긴** 머리(彐)에 지팡이(ㅣ)를 짚은 사람(乀). **길 장** • 不老長生(불로장생) 늙지(老) 않고(不) 오래(長) 삶(生). **어른 장** • 會長(회장) 모임(會)을 대표하는 사람(長).

번호	고문	해서	설 명
434	譱	善	양(羊)처럼 온순하며 부드럽게 서로 말(誩→舌)을 주고받는 착한 사람. **착할 선/좋을 선** • 勸善懲惡(권선징악) 착한 행실(善)을 권장(勸)하고 악한 행실(惡)을 징계(懲)함.
435	肖	肖	덩어리 고기(月)를 작게(小) 자르면 닮은 모양이 됨. **닮을 초/같을 초** • 肖像(초상) 사람의 얼굴이나 모양(像)을 그림으로 그리거나 조각으로 새김(肖). **작을 소**
436	消	消	물(氵)이 아주 작게(肖) **나누어져** 증발하면 **없어짐**. **사라질 소** • 消滅(소멸) 사라져(消) 없어짐(滅).
437	彖	象	엄니(彑)를 강조한 멧돼지(象) 모양으로, 멧돼지의 엄니가 서로 딱 맞는 것처럼, 돼지 코로 사방 500m까지 **냄새로 먹이를 판단함.** **판단할 단** * 彑: 멧돼지 주둥이의 엄니.
438	緣	緣	멧돼지는 냄새로 판단(彖)할 수 있으나, 사람에게 **보이지 않는**(彖) 실(糸)로 **연결된** 인연. **인연 연** • 因緣(인연) 결과를 얻을 **직접 원인**(因)과 그 원인으로 말미암아 얻을 **간접적인 힘**(緣).
439	巧	巧	딱 맞게 구부리고 연결하여(丂) 만듦(工). **공교할 교** • 工巧(공교) 솜씨나 꾀 따위가 재치가 있고(工) 빼어나며 훌륭함(巧): 생각지 않았거나 뜻하지 않았던 사실이나 사건과 우연히 마주치는 것이 매우 기이함. • 巧妙(교묘) 솜씨나 재주 따위가 재치 있게 약삭빠르고(巧) 묘함(妙): 짜임새나 생김새 따위가 아기자기하게 묘함.
440	束	束	1. 나무(木)의 단을 끈으로 묶다(口). 2. 자루(束→木)를 묶다(口). **묶을 속** • 約束(약속) 언약(約)하여 정함(束).
441	柬	柬	묶은 나무 단(束)을 풀어서(八) **가리다.** **가릴 간**
442	闌	闌	대문(門)을 **가로막고,** 문지기가 가려서(柬) 문을 **열고 닫음.** **가로막을 란**
443	蘭	蘭	얼기설기 엮어 가로막는 사립문(闌)모양으로 자라는 난(艹).

번호	고문	해서	설 명
			난초 란(난) • 金蘭之交(금란지교) 단단하기가 금속(金)과 같고 아름답기가 난초(蘭) 향기와 같은(之) 사귐(交): 두 사람 사이에 서로 마음이 맞고 교분이 두터워서 아무리 어려운 일이라도 해 나갈 만큼 우정이 깊은 사귐.
444	瀾	瀾	파도(氵)가 이리저리 가로지르듯(闌) 움직임. .... **물결 란(난)** • 波瀾萬丈(파란만장) 파도(波)의 물결(瀾) 치는 것이 만장(萬丈)의 길이나 된다: 일의 진행에 변화가 심함. * 만장(萬丈): 높이가 만 길이나 된다는 뜻으로, 아주 높거나 대단함을 이르는 말.
445	爛	爛	불빛(火)이 가로지르듯(闌) 사방으로 퍼져 나가는 모양에서 '빛나다', '흐드러지다', '썩어 문드러지다'의 뜻으로 확대됨. .... **빛날 란** • 燦爛(찬란) 빛이 번쩍거리거나(燦) 수많은 불빛이 빛나는(爛) 상태로 빛깔이나 모양 따위가 매우 화려하고 아름다움. **문드러질 란** • 爛商討論(난상토론) 충분히(爛) 헤아려보고(商) 여러 사람이 각각 의견을 말하며 (討) 논의(論)함. * 燦爛=燈爛=粲爛
446		欄	가로막는(闌) 나무(木). .... **난간 란(난)** • 欄干(난간) 누각이나 층계나 다리 따위에서 떨어지지 않도록(欄) 가장자리를 막은 부분(干).
447	冏	冏	창문(冂)으로 빛이 들어와(八) 밝은 모습(口). .... **빛날 경**
448		商	1. 그릇(立)을 좌대(冏)에 놓고 팔다. 2. 송곳(辛→立)으로 찔러보거나 창문(冏) 안을 살펴보고 헤아리다. .... **장사 상** • 商人(상인) 장사하는(商) 사람(人). **헤아릴 상** • 協商(협상) 어떤 목적에 부합되는 결정을 하기 위하여 여럿이(協) 서로 의논함(商).
449	是	是	1. 태양(日)은 **올바른** 주기로 움직임(正→疋). 2. 가장 올바른(是) 이것. .... **옳을 시** • 是非(시비) 옳으니(是) 그르니(非) 하는 말다툼. **이 시** • 是日(시일) 바로 앞에서 이야기한(是) 날(日).
450	帶	帶	몸에 **걸치는**(丗) 가죽과 천(巾)으로 만든 큰 **허리띠**. ....

번호	고문	해서	설 명
			띠 대 • 携帶(휴대) 물건을 손에 들거나(携) 몸에 지님(帶).
451	耒	來	이삭(十)·잎과 줄기(从)·뿌리(仆)를 나타낸 **보리**는 중앙아시아에서 **건너 옴.** **올 래** • 苦盡盡來(고진감래) 쓴 것(苦)이 다하면(盡) 단 것(甘)이 온다(來): 고생 끝에 낙이 옴. * 처음에 '보리'로 사용하다 후에 '오다'로 사용함.
452	麥	麥	처음에 '래(來)'로만 썼고 이후 긴 뿌리를 뜻하는 '치(夂)'가 더해져 만들어진 글자. **보리 맥** • 菽麥不辨(숙맥불변) 콩(菽)인지 보리(麥)인지 분별(辨)하지 못한다(不): 어리석고 못난 사람. * 맥(麥): **보리·밀·귀리·호밀** 등.
453		遀	미숙한 왼손(左)에 고기(月)를 들고 주인을 따라가다(辶). **따를 수**
454	隨	隨	왕이 제단(阝)에 다가가면 신하들이 **따라가다(遀).** **따를 수** • 隨筆(수필) 일정한 형식을 따르지 않고 인생이나 자연 또는 일상생활에서의 느낌이나 체험을 **생각나는 대로(隨)** 쓴 산문(筆).
455	髓	髓	뼈(骨)를 따라가는(遀) 골수. **뼈골 수** • 骨髓(골수) 뼈(骨)의 중심부인 골수(髓) 공간에 가득 차 있는 결체질의 물질: 마음속 깊은 곳을 비유적으로 이르는 말. • 怨入骨髓(원입골수) 원한(怨)이 골수(骨髓)에 사무침(入).
456	墮	墮	제단(阝)에서 왼손(左)이 미숙하여 제물의 고기(月)를 땅(土)에 떨어뜨리다. **떨어질 타** • 墮落(타락) 올바른 길에서 벗어나(墮) 잘못된 길로 빠지는 일(落).
457	雪	雪	비(彗→⋿)로 쓸어낼 수 있는 비(雨)는 눈(雪)이다. **눈 설** • 雪上加霜(설상가상) 눈(雪) 위(上)에 또(加) 서리(霜)가 내리다: 어려운 일이 겹침.
458		目	눈 모양을 세워서 나타냄. **눈 목** • 耳目口鼻(이목구비) 귀(耳) 눈(目) 입(口) 코(鼻) 등을 중심으로 본 얼굴의 생김새. * 죽간은 좁고 길어서 모양을 세워서 그림.
459	困	困	나무(木)가 우리(口) 안에 갇혀서 **기운이 없고 나른하다.** **곤할 곤** • 困難(곤란) 어떤 일을 하는 입장·상황·조건 등이 좋지 않아(困) 어려운 상태(難).

번호	고문	해서	설 명
460	延	延	그쳐(止)있는 것을 한쪽으로 펴(丿) **천천히 멀리가다(廴)**. **늘일 연** • 雨天順延(우천순연) 회합 등을 미리 정한 날에 하늘(天)에서 비가 오면(雨), 그 다음 날로 순차(順)로 연기하는(延) 일.
461	曾	曾	시루(曶)에서 쌀 따위를 찔 때 김(八)이 **먼저** 난다. **일찍 증/이미 증** • 曾祖(증조) 할아버지(祖)의 아버지(曾).
462	會	會	시루 뚜껑(人)과 시루(曶)를 결합하다. **모일 회** • 聚精會神(취정회신) 정신(精神)을 가다듬어(聚) 한군데에 모음(會).
463	丏	丏	사람의 얼굴을 탈(丅)로 죽 **이어지게(乚)** 가리다(勹). **가릴 면**
464	眄	眄	탈(丏)을 쓴 채 곁눈질하여 봄(目). **곁눈질할 면** • 左顧右眄(좌고우면) 왼쪽(左)을 둘러보고(顧) 오른쪽(右)을 곁눈질(眄)로 자세히 살핌: 무슨 일에 얼른 결정을 짓지 못함
465	麺	麺	반죽하면 실 모양으로 이어지는(丏) 밀가루(麥) **밀가루 면** • 素麺(소면) 고기붙이를 넣지 않은(素) 국수(麺). * 麺=麵
466	看	看	눈언저리(目)에 손을 갖다 대고(手) 먼 것을 **보다**. **볼 간** • 看過(간과) 대강 보아(看) 넘기다 빠뜨림(過).
467	袁	袁	옷(衣) 위의 장식(十)에 원형의 옥(口)으로 장식한 치렁치렁한 옷. **치렁치렁한 옷 원**
468	遠	遠	옷깃이 늘어져 있듯이(袁) 갈 길(辶)이 매우 멀다. **멀 원** • 敬而遠之(경이원지) 공경(敬)하되(而) 실제로 멀리(遠) 함(之).
469	猿	猿	팔이 치렁치렁한(袁) 짐승(犭). **원숭이 원** • 犬猿之間(견원지간) 개(犬)와 원숭이(猿)의(之) 사이(間)처럼 매우 사이가 나쁜 관계.
470	園	園	에워싼 곳(囗)에 여유가 있는(袁) 동산, 과수원, 채마밭 등. **동산 원**

번호	고문	해서	설 명
			• 庭庭(정원) 집안(庭)에 있는 뜰(庭). **밭 원** • 田園(전원) 논(田)과 밭(園): 도시에서 떨어진 시골이나 교외. * 전(田): 우리나라는 밭(田)과 논(畓)으로 구분이 명확함. * 전(田): 중국은 밭과 논을 의미함.
471		望	흙더미 위에 서서(壬→王) 달빛(月)이 미치지 않는 곳(亡)까지 멀리 **망을 보고**, 나아가 달을 **보며** 소원을 **빈다**. **망볼 망/바라볼 망** • 望遠鏡(망원경) 렌즈(lens)를 써서 먼 데 있는(遠) 물체를 똑똑히 보기(望) 위한 기구(鏡). **바랄 망** • 渴望(갈망) 목마른(渴) 사람이 물을 찾듯이 간절히 바람(望).
472		非	새의 날개가 서로 엇갈려 있는 모습으로 '등지다', '배반하다', '아니다'를 뜻함. **아닐 비** • 非常(비상) 예사롭지(常) 않고(非) 특별함.
473		得	1. 여기저기 다니면서(行→彳) 값진 것(貝→旦)을 손(寸)에 넣다. 2. 새벽(旦)에 일어나 맥박이 뛰는 것처럼 규칙적(寸)으로 행하면(行→彳) 얻는 게 있음. **얻을 득** • 自業自得(자업자득) 불교에서, 제(自)가 저지른 일(業)의 과보를 제 스스로(自) 받음(得)을 이르는 말. * 旦: 새벽 단[해(日)가 지평선(一)에 막 떠오르는 모습]
474		朮	1. 손(十)에 **찰기 있는 조**가 **달라붙은**(丿丶) 모양. 2. 착 달라붙는 조처럼, 손으로 여러 가지 **도구를 능숙하게 다루다**. **차조 출** **재주 술** * 朮=术
475		術	재주(朮)를 실행하다(行). **재주 술** • 權謀術數(권모술수) 목적 달성(權)을 위하여 수단과 방법(數)을 가리지 아니하는 온갖 모략(謀)이나 술책(術).
476		金	광석을 녹이는 용광로(全→仝)에서 흘러나오는 쇳물(二→丶丿). **쇠 금** • 冶金(야금) 광석에서 쇠붙이(金)를 공업적으로 골라내거나 합금을 만드는 일(冶). **돈 금** • 金融(금융) 돈(金)의 융통(融).
477		流	물(巛→氵)이 흐르듯, 양수(巛→川)가 나온 후 아기(𠫓→云)머리가 순조롭게 나오다.

번호	고문	해서	설 명
			흐를 류(유)
			• 流通(유통) 거침없이 흘러(流) 통(通)함: 세상에 널리 통용됨.
			* 양수가 나온 후(巛→儿) 머리부터 나오는 아기(古→云).
478	類	類	개(犬) 무리의 머리(頁)모양이 쌀알(米)처럼 **비슷하다.**
			무리 류(유)
			• 有敎無類(유교무류) 배우고자(敎) 하는(有) 사람에게는 누구에게나(無類) 배움의 문이 개방되어 있음.
479	率	率	1. **우두머리**(亠)가 한 개의 기다란 밧줄(幺)로 범죄자들을 묶어 **기준에 맞게** (準→十) **이끌고 가는**(行→彳) 모습.
			2. 기준은 화려한 **꾸밈이 없어야함.**
			3. 기준에 따른 **비율.**
			4. 우두머리를 무조건 따라가서 경솔함.
			거느릴 솔
			• 率先垂範(솔선수범) 남보다 앞장서서(先) 행동해서(率) 몸소 다른 사람의 본보기(範)가 됨(垂).
			꾸밈이 없는 솔
			• 率直(솔직) 거짓으로 꾸미거나 숨김이 없이(率) 바르고 곧음(直).
			비율 률(율)
			• 確率(확률) 어떤 일이 일어날 확실성(確)의 정도(率)를 나타내는 수치.
			가벼울 솔
			• 輕率(경솔) 언행이 진중하지 아니하고 가벼우며(輕) 남을 따라가기만 함(率).
			* '비율'이라는 뜻으로 쓰일 경우 모음이나 ㄴ 받침 뒤에 붙으면 '율', 그렇지 않으면 '률'임.
480	冤	免	여자(勹)가 사타구니(口)로 아이(儿)를 **힘써** 낳아 임신에서 **벗어나다.**
			면할 면
			• 赦免(사면) 죄나 허물을 용서하여(赦) 놓아줌(免).
			힘쓸 면
481	勔	勉	힘써(免) 일하다(力).
			힘쓸 면
			• 勤勉(근면) 부지런히 일하며(勤) 힘씀(勉).
482	晩	晩	해(日)가 하늘에서 벗어나(免) 저물다.
			늦을 만
			• 晩餐(만찬) 저녁(晩) 식사(餐).
483	考	考	경험이 많은 노인(老→耂)이 공교롭게(巧→丂) 생각함.
			생각할 고/살필 고
			• 深思熟考(심사숙고) 깊이(深) 생각하고(思) 충분히(熟) 고찰함(考).
484	送	送	나누어진(八) 귀한 보물(一)을 두 손으로(廾→大) 올려 보내다(辶).

번호	고문	해서	설 명
			보낼 송 • 返送(반송) 도로 돌려(返)보냄(送).
485	巛頁	順	사람(頁)이 까다롭지 않고 물 흐르듯이(川) 순응하며 잘 따르다. ---- **순할 순** • 耳順(이순) 귀(耳)가 순하다(順): 공자가 60세가 되어 천지만물의 이치에 통달하게 되고, 듣는 대로 모두 이해하게 된 데서 온 말.
486	𡊋	至	화살(至)이 땅(一)에 꽂힌 모양으로 목표점에 도달함. ---- **이를 지** • 至誠(지성) 지극(至)한 정성(誠). * 矢→至: 화살 촉(十)과 화살 깃(厶).
487	𠄌	到	목표물(一)에 화살(至)과 칼(刂)이 이르다. ---- **이를 도** • 到着(도착) 목적한 곳에 다다름.
488	𦣝	倒	사람(亻)이 화살(至)이나 칼(刂)에 맞아 **넘어지다**. ---- **넘어질 도** • 倒産(도산) 재산(産)을 모두 잃고 망함(倒).
489	𦥑	耳	귀 모양. ---- **귀 이** • 耳鳴(이명) 귀(耳)의 청신경에 병적 자극이 생겨, 환자에게만 어떤 종류의 소리가 연속적으로 울리는(鳴) 것처럼 느껴지는 일.
490	昜	昜	해(日)의 빛이 퍼져나감(勿). ---- **볕 양**
491	場	場	제사를 지내기 위하여 평평하게 골라 놓은 장소(土)에 햇살이 퍼짐(昜). ---- **마당 장** • 廣場(광장) 너른(廣) 마당(場). • 立場(입장) 처하여 있는(立) 사정이나 형편(場).
492	卜	卜	거북껍질의 터진 금(卜)으로 점을 침. ---- **점 복** • 卜債(복채) 점(卜)을 쳐 준 값으로 점쟁이에게 주는 돈(債).
493	龜	龜	거북 모양. ---- **땅이름 구** • 龜旨歌(구지가) 구지봉(龜旨峯) 주위에 살던 구간(九干)과 그 백성들이 수로왕(首露王)을 맞기 위해서 부른 고대 가요(歌)로 삼국유사에 실려 있음. ---- **거북 귀**

번호	고문	해서	설 명
			• 兎角龜毛(토각귀모) 토끼(兎)의 뿔(角)과 거북(龜)의 털(毛): 불교에서 이른바 세상에 있을 수 없는 일을 비유한 말.
			터질 균
			• 龜裂(균열) 거북의 등에 있는 무늬(龜)처럼 갈라져서 터지는 것(裂).
494	貞	貞	솥(鼎→貝)을 가열하여 거북점을 지지면 곧은 모양으로 점의 결과(卜)가 나옴.
			곧을 정
			• 貞淑(정숙) 여자의 행실이 곱고(貞) 마음씨가 맑음(淑).
495	眞	眞	솥(鼎→貝)을 가열하여 거북점을 지지면 **곧은 모양**으로 점의 결과(卜→ㄴ)가 나오는데, **자연**의 **도리**를 **체득**한 도덕적 인물(化→匕)이 점의 결과를 **참되게** 해석한다.
			참 진
			• 眞實(진실) 거짓이 아닌(眞) 사실(實).
496	顚	顚	1. 진짜(眞) 머리(頁)는 정수리(머리·이마)이다.
			2. 이마가 몸의 **가장 높은 곳**에 있어 **엎드러지기** 쉽다.
			이마 전
			• 顚末(전말) 처음(顚)부터 끝(末)까지 일이 진행되어 온 경과.
			엎드러질 전
			• 本末顚倒(본말전도) 일이 처음(本)과 나중(末)이 서로 반대로 바뀌거나(顚倒) 마구 뒤섞임: 일의 근본 줄기는 잊고 사소한 부분에만 사로잡힘.
			• 顚沛匪虧(전패비휴) 엎드려지고(顚) 자빠져도(沛) 이지러지지(虧) 않으니(匪) 용기를 잃지 않아야 함.
497	鼎	鼎	손잡이·몸체·다리로 된 솥으로, 큰 솥과 작은 솥이 있고, 취사용과 제사용으로 사용됨.
			솥 정
			• 鼎革(정혁) 왕의 상징인 솥(鼎)을 새롭게 함(革): 혁명.
			• 定鼎(정정) 새로 나라(鼎)를 세워 도읍을 정(定)함.
498	鬲	鬲	비어있는 3개의 발로 된 솥으로, 3가지 음식을 할 수 있음.
			막을 격
499	隔	隔	언덕(阝)이 가로 막고, 3개의 발이 떨어져 있어(鬲) 사이가 뜨다.
			사이 뜰 격
			• 隔世之感(격세지감) 오래지 않은 동안에 몰라보게 변하여 아주 다른(隔) 세상(世)이 된 것 같은(之) 느낌(感).
500	恥	恥	부끄러움을 느끼게 되면(心) 얼굴의 귀(耳)가 빨갛게 달아오르게 됨.
			부끄러울 치
			• 不恥下問(불치하문) 지위·학식·나이 따위가 자기보다 아랫사람에게(下) 묻는 것(問)을 부끄럽게 여기지(恥) 아니함(不).

번호	고문	해서	설 명
501	毛	毛	털 모양. **터럭 모** • 毛皮(모피) 털(毛)이 붙어 있는 짐승의 가죽(皮).
502	表	表	모피(毛→主)로 만든 옷(衣→𧘇)을 **겉**쪽으로 입어, **바깥**을 뜻함. **겉 표** • 表彰(표창) 남의 공적이나 선행을 세상에 드러내어(表) 밝힘(彰).
503	悲	悲	마음(心)이 갈라져(非) 슬프다. **슬플 비** • 興盡悲來(흥진비래) 즐거운 일(興)이 지나가면(盡) 슬픈 일(悲)이 닥쳐온다(來).
504	悶	悶	마음(心)이 문(門)안에 머물러 있어 **답답하다**. **답답할 민** • 苦悶(고민) 괴로워하고(苦) 번민(悶)함.
505	鶴	鶴	새(隹)들 중 하늘(一)을 뚫듯이(𠂆) 높이 나는 새(鳥)는 히말라야 산맥을 넘는 학이다. **학 학** • 群鷄一鶴(군계일학) 무리 지어 있는(群) 닭(鷄) 가운데 있는 한 마리(一)의 학(鶴): 여러 평범한 사람들 가운데 있는 뛰어난 한 사람.
506	確	確	가장 높이 나는 학(鶴→隺)은 굳은 돌(石)과 같다. **굳을 확** • 確診(확진) 확실(確)하게 진단(診)을 함.
507	裁	裁	옷(衣)을 만들기 위하여 옷감을 자르다(𢦔). **마를 재/결정할 재** • 決裁(결재) 상관이 부하가 제출한 안건을 재량(裁)하여 승인(決)함. * 𢦔: 해칠 재, 다칠 재 * 𢦏: 처음 재, 다칠 재
508	飛	飛	새의 머리 부분(丁)·몸통부분(丨)·양 날개(⺻)부분으로, 새가 날다. **날 비** • 飛沫(비말) 안개같이 튀어 오르거나 날아(飛) 흩어지는 물방울(沫).
509	壽	壽	**나이를 먹으며**(老→耂) 한결같이(一) 뛰어나게(工) 말(口)을 하고 손(寸)을 사용하다. **목숨 수** • 壽命(수명) 생물이 살아 있는 연한: 사물 따위가 사용에 견디는 기간. **장수 수** • 壽福康寧(수복강녕) 오래 살고(壽) 복되며(福) 건강(康)하고 편안(寧)함.

번호	고문	해서	설 명
510		辰	1. 조개가 껍데기에서 발을 내밀고 있는 모양. 2. **조개껍질로 만든 농기구** 모양으로, 농사는 **때**가 있고, 때에 따라 **별**의 위치가 변함. **때 신** • 生辰(생신) 태어난(生) 때(辰): 생일의 높임말. **별 진** • 壬辰(임진) 육십갑자(六十甲子)의 스물아홉째.
511		脣	조개껍질 모양(👄→辰)의 붉은 입술(月). **입술 순** • 脣亡齒寒(순망치한) 입술(脣)을 잃으면(亡) 이(齒)가 시리다(寒): 가까운 사이의 한쪽이 망하면, 다른 한쪽도 그 영향을 받아 온전하기 어려움을 비유.
512		晨	빨간 입술(脣→辰) 모양의 해(日)가 막 떠오르는 새벽. **새벽 신** • 昏定晨省(혼정신성) 저녁(昏)에는 잠자리를 보아 드리고(定), 새벽(晨)에는 문안을 드린다(省): 자식이 아침저녁으로 부모의 안부를 물어서 살핌.
513		辱	조개껍질로 만든 농기구(辰)를 손에 들고(寸) **힘겹게 일을 하다.** **욕될 욕** • 侮辱(모욕) 깔보고(侮) 욕(辱)보임.
514		農	**구부리고 연결하여(曲)** 농기구(辰)로 **꾸준히 농사짓다.** **농사 농** • 農業(농업) 농작물을 심어 가꾸고 거두어들이는(農) 생산 분야(業).
515		濃	진한 술처럼, 밤새 꾸준히 내린(農) 이슬(氵)은 순수하고 **진하다.** **짙을 농** • 濃淡(농담) 색깔이나 명암 따위의 짙음(濃)과 옅음(淡): 용액 따위의 진함과 묽음/생각이나 표현의 강함과 약함 * 醲: 진한 술 농[오랫동안 발효하여(農) 잘 익은 진한 술(酉)]
516		然	개(犬)고기(肉→月)를 불(火→灬)에 구워 먹는 것은 당연하고 그런 **상태가 옳다.** **그럴 연** • 浩然之氣(호연지기) 하늘과 땅 사이에 가득 찬 넓고 큰(浩) 상태(然)의(之) 원기(氣). • 自然(자연) 사람의 힘이 더해지지 아니하고 세상에 스스로 존재하거나 우주에 저절로 이루어지는(自) 모든 존재나 상태(然). * 상태(狀態) 사물·놓여 있는 모양이나 형편.
517		兔	토끼의 큰 귀(𠂆)·머리(田)·다리(儿)·꼬리(丶)의 모양. **토끼 토** • 兔死狗烹(토사구팽) 사냥하러 가서 토끼(兔)를 잡으면(死), 사냥하던 개(狗)는 쓸모가 없게 되어 삶아 먹는다(烹): 필요할 때 요긴하게 써먹고 쓸모가 없어지면 가혹하게 버린다는 뜻.

번호	고문	해서	설 명
			* 兎=兔
518		楚	1. 사람이 우거진 숲(林)을 지나갈(疋) 때, 나무의 탄력으로 회초리를 맞는 상태가 되어, '**회초리**', '**아프다**'의 뜻이 생기고, 모형나무가 많았던 지역이라 나라이름이 '초'로 불리게 되었음. 2. 숲(林)이 깨끗하고 시원하여 **산뜻하다**(疋). **회초리 초** • 苦楚(고초) 괴로움(苦)과 어려움(楚). **초나라 초** • 四面楚歌(사면초가) 사방(四)에서 들리는 초(楚)나라의 노래(歌): 적에게 둘러싸인 상태나 누구의 도움도 받을 수 없는 고립 상태에 빠짐. **산뜻할 초** • 淸楚(청초) 화려하지 않으면서(淸) 깨끗하고 맑아 산뜻하다(楚). * 牡荊(모형) 번식이 쉽고 유용함: 잎은 사료와 약으로, 꽃은 향기와 밀원으로 뛰어나고, 줄기는 단단하고 부드러워 생활용품을 만듦. * 疋: 짝 필/발 소/바를 아
519		礎	숲(林)의 가장 아랫부분인 발(疋)과 같은 역할을 하는 돌(石). **주춧돌 초** • 定礎(정초) 주춧돌(礎)을 바르게 놓음(定).
520		好	자식(子)을 안고 있는 어머니(女)의 기분이 좋다. **좋을 호** • 勿失好機(물실호기) 좋은(好) 기회(機)를 놓치지(失) 아니함(勿).
521		禁	신성한 곳(示)에 숲(林)을 조성하여 잡인의 출입을 금지(禁)함. **금할 금** • 禁止(금지) 금(禁)하여 못하게(止) 함
522		憂	머리(頁→百)와 마음(心) 속에 온통 근심으로 가득 차 발걸음이 무겁다(夂). **근심 우/고통 우** • 內憂外患(내우외환) 내부(內)에서 일어나는 근심(憂)과 외부(外)로부터 받는 근심(患): 나라 안팎의 여러 가지 어려운 사태를 이르는 말.
523		優	근심(憂)이 많은 사람에게 위로해 주는 사람(亻)은 **넉넉하고 뛰어난** 사람이다. **넉넉할 우** • 優柔(우유) 마음이 넉넉하고(優) 부드러움(柔). **뛰어날 우** • 優劣(우열) 우수(優)함과 열등(劣)함.
524		規	견문을 갖춘 사람(夫)은 사물을 **바르게 본다**(見). **법 규** • 規定(규정) 규칙(規)으로 정(定)하는 것. **바로잡을 규**

번호	고문	해서	설 명
			• 過失相規(과실상규) 잘못(過)을 저지르지(失) 않도록 서로(相) 바로잡아 줘야(規) 함.
525	福	福	음식과 술을 가득 차려(畐) 신(示)에게 바치면서 복을 빌다. 복 복 • 福祉(복지) 복(福)되고 복(祉)된 행복한 삶.
526	冬	冬	바느질을 다하고 실의 끝(夂)이 풀리지 않도록 매듭(冫)을 짓는 것처럼, 계절의 끝은 겨울이다. 겨울 동 • 三冬雪寒(삼동설한) 눈이 오고(雪) 추운(寒) 겨울철(冬)의 석 달 동안(三).
527	終	終	실(糸)로 바느질을 다하고 매듭을 짓다(冬). 마칠 종 • 始終(시종) 처음(始)과 끝(終): 항상/처음부터 끝까지.
528	角	角	짐승의 **뿔** 모양으로 **각**이 지고, 뿔로 **겨루기도** 함. 뿔 각 • 頭角(두각) 짐승 따위의 머리(頭)에 있는 뿔(角): 뛰어난 학식·재능·기예. 각도 각 • 角度(각도) 각(角)의 크기(度). 겨룰 각 • 角逐(각축) 겨루고(角) 쫓다(逐): 서로 이기려고 세력이나 재능을 다툼.
529	解	解	칼(刀)로 소(牛)의 뿔(角)을 해체하여 작게 나누다. 풀 해 • 解決(해결) 얽힌 일을 풀어(解) 처리함(決).
530	移	移	묘판에 심어둔 모(禾)가 어느 정도 자라나서 빼곡해지면(多) 밭으로 옮겨 심다. 옮길 이 • 移替(이체) 서로 옮기어(移) 바뀜(替).
531	稅	稅	국가는 국민에게 세금(禾)을 공정하게(兌) 걷어야한다. 세금 세 • 課稅(과세) 세금(稅)을 매김(課) * 고대에 세금을 곡식으로 냈고, 지금도 현물로 세금을 낼 수 있음.
532	設	設	작업(殳)을 열심히 하도록 말(言)로 지시하고 타이르고 베풀다. 베풀 설 • 設定(설정) 새로 만들어(設) 정해 둠(定). • 設置(설치) 어떤 일을 하는 데 필요한 기관이나 설비 따위를 베풀어(設) 둠(置). 세울 설 • 設計(설계) 계획(計)을 세움(設). * 베풀다: 일을 차리어 벌이다/남에게 돈을 주거나 일을 도와주어서 혜택을 받게 하다.

번호	고문	해서	설 명
533	𢦏	哉	전쟁을 **시작할 때**, 장식한(十) 창(戈)에 승리를 바라는 **축문(口)을 걸어 놓고** 신에게 말씀을 올리다. ⋯⋯⋯⋯⋯⋯⋯⋯⋯⋯⋯⋯⋯⋯⋯ **재난 재/처음 재/올릴 재**
534	異	異	가면을 쓰고(田) 춤추는 듯 두 손을 휘두르고 있는 사람(共)의 모습은 보통 사람과 **다르다.** ⋯⋯⋯⋯⋯⋯⋯⋯⋯⋯⋯⋯⋯⋯⋯ **다를 이** • 大同小異(대동소이) 거의(大) 같고(同) 조금(小) 다름(異): 비슷함.
535	戴	戴	가면을 쓴 사람(異)이 머리 위에 장식한(十) 창(戈)을 들어 **올리다**(哉→戈). ⋯⋯⋯⋯⋯⋯⋯⋯⋯⋯⋯⋯⋯⋯⋯ **일 대/받들 대** • 推戴(추대) 어떤 사람을 높은 직위로 오르게 하여(推) 받듦(戴).
536	制	制	칼(刀→刂)로 나무의 불필요한 가지(朱→朱)를 잘라내다. ⋯⋯⋯⋯⋯⋯⋯⋯⋯⋯⋯⋯⋯⋯⋯ **절제할 제** • 統制(통제) 일정한 방침에 따라 여러 부분으로 나누어진 것을 제한(制)하고 지도(統)함. • 節制(절제) 정도에 넘지 아니하도록 알맞게 조절(節)하여 제한(制)함.
537	製	製	옷(衣)을 만들기 위해 자르다(制). ⋯⋯⋯⋯⋯⋯⋯⋯⋯⋯⋯⋯⋯⋯⋯ **지을 제** • 製作(제작) 재료를 가지고 기능과 내용을 가진 새로운 물건이나 예술 작품을 만듦. • 手製(수제) 손(手)으로 만듦(製).
538	則	則	칼(刀→刂)로 솥(鼎→貝)에 **신이 전하는 말을 문자로 새겨 넣는다.** ⋯⋯⋯⋯⋯⋯⋯⋯⋯⋯⋯⋯⋯⋯⋯ **법칙 칙** • 法則(법칙) 법식(法)과 규칙(則).
539	究	究	팔을 구부려(九) 넣어, 보이지 아니하는 구멍(穴) 속을 더듬다. ⋯⋯⋯⋯⋯⋯⋯⋯⋯⋯⋯⋯⋯⋯⋯ **연구할 구** • 研究(연구) 어떤 일이나 사물에 대하여 깊이 있게 조사하고 생각하여(研) 진리를 따져 보는 일(究).
540	特	特	일정한 법도(寸)를 집행하여(止→土) **특별히 기른 황소(牛)는** 제물로 쓰임. ⋯⋯⋯⋯⋯⋯⋯⋯⋯⋯⋯⋯⋯⋯⋯ **특별할 특** • 特殊(특수) 특별(特)히 다름(殊). • 特別(특별) 보통과 구별되게(別) 다름(特).
541	牽	牽	사람(亻→宀)이 소의 코뚜레(一)에 밧줄(絲→幺)을 연결하여 소(牛)를 **이끌다.** ⋯⋯⋯⋯⋯⋯⋯⋯⋯⋯⋯⋯⋯⋯⋯ **이끌 견** • 牽引(견인) 끌어서(牽) 당김(引). • 牽制(견제) 끌어당기어(牽) 자유로운 행동을 하지 못하게 함(制).

73

번호	고문	해서	설 명
542	龙	加	농사일에 힘쓰는 사람들의 노고(力)를 **격려하여**(口) 힘을 **보태다.** **더할 가** • 加減(가감) 더하기(加)와 빼기(減): 보탬과 뺌/더하거나 빼어 알맞게 함.
543	且	且	조상의 이름을 적은 **나무패**의 모양으로, 조상은 자손을 **또** 이어주게 함. **또 차** • 且問且答(차문차답) 한편(且) 묻고(問) 한편(且) 대답(答)함.
544	眰	助	힘(力)을 또(且) 보태어 돕다. **도울 조** • 拔苗助長(발묘조장) 모종의 싹(苗)을 빼서(拔) 키가 크도록(長) 돕는다(助): 급하게 서두르다 오히려 일을 망친다.
545	考 犬	犬	개의 옆 모양을 본뜬 글자. **개 견** • 愛犬(애견) 개(犬)를 사랑함(愛).
546	髀	髀	넓적한 부채(甶)를 든 손(十)모양의 넓적다리(骨). **넓적다리 비** • 髀肉之嘆(비육지탄) 넓적다리(髀)에 살이 붙음(肉)을(之) 탄식함(嘆): 자기의 뜻을 펴지 못하고 허송세월하는 것을 한탄함/성공할 기회를 잃고 공연히 허송세월만 보냄을 탄식함. * 嘆=歎
547	狀	狀	사람에게 도움을 주는 튼튼한(爿→뉘) 개(犬)의 **형상**을 기록한 문서. **형상 상** • 形狀(형상) 물건의 생김새(形)나 상태(狀). • 症狀(증상) 병을 앓을 때의 형세나 겉으로 나타나는(症) 여러 가지 모양(狀). **문서 장** • 賞狀(상장) 품행이나 성적이 우수한 사람에게 상(賞)으로 주는 증서(狀).
548	立	立	평평한 땅 위(一)에 서 있는 사람(夾→立). **설 립** • 獨立(독립) 남의 힘을 입지 않고 홀로(獨) 섬(立).
549	竝	竝	두 사람이 가로로 늘어선 모양(竝)으로 더불어 **나란히** 하다. **나란히 병** • 竝行(병행) 나란히(竝) 같이 감(行): 두 가지 일을 한꺼번에 아울러 행함.
550	狗	狗	말뚝(口)의 줄(勹)에 묶여있는(句) 개(犭). **개 구** • 芻狗(추구) 짚(芻)으로 만든 개(狗): 쓸데없이 되어 버린 물건. * 犭=犬

번호	고문	해서	설 명
551	苛	苛	뽑고 또 뽑아도 계속 튼튼히 뿌리잡고 사는(可) 농경지의 풀(艹)은 농부에게 **가혹하다.** **가혹할 가** • 苛酷(가혹) 몹시 모질고(苛) 혹독하다(酷) • 苛政猛於虎(가정맹어호) 가혹(苛)한 정치(政)는 호랑이(虎) 보다(於) 더 사납다(猛): 가혹한 정치의 폐해를 비유. * 可: 물체를 연결하여 단단하게 고정함.
552	耑	耑	땅을 뚫고 막 나온 새싹(↘→屮→山)과 그 뿌리(禾→而). **시초 단** • 始初(시초) 맨 처음.
553	端	端	**바르게 서서(立) 막 나온 새싹(耑)**으로 '처음'과 '끝 부분'을 뜻함. **바를 단** • 端整(단정) 깨끗하게(端) 정돈(整)되어 있음. **시초 단** • 端緒(단서) 어떤 문제를 해결하는 방향으로 이끌어 가는 일의 첫 부분: 어떤 일의 시초. **끝 단** • 尖端(첨단) 물건의 뾰족한(尖) 끝(端): 시대의 사조/유행 같은 것에 앞장서는 일.
554	十	十	두 손을 엇갈리게 하여 합친 모양. **열 십** • 三十而立(삼십이립) 서른(三十) 살이 되어(而) 자립(立)한다: 학문이나 견식이 일가를 이루어 도덕상으로 흔들리지 아니함.
555	武	武	창(弋)과 그 창의 받침대(一)를 메고 앞으로 나아가다(止). **호반 무** • 武裝(무장) 전투(武)를 할 수 있도록 갖추어 차린 장비(裝). • 文武(문무) 문관(文)과 무관(武). * 호반(虎班) 무관의 반열
556	采	采	짐승의 발자국으로 짐승을 분별함. **분별할 변**
557	卩	卩	병부를 둘로 나눈 그 반쪽의 모양을 본뜬 글자로, 왕으로부터 병부를 받을 때 무릎을 꿇고 받음(卩). **병부 절** * 卩＝卪
558	卷	卷	두 손(廾→六)으로 뭉쳐있는 짐승의 발바닥(采→龷)처럼 둘둘 말아(㔾) 놓은 책. **말 권** • 卷舌(권설) 혀(舌)를 만다(卷): 감탄하거나 경탄함.

번호	고문	해서	설 명
			책 권 • 壓卷(압권) 위의 책(卷)이 아래 책을 누르다(壓): 여러 책 가운데 제일 잘 된 책. * 关: 뭉칠 권 * 고대에는 죽간으로 만든 **책을 둘둘 말아** 두었음.
559	㩲	捲	둘둘 말아(卷) 손(扌)으로 **거두다.** ⋯⋯⋯⋯⋯⋯⋯⋯⋯⋯⋯⋯⋯⋯⋯⋯⋯⋯⋯⋯ **거둘 권/말 권** • 捲土重來(권토중래) 땅(土)을 둘둘 말아(捲) 일으킬 것 같은 기세로 다시 (重) 온다 (來): 한 번 실패하였으나 힘을 회복하여 다시 쳐들어옴. • 席捲(석권) 광장한 기세로 영토를 남김없이 차지하여(捲) 세력 범위(席)를 넓히는 것.
560	買	買	재물(貝)을 그물(罒)로 떠내듯이 **사서 모으다.** ⋯⋯⋯⋯⋯⋯⋯⋯⋯⋯⋯⋯⋯⋯⋯⋯⋯⋯⋯⋯ **살 매** • 買占賣惜(매점매석) 물건 값이 오를 것을 예상하고 물건을 많이 사(買)두었다가 (占) 값이 오른 뒤 아껴서(惜) 팖(賣).
561	賣	賣	모은 재물(買)을 내 보낼 때(出→士), 이익을 남기고 **계속** 팔려면 **계속** 싸게 사야 함. ⋯⋯⋯⋯⋯⋯⋯⋯⋯⋯⋯⋯⋯⋯⋯⋯⋯⋯⋯⋯ **팔 매** • 賣買(매매) 물건을 팔고(賣) 사고(買) 하는 일: 흥정. * 𧶠=賣 * '賣'에서 出을 士로 간략화한 것임.
562	讀	讀	소리(言)를 **계속 이어지게** 하다(𧶠). ⋯⋯⋯⋯⋯⋯⋯⋯⋯⋯⋯⋯⋯⋯⋯⋯⋯⋯⋯⋯ **읽을 독** • 讀書三昧(독서삼매) 다른 생각은 전혀 아니 하고 오직 책(書) 읽기(讀)에만 골몰 하는 경지(三昧). • 讀解(독해) 글을 읽어서(讀) 이해함(解). * 三昧(삼매) 잡념을 떠나서 오직 하나의 대상에만 정신을 집중하는 경지: 이 경지에서 바른 지혜를 얻고 대상을 올바르게 파악하게 됨.
563	續	續	실(絲→糸)을 계속 이어지게 하다(𧶠). ⋯⋯⋯⋯⋯⋯⋯⋯⋯⋯⋯⋯⋯⋯⋯⋯⋯⋯⋯⋯ **이을 속** • 繼續(계속) 끊어지지 않고(繼) 뒤를 이어 나감(續).
564	鮑	鮑	소금으로 둘러싸인(包) 물고기(魚)는 절인 물고기이고, 껍데기로 둘러싸인(包) 물고기(魚)는 전복임. ⋯⋯⋯⋯⋯⋯⋯⋯⋯⋯⋯⋯⋯⋯⋯⋯⋯⋯⋯⋯ **절인 물고기 포** • 鮑作人(포작인) 바다에서 물고기를 잡아 소금에 절이는(鮑) 일(作)에 종사하는 사람(人). **전복 포** • 鮑尺(포척) 물속에 들어가서 **전복을 따는**(鮑) 기술자(尺). • 管鮑之交(관포지교) 옛날 중국의 관중(管仲)과 포숙(鮑叔)처럼(之) 친구 사이가 다정함(交): 친구 사이의 매우 다정하고 허물없는 교제.

번호	고문	해서	설 명
565	厚	厚	절벽처럼 두터운(厂) 절구의 몸통부분(曰)과 받침부분(子). **두터울 후** • 厚顔無恥(후안무치) 얼굴(顔)이 두껍고(厚) 부끄러움(恥)이 없다(無): 뻔뻔스러워 부끄러워할 줄 모름.
566	家	家	집(宀)안에서 돼지(豕)를 **전문가**처럼 기르다. **집 가** • 家庭(가정) 한 가족(家)으로서의 집안(庭): 부부를 중심으로 혈연 관계자가 모여 사는 사회의 가장 작은 집단. **전문가 가** • 百家爭鳴(백가쟁명) 여러(百) 전문가(家)가 서로(爭) 자신의 주장을 내세우는 일(鳴): 많은 학자들의 활발한 논쟁.
567	尼	尼	사람(尸)과 사람(匕)이 등을 댄 것처럼 **속세를 등지고** 막는 여승. **여승 니** • 尼僧(이승) 승려(僧)가 된 여자(尼).
568	泥	泥	물(氵)의 흐름을 막는(尼) 진흙. **진흙 니** • 雪泥鴻爪(설니홍조) 눈(雪)이 녹아 뒤범벅이 된 진흙(泥) 위에 난 기러기(鴻)의 발자국(爪): 인생의 자취가 눈 녹듯이 사라지는 무상함을 비유적으로 표현.
569	去	去	사람(大→土)이 문(口→厶)밖으로 **나가서 없어지다**. **갈 거** • 去者必返(거자필반) 헤어진(去) 사람(者)은 언젠가 반드시(必) 돌아오게 된다(返). **없앨 거** • 去頭截尾(거두절미) 머리(頭)를 버리고(去)와 꼬리(尾)를 잘라(截) 버림: 어떤 일의 요점만 간단히 말함.
570	皂	皀	그릇에 담긴 음식에서 나는 향기. **향기로울 향**
571	卽	卽	무릎을 **꿇고**(卩) 식기에 담겨있는 향기 나는 음식(皀)을 **막** 먹으려는 모습. **곧 즉** • 卽時(즉시) 어떤 일이 행하여지는 바로(卽) 그때에(時).
572	節	節	절도 있는 마디로 이어진 무릎(卽)처럼 대나무(竹)는 **마디로** 이어짐. **마디 절** • 歲寒孤節(세한고절) 추운(寒) 계절(歲)에도 혼자(孤) 푸르른(節) 대나무. **조절할 절** • 調節(조절) 균형이 맞게(調) 바로잡음(節). • 節度(절도) 일이나 행동 따위를 정도에 알맞게(節) 하는 규칙적인 한도(度): 조화와 완전을 중시한 그리스 정신이 일반적 준거로 삼은 것.

번호	고문	해서	설 명
573	旡	旡	1. 사람(儿)이 기쁨이나 설움 따위의 감정이 북받쳐 솟아올라 그 기운이 목에 엉기어 막히다(一). 2. 사람(儿)이 음식물을 **이미** 많이 먹어(一) 더 이상 먹을 수 없다. 목멜 기
574	皍旡	旣	**이미** 향기로운 음식(皀)을 많이 먹어(旡) 더 먹을 수 없다. 이미 기 • 旣存(기존) 이미(旣) 존재(存)함.
575		漑	물(氵)이 가득 차(旣) 밖으로 **넘쳐 쏟아지다.** 물댈 개 • 灌漑(관개) 농사를 짓는 데 필요한 물을 논밭에 대는 것.
576	尗	尗	땅(一)위의 줄기(丨)와 꼬투리(一) 그리고 땅 속의 뿌리(小)를 나타낸 **콩**으로, 한 꼬투리 안에 들어있는 여러 개의 콩을 아버지의 형제로 봄. 콩 숙 아저씨 숙
577	叔	叔	아저씨(尗)가 또(又) 있다. 아저씨 숙 • 叔父(숙부) 아버지(父)의 아우(叔).
578	尗	菽	아저씨 숙(叔)과 구분하기 위하여 콩 숙(菽)을 만들어 사용함. 콩 숙 • 菽水之歡(숙수지환) 콩(菽)을 먹고 물(水)을 마시는 가난한 처지에서도(之) 부모에게 효도를 다하여 그 마음을 즐겁게(歡) 함.
579	宋	寂	집안(宀)이 콩꼬투리 안의 콩(叔)처럼 질서정연하여 **고요하다** 고요할 적 • 寂寞(적막) 고요하고(寂) 고요함(寞).
580	淑	淑	물(氵)이 콩꼬투리 안의 콩(叔)처럼 질서정연하게 **맑다.** 맑을 숙 • 貞淑(정숙) 여자의 행실이 곱고(貞) 마음씨가 맑음(淑).
581	筑	筑	1. 대나무(竹)로 만든 달구(工)를 두 손(丮)으로 내리쳐, 흙을 단단히 쌓는 사람(乙). 2. 대나무(竹)로 만든 채(一)를 손(丿)으로 잡고 악기(工)를 연주하는 악공(乙). 쌓을 축 악기이름 축
582	築	築	나무(木) 틀을 대고, 흙을 단단히 쌓다(筑).

번호	고문	해서	설 명
			쌓을 축 • 建築(건축) 집이나 성, 다리 따위의 구조물을 그 목적에 따라 설계하여 흙이나 나무, 돌, 벽돌, 쇠 따위를 써서 세우거나(建) 쌓아(築) 만드는 일.
583		寁	집(宀)의 벽(丰)에 틈새(八)가 있다. **틈 하**
584	寁	塞	집(宀)의 벽(丰) 틈새(八)를 흙(土)으로 **막다**. **막을 색** • 拔本塞源(발본색원) 근본(本)을 빼내고(拔) 원천(源)을 막다(塞): 사물의 폐단을 없애기 위해서 그 뿌리째 뽑아 버림. **요새 새** • 要塞(요새) 군사적으로 중요한(要) 곳에 튼튼하게 만들어 놓은 방어 시설(塞).
585	寁	寒	집(宀)의 벽(丰) 틈새(八)에 얼음(冫)이 맺힘. **찰 한** • 歲寒(세한) 설(歲) 전후 추위(寒): 몹시 추운 한 겨울의 추위.
586	寁	受	상대방이 손(爫)으로 주는 덮은 물건(冖)을 손(又)으로 **받다**. **받을 수** • 受容(수용) 남의 문물이나 의견 등을 인정하거나 용납(容)하여 받아들임(受).
587	寁	授	손(手→扌)으로 주다(受). **줄 수** • 授業(수업) 학교 등에서 학업(業)이나 기술을 가르쳐 줌(授). • 授受(수수) 물품을 주고(授)받음(受).
588	寁	鳥	나뭇가지를 하나하나 물어와 직물을 짜듯 둥지(臼)를 튼튼히 만드는 까치(鳥→舄). **까치 작**
589	寁	寫	집안(宀)에서 또박또박 글씨를 **베끼는** 공부는 마치 까치(鳥→舄)가 한줄기 한줄기의 나뭇가지나 풀로 둥지(臼)를 트는 것(舄)과 **닮음**. **베낄 사** • 複寫(복사) 베껴 쓰거나(複) 찍음(寫).
590	寁	各	**각각** 자신의 입구(口)로 물러가다(夊). **각각 각** • 邑各不同(읍각부동) 읍(邑)마다(各) 규칙이나 풍속이 같지(同) 아니하다(不): 사람마다 의견이 서로 같지 않음.
591	寁	丵	1. 떨기 풀 모양. 2. 두드려서 문드러진 끝의 머리 부분(丵)과 끝의 날 부분(十). **떨기 총**

79

번호	고문	해서	설 명
			끌 착 * 떨기: 식물의 **한 뿌리**에서 여러 개의 줄기가 나와 더부룩하게 된 **무더기**.
592	對	對	끌(丵)을 잡고(寸) 널빤지(一)에 홈을 팔 때, 홈이 파일 대상인 그 위치와 모양·크기·깊이 등을 정확히 겨누고 **상대해야** 함. **대할 대** • 對人春風(대인춘풍) 다른 사람(人)을 상대(對)할 때는 봄(春)바람(風)같이 대하라: 다른 사람을 대할 때 관대하게 해야 함.
593	叢	叢	떨기 풀(丵)을 모으다(取). **떨기 총/모일 총** 叢書(총서) 같은 체제로 계속해서 출판하는 여러 책으로 한 질을 이루는(叢) 서적(書).
594	鑿	鑿	쇠(金)로 만든 끌(丵)을 몽둥이로 쳐(殳) 구멍(臼)을 뚫다. **뚫을 착** • 掘鑿(굴착) 땅을 파거나(掘) 바위 등을 뚫음(鑿).
595	業	業	끌(丵)로 나무(木)에 홈을 파거나 구멍을 뚫는 **전문적인 일**. **업 업** • 職業(직업) 생계를 유지하기 위하여 자신의 적성과 능력에 따라(職) 일정한 기간 동안 계속하여 종사하는 일(業).
596	告	告	소(牛)를 잡아 신에게 두 손으로 올리고, 소원을 **큰 소리로 아뢰다**(口). **고할 고** • 出必告反必面(출필고반필면) 나갈 때(出)는 부모님께 반드시(必) 출처를 알리고(告) 돌아오면(反) 반드시(必) 얼굴을 뵈어(面) 안전함을 알려 드린다: 밖에 나갔다오거나 들어올 때 부모님께 반드시 알려야함.
597	耒	耒	가래자루를 잡은 손(彐→二)과 가래자루와 날 부분(人)을 나타냄. **가래 뢰(뇌)** * 가래: 흙을 파헤치거나 떠서 던지는 기구.
598	≋⊙	昔	4,300년 전 중국에서 매우 큰 홍수(水→卄)로 태양(⊙→日)이 잠길 만큼 강물이 범람했고, 그 홍수로 모든 것이 **뒤죽박죽 섞임**. **예 석** • 今昔之感(금석지감) 지금(今)과 옛날(昔)을 비교할 때 차이가 매우 심하여 느껴지는(之) 감정(感). **섞일 착** • 錯誤(착오) 착각(錯)을 하여 잘못함(誤). * 昔→錯
599		耤	땅을 가래(耒)로 일구어 뒤죽박죽 섞다(昔). **짓밟을 적**

번호	고문	해서	설 명
600	籍	籍	땅을 가래(耒)로 일구어 뒤죽박죽 섞는(昔) 사람에 관한 내용을 죽간(竹)에 기록함. **문서 적** • 國籍(국적) 어떤 사람이 한 나라(國)의 구성원으로서 가지는 법률상의 자격(籍). • 除籍(제적) 호적(籍) 등에서 이름을 지워 버림(除).
601	藉	藉	풀(艹)을 뒤섞어(耤) 만든 **깔개에 앉아 위로를 받다.** **깔 자** • 狼藉(낭자) 여기저기 흩어져(狼) 뒤죽박죽 섞여 있다(藉). **위로할 자** • 慰藉料(위자료) 위로(慰)하고 도와주는(藉) 돈(料): 불법 행위로 인하여 생기는 손해 가운데 정신적 고통이나 피해에 대한 배상금.
602	周	周	**빽빽하게** 곡식이 자라는 밭(用→冂) **주위를 한 바퀴**(口) 둘러보다. **두루 주** • 用意周到(용의주도) 어떤 일을 할(用) 마음(意)이 두루(周) 미친다(到): 마음의 준비가 두루 미쳐 빈틈이 없음. **주위 주** • 周圍(주위) 어떤 곳의 바깥(周) 둘레(圍): 어떤 사물이나 사람을 둘러싸고 있는 것 또는 그 환경/어떤 사람의 가까이에 있는 사람들. **둘레 주** • 圓周(원주) 원(圓)의 둘레(周).
603	調	調	두루두루 알맞게(周) 말(言)을 하다. **고를 조** • 調和(조화) 서로 잘(調) 어울림(和).
604		週	둘레(周)을 빙 돌다(辶) **돌 주** • 週期(주기) 한 바퀴 도는(週) 시기(期).
605	貧	貧	재산(貝)이 나누어져(分) 가난해지다. **가난할 빈** • 安貧樂道(안빈낙도) 가난한 생활을 하면서도(貧) 편안한 마음으로(安) 도(道)를 즐겨 지킴(樂).
606	河	河	물(氵)이 일정한 길로 흐르도록 둑을 **연결하여 안정시키다**(可). **물 하** • 河川(하천) 강(河)과 시내(川). • 河淸(하청) 황하(黃河)의 물이 맑아짐(淸): 아무리 하려고 해도 실현되지 않음.
607	貴	貴	두 손(臼)으로 든 바구니(甶→虫)에 담은 **흙처럼 귀한 것**(貝). **귀할 귀**

81

번호	고문	해서	설 명
			• 貴賤(귀천) 부귀(貴)와 빈천(賤).
608		況	강(氵)가에서 기우제를 지내며 가뭄이 든 **상황**을 형(兄)님께서 하늘에 **알리다**. 상황 황 • 狀況(상황) 어떤 일이 되어 가는 과정(狀)이나 형편(況).
609		賊	갑옷(十)을 입고 창(戈)으로 재물(貝)을 약탈해가는 도둑. 도둑 적 • 賊反荷杖(적반하장) 도둑(賊)이 도리어(反) 몽둥이(杖)를 든다(荷): 잘못한 사람이 도리어 잘 한 사람을 나무라는 경우.
610		法	물(氵)이 위에서 아래로 흘러가는(去)것은 당연한 **이치**. 법 법 • 憲法(헌법) 한 나라의 통치 체제의 기본 원칙(憲)을 정하는 법(法).
611		波	막 벗겨낸 가죽의 쭈글쭈글한 표면(皮)같은 물결(氵). 물결 파 • 一波萬波(일파만파) 한(一) 사건(波)이 그 사건에 그치지 않고 잇달아 많은(萬) 사건(波)으로 번짐.
612		甘	입 속(廿)에 물건(-)을 물고 **단** 맛을 봄. 달 감 • 甘呑苦吐(감탄고토) 달면(甘) 삼키고(呑) 쓰면(苦) 뱉는다(吐): 사리에 옳고 그름을 돌보지 않고, 자기 비위에 맞으면 취하고 싫으면 버리다. * 呑: 삼킬 탄[입(口)에서 목구멍(天)으로 삼키다]
613		素	누에고치에서 갓 뽑은(生→主) 흰색의 실타래(糸). 본디 소 • 素朴(소박) 거짓이나 꾸밈이 없이 순수하고(素) 자연스러움(朴). 흴 소 • 素服(소복) 하얗게(素) 차려입은 옷(服): 흔히 상복으로 입음.
614		支	나무막대(十)를 손(又)에 들고 지탱하다. 지탱할 지 • 支援(지원) 지지(支)하여 도움(援).
615		枝	나무(木)의 원줄기에서 갈라져 나간 가지(支). 가지 지 • 枝葉(지엽) 가지(枝)와 잎(葉): 중요하지 않은 부분.
616		政	정치가 **자신의 부정**을 올바로(正) 하다(攵). 정사 정 • 政事(정사) 정치(政) 또는 행정상의 일(事).

번호	고문	해서	설 명
617	畍	界	밭(田)과 밭 사이의 경계(介). **지경 계** • 地境(지경) 나라나 지역(地) 따위의 구간을 가르는 경계(界): 일정한 테두리 안의 땅/어떠한 처지나 형편 • 臨界(임계) 사물이 어떠한 기준에 의하여 분간되는 한계: 어떠한 물리 현상이 갈라져서 다르게 나타나기 시작하는 경계.
618	𣏾	敎	자녀(子)에게 대상을 종합하여 연결하는 법(爻→爻)을 가르치다(攵). **가르칠 교** • 敎唆(교사) 남을 선동하여(唆) 못된 일을 하게 함(敎).
619	㐂	吉	신전에 신이나 죽은 사람의 이름을 적어놓던 위패(士)와 위패 받침(口)은 **길하다**. **길할 길** • 吉凶(길흉) 좋은(吉) 일과 언짢은(凶) 일.
620	結	結	길한 것(吉)이 흩어 지지 않도록 실(絲→糸)로 **묶거나 연결하다**. **맺을 결** • 結者解之(결자해지) 일을 맺은(結) 사람(者)이 풀어야(解) 한다(之): 일을 저지른 사람이 그 일을 해결해야 한다. • 起承轉結(기승전결) 시문을 짓는 형식의 한 가지, 글의 첫머리를 기(起), 그 뜻을 이어받아 쓰는 것을 승(承), 뜻을 한번 부연시키는 것을 전(轉), 전체를 맺는 것을 결(結)이라 함.
621	走	走	사람(大→土)이 달리다(止→𤴃). **달릴 주** • 走馬加鞭(주마가편) 달리는(走) 말(馬)에 채찍질(鞭)하기(加): 형편이나 힘이 한창 좋을 때에 더욱 힘을 더한다는 말.
622	起	起	내(己)가 달리기(走)위해 **일어서다**. **일어날 기** • 惹起(야기) 무슨 일이나 사건 따위를 끌어(惹) 일으킴(起)
623	門	門	집으로 들어가기 위한 큰 대문으로 집안·문벌을 뜻함. **문 문** • 門外漢(문외한) 어떤 일(門)에 직접 관계가 없는(外) 사람(漢).
624	斂	斂	모두 모으게(僉) 하다(攵). **거둘 렴(염)** • 苛斂誅求(가렴주구) 가혹(苛)하게 세금을 거두거나(斂) 백성의 재물을 억지로(誅) 빼앗음(求).
625	矛	矛	찍고 찌르며 당겨 자르는 창의 날과 자루. **창 모** • 矛戈(모과) 모(矛)와 과(戈)는 가지가 달린 창임

번호	고문	해서	설 명
626	𨘍	疑	1. 비수(匕)·화살(矢)·창(矛→マ)의 기능이 서로 **닮은 것이 많아**, 자기에게 가장 **좋은 짝**(疋)을 고르기가 어려워 이것저것 깊이 생각하고 **의심하다**. 2. 비수·화살·창 등 필요한 것을 모아, **바르게**(疋) 연결하여 **안정시키다**. ⬛ 의심할 의 • 疑心(의심) 확실히 알 수 없어서 믿지 못하는(疑) 마음(心). • 懷疑(회의) 마음속에 품은(懷) 의심(疑). ⬛ 안정할 응 * 疋: 짝 필/발 소/바를 아
627	𣲵	凝	물이 엉기어(疑) 얼음(冫)이 되다. ⬛ 엉길 응 • 凝縮(응축) 한데 엉겨(凝) 굳어짐(縮).
628	𢱈	擬	**닮은 것들이 뭉쳐있어**(疑) 손(扌)으로 서로 **비교하고 헤아리다**. ⬛ 비길 의 • 模擬(모의) 실제의 것을 흉내 내어(模) 시험적으로(擬) 해 보는 일. • 擬人化(의인화) 사람이 아닌 것을 사람(人)에 비기어(擬) 표현함(化). * 비기다 ① 서로 비금비금하여 승부를 가리지 못하다. ② 서로 견주어 보다. ③ 비스듬하게 기대다. ④ 뚫어진 구멍에 다른 조각을 붙이어 때우다.
629	𠐅	僗	사람(亻)이 자기 분수를 잊고 윗사람을 본뜨다(疑). ⬛ 참람할 의
630	𨁂	路	목적지(各) 가는(足) 길. ⬛ 길 로 • 隘路(애로) 좁고 험한(隘) 길(路): 일의 진행을 방해하는 장애.
631	𦎧	昆	1. 나란히(比) 서 있는 형제들의 우두머리(日). 2. **벌레**의 머리(日)와 많은 다리(比). 3. 벌레가 서로 **뒤섞이다**. ⬛ 맏 곤 • 昆弟(곤제) 형(昆)과 아우(弟). ⬛ 벌레 곤 • 昆蟲(곤충) 곤충강에 속한 동물을 통틀어 이르는 말. ⬛ 뒤섞일 혼
632	𣽈	混	물(氵)이 뒤섞이다(昆). ⬛ 섞을 혼 • 玉石混淆(옥석혼효) 옥(玉)과 돌(石)이 함께(混) 뒤섞여(淆) 있다: 선과 악, 좋은 것과 나쁜 것이 함께 섞여 있음.
633	𠂩	氏	1. 땅속으로 뻗은 나무뿌리 모양. 2. 경작지에 **씨앗**(-)을 뿌리는 사람(氏).

			성씨 씨
			• 氏族(씨족) 원시 사회에서 같은 조상(氏)을 가진 여러 가족의 성원으로 구성되어, 그 조상의 직계를 수장으로 하는 사회집단(族).
634	㽵	氐	땅(一)속의 나무뿌리(氏)
			근본 저
635	䟗	低	사람(亻)의 키가 낮다(氐).
			낮을 저
			• 高低(고저) 높고(高) 낮음(低).
636	庭	底	집(广)의 밑바닥(氐).
			밑 저
			• 基底(기저) 기초(基)가 되는 밑바닥(底).
			• 徹底(철저) 속속들이 꿰뚫어 미치어(徹) 밑바닥(底)까지 빈틈이나 부족함이 없음.
637	昏	昏	해(日)가 땅 밑(氐→氏)으로 들어가 어둡다.
			어두울 혼
			• 技成眼昏(기성안혼) 재주(技)를 다 배우니(成) 눈(眼)이 어두움(昏).
638	㞢	屯	겨울이 지나고 봄이 와 아무것도 없던 언덕(一)에 간신히 나온(屮) 새싹(屯)의 모양은 군사들이 **진을 친** 것처럼 보임.
			진칠 둔
			• 駐屯(주둔) 군대가 한 지역(屯)에 머무르는 것(駐).
639	鈍	鈍	칼이 날카롭지(銳→金) 못하고 우물쭈물하듯(屯) **둔하다**.
			둔할 둔
			• 銳鈍(예둔) 날카로움(銳)과 둔함(鈍): 민첩함과 둔팍함
640	純	純	막 나온 새싹(屯)과 누에고치에서 뽑은 희고 반짝이는 실(糸)은 **순수하다**.
			순수할 순
			• 純粹(순수) 다른 것이 조금도 섞이지 않음: 사념이나 사욕이 없음.
641	萅	春	따뜻한 태양(日) 빛을 받으며 여러 가지 새싹(艸→丰)이 나오는 봄.
			봄 춘
			• 春秋(춘추) 봄(春)과 가을(秋): '어른의 나이'에 대한 존칭.
642	丰	丰	초목이 잘 우거진 모양.
			예쁠 봉
643	夆	夆	초목이 예쁘게(丰) 보여, **다가가(夂)** 예쁜 초목을 **만나다**.

번호	고문	해서	설　명
			끌 봉/만날 봉
644	逢	逢	만나러(夆) 가다(辶). **만날 봉** • 賣鹽逢雨(매염봉우) 소금(鹽)을 팔다(賣)가 비(雨)를 만나다(逢): 일에 마가 끼어서 되는 일이 없음.
645	縫	縫	실(絲→糸)이 천을 만나(逢) 꿰매다. **꿰멜 봉** • 彌縫策(미봉책) 꿰매어(縫) 깁는(彌) 계책(策): 결점이나 실패를 덮어 발각되지 않게 이리저리 주선하여 감추기만 하는 계책.
646	阿	阿	쉽게 오를 수 있는(可) 언덕(阝)은 **부드럽게 굽어 있다.** **언덕 아** **친근한 아** • 阿郎(아랑) 친근한(阿) 사내(郎): 여인이 남편이나 애인을 친근하게 일컫는 애칭. • 阿弟(아제) 친근한(阿) 동생(弟). **아첨할 아** • 阿諂(아첨) 남의 마음에 들려고 간사를 부려 비위를 맞추어(阿) 알랑거리는 짓(諂) ＊阿(언덕·고개·구릉·모퉁이)의 특징: 부드럽게 굽어 있음.
647	列	列	흩어진 뼈(歹)를 칼(刂)로 **잘라** 순서에 맞게 죽 늘어놓다. **벌일 렬(열)** • 竝列(병렬) 나란히(竝) 벌여 세움(列). **줄지을 렬** • 整列(정렬) 가지런히(整) 줄지어 세움(列).
648	裂	裂	옷(衣)을 벌려(列) 찢다. **찢을 렬(열)** • 決裂(결렬) 교섭이나 회의 따위에서 의견이 합쳐지지 않아(決) 각각 갈라서게 됨(裂)
649	百	百	100여 마리가 **빽빽하게** 모여 사는 벌집 모양. **일백 백** • 百戰百勝(백전백승) 백 번(百) 싸워(戰) 백 번(百) 이긴다(勝): 싸울 때마다 번번이 이김. • 百獸(백수) 모든(百) 짐승(獸).
650	仁	仁	두(二) 사람(亻)이 친하려면 **자기**에게 엄하고 **남**에게 **어질게** 해야 함. **어질 인** • 仁慈(인자) 어질고(仁) 남을 사랑하는(慈) 마음. ＊어질다: 마음이 너그럽고 착하며 슬기롭고 덕이 높다.
651	集	集	나무(木) 가지에 여러 마리 새(隹)가 모여 있는 모습.

번호	고문	해서	설 명
			모을 집
			• 離合集散(이합집산) 떠났다(離) 모이고(合) 흩어졌다(散) 모임(集).
652		介	사람(人)이 다른 사람의 **도움을 받아** 꽉 조여 **입는** 갑옷(丿).
			낄 개
			• 紹介(소개) 둘 사이(介)에서 양편의 일이 진행되게 주선함(紹).
			낱 개
			• 一介(일개) 한(一) 개(介)
653		四	코(□)에서 숨이 나오는(八) 모양.
			넉 사
			• 張三李四(장삼이사) 장씨(張)의 셋째(三) 아들과 이씨(李)의 넷째(四) 아들: 성명이나 신분이 뚜렷하지 못한 평범한 사람들.
			* 4(三)자가 3(三)자와 자주 혼동되었기 때문에 '숨 쉬다'라는 뜻으로 쓰였던 사(四)자를 숫자 '4'로 쓰기 시작했다.
654		聿	손(⺕)으로 붓(⼁)을 잡고 글씨를 쓰거나 그림을 그리다.
			붓 율
655		盡	식사가 **끝난 후** 솔(聿→⺻)로 식기(皿)를 닦다.
			다할 진
			• 賣盡(매진) 하나도 남지 않고 다(盡) 팔림(賣).
656		書	손에 붓을 쥐고(聿) 말(曰)을 글로 적다.
			글 서
			• 身言書判(신언서판) 중국 당대(唐代)의 인물을 선택하는 네 가지 조건: 신수(身), 말씨(言), 문필(書), 판단력(判).
			* 신수(身手) 용모와 풍채를 통틀어 이르는 말: 얼굴에 나타난 건강 색.
657		式	표준이 되는 공구(工)로 주살(弋)을 만듦.
			법 식
			• 株式(주식) 주주의 출자(株)에 대하여 교부하는 유가 증권(式).
658		弔	죽은 사람(丨)을 둘둘 감아 묶어(弓) 장례를 치를 때 **조상하다**.
			조상할 조
			• 弔喪(조상) 남의 죽음(喪)에 대하여 슬퍼하는 뜻을 드러내어 상주를 위문함(弔).
659		弟	주살(弋→丫)의 줄을 차례(弓)에 맞게 **사려야** 주살이 제 기능을 발휘하고, 주살의 줄을 사리는 사람을 형으로, 주살의 줄을 아우로 보는 것은 형이 동생을 돌봐주어야 한다는 뜻.
			아우 제
			• 兄弟(형제) 형(兄)과 아우(弟).
			• 師弟(사제) 스승(師)과 제자(弟).
			* 사리다: 국수, 새끼, 실 따위를 둥그렇게 포개어 감다.

번호	고문	해서	설 명
660		第	죽간(竹)을 차례대로(弟→弔) 엮고, 등급을 가리다. **차례 제** • 第一(제일) 첫째: 가장 훌륭함. **등급 제** • 落第(낙제) 진학 또는 진급(第)을 못 함(落). * 次例(차례) 순서(次) 있게 구분하여 벌여(例) 나가는 관계 또는 그 구분에 따라 각각에게 돌아오는 기회.
661		其	1. 두 손(廾)으로 들고 있는 **키**(甘) 또는 **삼태기**. 2. 키 또는 삼태기를 항상 사용했기에 '그 것'으로 사용되었고, 듣는 사람은 이미 알고 있어 그것으로 사용됨. **그 기** • 其他(기타) 그것(其) 외에 또 다른 것(他). • 不知其數(부지기수) 그(其) 수(數)를 알지(知) 못한다(不): 매우 많음. * 키: 곡식 따위를 까불러 쭉정이나 티끌을 구분하는 도구로 키 버들이나 대를 납작하게 쪼개어 앞은 넓고 평평하게, 뒤는 좁고 우긋하게 엮어 만듦. * 삼태기: 흙이나 쓰레기, 거름 등 여러 가지를 담아 나르는 데 쓰는 기구/가는 싸리나 대오리, 칡, 짚, 새끼 따위로 만드는데 앞은 벌어지고 뒤는 우긋하며 좌우 양편은 울이 지게 엮어서 만듦.
662		期	키(其)로 구분하는 것처럼 시간의 흐름(月)을 구분함. **기약할 기** • 期約(기약) 시간(期)을 정하고 약속(約)함. • 期待(기대) 희망을 가지고 기약(期)한 것을 기다림(待).
663		基	밥을 지을 때마다 키질(其)을 하는 곳(土)이 바로 사람이 사는 터전임. **터 기** • 基本(기본) 사물이나 현상, 이론, 시설 따위를 이루는 바탕.
664		漢	진흙(堇→**𦰩**)이 섞여 평야를 이루던 지역의 강(氵)과 그곳에 살던 뻔뻔한 사람. **한수 한** • 漢水(한수) 중국 양쯔 강의 지류 또는 우리나라 중부를 흐르는 강. • 漢字(한자) 중국어(漢)를 표기하는 문자(字). **한나라 한** • 漢(한) 장기의 궁의 하나: 중국의 왕조 이름. **놈 한** • 鐵面皮漢(철면피한) 염치가 없고 뻔뻔스러운(鐵面皮) 남자(漢) * 鐵面皮(철면피) 쇠(鐵)처럼 두꺼운 낯(面)가죽(皮).
665		也	만물을 낳아 **이어지게**(也) 하는 것은 암컷의 생식기**이다**. **잇기 야** • 命也福也(명야복야) 연거푸 생기는 행복: 생명(命)이 **이어지고**(也) 행복(福)이 이어짐(也). **판단 야**

번호	고문	해서	설 명
			• 往而不來者年也(왕이불래자연야) 가(往)면(而) 오지(來) 않는(不) 것(者)은 해(年)이다(也): 세월은 가면 두 번 다시 오지 않는다.
666	坤	地	흙(土)은 만물을 무한히 이어지게 함(也). 땅 지 • 雨後地實(우후지실) 비 온(雨) 뒤(後)에 땅(地)이 굳는다(實).
667	딤	以	사람(人)이 서로 닮은 여러 종류의 보습 중 딱 맞는 보습을 쟁기에 끼운(𠃔) 후, 쟁기질로써 흙을 부드럽게 풀다. 써 이/으로 이 • 交友以信(교우이신) 믿음(信)으로(以) 친구(友)와 사귐(交). • 以心傳心(이심전심) 석가와 가섭이 마음(心)으로(以) 마음(心)에 전한다(傳). *以=㠯 *보습: 쟁기, 극쟁이, 가래 따위 농기구의 술바닥에 끼우는 넓적한 삽 모양의 쇳조각으로 농기구에 따라 모양이 조금씩 다르다.
668	佀	似	사람(亻)이 유사한 보습(以)처럼 서로 닮았다. 닮을 사 • 恰似(흡사) 거의(恰) 닮음(似).
669	肖	齊	1. 벼, 보리, 밀, 조, 수수 등의 이삭(刀, 丫, 氏)의 머리(亠) 부분이 가지런하다(丹). 2. 사람의 손길과 알맞은 자연환경 속에서 곡식의 이삭이 가지런히 익어가다. 가지런할 제 • 齊唱(제창) 여러 사람이 다 같이(齊) 소리를 질러 부름(唱).
670	濟	濟	강(氵)의 바닥이 낮고 평평한 곳(齊)으로 건널 수 있게 도와 뜻을 이루다. 건널 제 • 濟涉(제섭) 물을 건넘. 도울 제 • 經濟(경제) 세상일을 잘 다스려(經) 도탄에 빠진 백성을 구함(濟). • 共濟(공제) 힘을 합하여 서로(共) 도움(濟). 이루어질 제 • 決濟(결제) 결정(決)하여 끝맺음(濟).
671	羅	羅	새가 잘 다니는 나무 사이에 그물(罒→罒)을 펼쳐 놓아 새(隹)를 잡아 줄로 묶다(絲→糸). 벌일 라 • 羅列(나열) 죽(羅) 벌여 놓음(列). 그물 라 • 網羅(망라) 물고기를 잡는 그물(網)과 날짐승을 잡는 그물(羅): 널리 빠짐없이 모음.
672	徑	徑	베틀의 날실(巠)처럼 곧은 길(行→彳). 지름길 경 • 捷徑(첩경) 빠른(捷) 지름길(徑)

번호	고문	해서	설 명
673	𤇾	勞	밤에도 등불(𤇾)을 밝힌 채 열심히 **일하니**(力) 고달프다. 일할 로 • 不勞無榮(불로무영) 노력(勞) 없이는(不) 영광(榮)도 없다(無).
674	𤇾	螢	등불(𤇾)처럼 빛이 나는 반딧불이(虫). 반딧불이 형 • 螢光燈(형광등) 방전관의 안벽에 형광(螢) 물질을 발라 관 안의 방전에 의하여 생기는 넘보라살을 가시광선(光)으로 바꾸어 불을 밝히는 방전등(燈).
675	辡	辡	죄인 둘이 날카로운 송곳(辛)으로 상대방을 공격하다. 따질 변
676	辯	辯	다툼(辡)이 있을 때, 말(言)을 잘 해주다. 말 잘할 변 • 辯護士(변호사) 피고나 원고를 변론(辯)하고 보호(護)하며 그 밖의 법률에 관한 업무에 종사하는 사람(士). • 詭辯(궤변) 상대편을 이론으로 이기기 위하여 상대편의 사고를 혼란시키거나 감정을 격앙시켜 거짓을 참인 것처럼 꾸며 대는(詭) 논법(辯).
677	辨	辨	둘의 다툼(辡)을 갈라(刀→刂) 잘잘못을 **판가름하다.** 분별할 변 • 辨明(변명) 어떤 잘못에 대하여 구실을 대며 그 까닭(辨)을 밝힘(明). • 辨別(변별) 같고 다름을 분별하고(辨) 나눔(別).
678	半	半	소(牜→牛→𦍌)를 정확히 반으로 나누다(八). 반 반 • 過半數(과반수) 반(半)이 더 되는(過) 수(數).
679	判	判	칼(刂)로 소를 절반으로 나누어(半) 그 내면까지 들여다보고 **판단하다.** 판단할 판 • 判斷(판단) 어떤 사물의 진위·선악·미추 등을 생각하여 판가름함: 판정과 단정.
680	忘	忘	마음(心)에서 죽거나 도망가다(亡). 잊을 망 • 備忘錄(비망록) 잊지(忘) 않으려고 적어 두는(備) 책자(錄).
681	石	石	벼랑(厂)이나 산기슭 아래로 떨어져 있는 돌덩어리(口). 돌 석 • 試金石(시금석) 귀금속(金)의 순도를 판정하는 데 쓰이는(試) 검은빛의 현무암이나 규질의 암석(石).
682	屰	屰	거꾸로 된 사람(屰)으로 **거스르거나 처음으로 되돌아가는 것을** 뜻함. 거스를 역

번호	고문	해서	설 명
683	㚔	幸	1. 살아 있는 것(大→土)과 죽은 것(夶→羊) 중, 죽지 않고 살아서 **다행이다**. 2. 수갑 찬 죄인을 면해 **다행이다**(執→幸). .... **다행 행** • 多幸(다행) 뜻밖에 일이 잘되어(多) 운이 좋음(幸).
684	𡉏	執	죄인(丸)을 **잡아** 수갑(幸)을 채우다. .... **잡을 집** • 執念(집념) 마음에 새겨서 움직이지 않는(執) 일념(念).
685	李	李	과일을 많이 맺는(子) 자두나무(木). .... **자두 리** • 瓜田李下(과전이하) 오이(瓜)밭(田)과 자두나무(李) 밑(下): 과전불납리(瓜田不納履)와 이하부정관(李下不整冠)의 준말로, 오이(瓜) 밭(田)에서 신(履)을 고쳐 신지(納) 말고(不), 자두나무(李) 밑(下)에서 갓(冠)을 고쳐 쓰지(整) 말라(不)는 뜻: 남의 의심을 받기 쉬운 일은 하지 말라는 말.
686	易	易	도마뱀의 머리(日)와 몸통·다리·꼬리(勿)를 본뜬 것으로, 광선의 형편에 따라 그 빛깔이 **쉽게 바뀜**을 나타냄. .... **쉬울 이** • 簡易(간이) 간단(簡)하고 쉬움(易). **바꿀 역** • 貿易(무역) 나라와 나라 사이에 상품을 사고팔고(易) 하는 일(貿).
687	𨖷	退	왔던 길(辶)을 되돌아가다(艮). .... **물러날 퇴** • 後退(후퇴) 뒤로(後) 물러남(退).
688	𡐦	堂	흙을 높게 쌓아올린(土) 후 신의 은혜가 있는 **집**(尙)을 **당당하게** 지음. .... **집 당** • 講堂(강당) 강의나 의식을 하는 데(講) 쓰는 큰 방(堂). **당당할 당** • 正正堂堂(정정당당) 태도나 처지가 바르고(正) 떳떳함(堂).
689	𠯃	台	1. 땅(口)을 파헤치는 보습(厶) 모양으로, 보습을 쟁기에 **처음**으로 **연결**하여 쟁기질을 하다가 넘어질 **위험**이 있고, 나중에 수확을 하면 너무 **기뻐서 게을러**질 수 있음. 2. 북두칠성의 상태, 중태, 하태 3개의 별로, 삼공(三公)과 견줌. .... **별 태** • 三台(삼태) 삼태성: 삼공/삼정승 *금문에서 台=㠯=以
690	𨋢	始	여성(女)이 임신을 **시작하다**(台) .... **비로소 시** • 創始(창시) 처음(創) 시작(始): 어떤 사상이나 학설 등을 처음 내세움.

번호	고문	해서	설 명
691	殆	殆	경작지(台)에서 넘어져 죽을(歹) 위험이 있다. **거의 태/위태할 태** • 危殆(위태) 안전하지 못하고(危) 위험함(殆): 형세가 매우 어려움/마음을 놓을 수가 없음.
692	怡	怡	수확을 하여 기쁜(台) 마음(忄) **기쁠 이** • 怡聲(이성) 기쁜(怡) 목소리(聲): 부드러운 소리.
693	怠	怠	너무 기뻐 게을러지는(台) 마음(心). **게으를 태** • 勤怠(근태) 부지런함(勤)과 게으름(怠).
694	夗	夗	저녁(夕)이 되어 누워 뒹굴다(㔾). **누워 뒹굴 원**
695	苑	苑	둥글게(夗) 울타리(++)를 쳐 놓은 동산 **동산 원** • 祕苑(비원) 서울 창덕궁 북쪽 울안에 있는 최대의 궁원: 임금의 소풍과 산책에 사용한 후원으로 창경궁과 붙어 있으며, 울창한 숲속 곳곳에 운치 있는 정자와 연못이 있음.
696	怨	怨	너무도 분하고 원통하여 바닥을 뒹굴 정도(夗)의 심정(心). **원망할 원** • 怨望(원망) 미워하고(怨) 미워함(望). * 望: 바랄 망/**미워할 망**
697	報	報	수갑(幸) 찬 죄인(卩)에게 죄 값을 갚게(受→又) 하고, 그 결과를 상부에 **보고하다**. **갚을 보** • 結草報恩(결초보은) 풀(草)을 묶어서(結) 은혜(恩)를 갚는다(報): 죽어 혼이 되더라도 입은 은혜를 잊지 않고 갚음. **알릴 보** • 弘報(홍보) 널리(弘) 알리는 것(報).
698	進	進	새(隹)는 앞으로만 나아감(辶). **나아갈 진** • 進退兩難(진퇴양난) 나아갈 수도(進) 물러설 수도(退) 없는(難) 궁지(兩)에 빠짐.
699	亥	亥	1. 도축한 돼지의 **핵심** 부분을 골라냄. 2. 의성어로 '웃는 소리' 또는 '기침 소리'를 나타냄. **돼지 해**
700	核	核	나무(木)의 핵심인 씨(亥).

			씨 핵 • 核心(핵심) 사물의 중심(心)이 되는 중요한 부분(核).
701	𩑶	頸	베틀의 날실(巠)처럼 쭉 뻗은 머리 부분(頁)은 목 부분임. ⸱⸱⸱ **목 경** • 頸椎(경추) 척추 뼈(椎) 가운데 가장 위쪽 목에 있는 일곱 개의 뼈(頸).
702	根	根	나무(木)의 뿌리는 한곳에 멈춰있다(艮). ⸱⸱⸱ **뿌리 근** • 根據(근거) 근본(根) 되는 토대(據)
703	兆	兆	거북의 등딱지를 불에 태우면, 순식간에 수많은 균열이 생기는데(兆), 그 틈을 보고 길흉을 판단함. ⸱⸱⸱ **조 조** • 億兆(억조) 억(億)과 조(兆): 아주 많은 수효. **조짐 조** • 兆朕(조짐) 좋거나 나쁜 일이 생길 기미가 보이는 현상. *朕: 나 짐, 천자 짐, 조짐 짐
704	桃	桃	나무(木)의 씨앗이 점괘모양(兆)인 복숭아. ⸱⸱⸱ **복숭아 도** • 桃園結義(도원결의) 복숭아(桃) 밭(園)에서 의형제(義)를 맺다(結): 서로 다른 사람들이 사욕을 버리고 목적을 향해 합심할 것을 결의함.
705	案	案	나무(木)로 만들어 단단히 안정시켜 놓은(安) **책상**에서 생각하고 **기록하다**. ⸱⸱⸱ **책상 안** • 拍案大聲(박안대성) 책상(案)을 치며(拍) 큰(大) 소리를 지름(聲). **안건 안** • 提案(제안) 안(案)을 냄(提).
706	軍	軍	빙 두른 진지 안(冖)에 전차(車)가 즐비한 군대. ⸱⸱⸱ **군사 군** • 軍士(군사) 예전에, **군인**이나 군대를 이르던 말. • 將軍(장군) 군(軍)의 우두머리(將). *고대의 군(軍): 4,000명 단위.
707	運	運	상황에 따라 군대(軍)가 이동해야 하는데(辶), 운(運)에 따라 **이동**이 쉬울 수도 있고, 매우 어려울 수도 있다. ⸱⸱⸱ **옮길 운** • 運營(운영) 조직, 기구 따위를 운용(運)하여 경영(營)함. **운수 운** • 運七技三(운칠기삼) 운(運)이 칠(七) 할이고 재주나 노력(技)이 삼(三) 할: 사람의 일은 재주나 노력보다 운에 달려 있음을 이르는 말. • 幸運(행운) 행복(幸)한 운수(運).

번호	고문	해서	설 명
708	顐	題	머리(頁)의 바른 면(是)인 **얼굴**만 보면 그 사람을 **뚜렷이 알 수 있음**. **제목 제** • 題目(제목) 작품이나 강연, 보고 따위에서, 그것을 대표하거나 내용을 보이기(目) 위하여 붙이는 **이름**(題). • 宿題(숙제) 복습이나 예습을 위하여 집(宿)에서 지어 오게 하거나 풀어 오게 하는 문제(題).
709	桎	桎	발을 막아(窒→至) 부자유스럽게 하는 나무(木). **차꼬 질** • 桎檻(질함) 발에 차꼬(桎)을 씌워 감옥(檻)에 넣음. *至: 이를 지[화살(발)이 목표물(땅)에 닿다]
710	梏	梏	손목(告)을 채우기 위한 목제(木)의 형구. **수갑 곡** • 桎梏(질곡) 차꼬(桎)와 수갑(梏): 억압된 상태. *告: 잡힌 소를 두 손으로 올리고 신에게 큰 소리로 알리다.
711	戶	戶	**외짝 문이 달린 집**. **집 호** • 戶別訪問(호별방문) 집집(戶)마다(別) 찾아가서(訪) 봄(問). **지게 호** • 柴戶(시호) 나뭇가지를 엮어서 만든(柴) 문짝(戶): 가난한 집을 이르는 말. • 門戶(문호) 집으로 드나드는 문: 외부와 교류하기 위한 통로나 수단을 비유적으로 이르는 말/대대로 내려오는 그 집안의 사회적 신분이나 지위. *지게: ① 한쪽으로만 열고 닫히는 외짝 문. ② 짐을 얹어 사람이 등에 지는 우리나라 고유의 운반 기구
712	扁	扁	외짝 문(戶)에 거는 대나무로 만든 **작고 납작한 문패**(冊)로 **이름을 널리 알리다**. **작을 편** • 扁額(편액) 종이, 비단, 널빤지 따위에 그림을 그리거나 글씨를 써서 방 안이나 문 위에 걸어 놓는 작은(扁) 액자(額).
713	遍	遍	연결된 길을 따라(辶) 문패의 이름이 **널리 퍼지다**(扁). **두루 편** • 普遍(보편) 모든 것에 두루 미치거나 통함. *普: 넓을 보[해(日)가 모든 사람(竝→並)에게 골고루 비추다.
714	編	編	죽간(扁)을 끈(絲→糸)으로 차례에 맞게 **엮다**. **엮을 편** • 編輯(편집) 여러 가지 자료를 수집하여(輯) 책·신문 등을 엮음(編). *輯: 모을 집[귀(耳)에 입(口)을 가까이 하듯, 재료를 모아 수레(車)을 만들다.]
715	偏	偏	외짝 문(戶)에 걸린 문패(冊)같이 한쪽으로만 움직이는 치우친 사람(亻). **치우칠 편**

번호	고문	해서	설 명
			• 偏頗(편파) 치우쳐(偏) 공평하지 못함(頗).
716	桑	桑	누에에게 줄 뽕나무(木)의 뽕잎을 손(叒)으로 따는 모습. **뽕나무 상** • 桑田碧海(상전벽해) 뽕나무(桑)밭(田)이 푸른(碧) 바다(海)가 되었다: 세상이 몰라 볼 정도로 바뀐 것.
717	塗	塗	1. 강물(氵)의 흐름이 느리면(余) **진흙**(土)이 쌓이는데, 그런 진흙으로 벽의 틈이나 구멍을 메우고 **칠함.** 2. 강물(江→氵)이 흐르는(涂→余) 길(土)을 사람이 다니는 **길**로 비유함. **진흙 도** • 曳尾塗中(예미도중) 꼬리(尾)를 진흙(塗) 속(中)에 묻고 끈다(曳): 벼슬을 함으로써 속박되기보다는 가난하더라도 집에서 편안히 사는 편이 나음을 비유. • 塗炭之苦(도탄지고) 진흙(塗)이나 숯(炭)불에 떨어진 것과 같은(之) 고통(苦): 가혹한 정치로 말미암아 백성이 심한 고통을 겪는 것. **칠할 도** • 塗裝(도장) 물체의 겉에 도료를 곱게 칠하거나(塗) 바름(裝). **길 도** • 道聽塗說(도청도설) 길거리(道)에서 들은 이야기(聽)를 곧 그 길(塗)에서 다른 사람에게 말한다(說): 거리에서 들은 것을 남에게 아는 체하며 말함.
718		做	사람(亻)이 일부러 이유(故)를 만들다. **지을 주** • 看做(간주) 상태, 모양, 성질 따위가 그와 같다고(做) 봄(看).
719	廴	廴	벽·성 등을 **움직여 쌓다.** **길게 걸을 인/ 당길 인**
720	建	建	미리 붓(聿)으로 설계한 후 세우다(廴). **세울 건** • 建物(건물) 사람이 들어 살거나, 일을 하거나, 물건을 넣어 두기 위하여 지은(建) 집(物).
721	健	健	자세가 바른(建) 사람(亻)은 튼튼하다. **굳셀 건** • 健康(건강) 정신적으로나 육체적으로 아무 탈이 없고(康) 튼튼함(健).
722	因	因	사람(大)이 깔개(□)에 **의지하여** 누운 모습으로, 근거하다·따르다·원인 등의 뜻이 파생됨. **인할 인** • 因襲(인습) 옛 습관을 **그대로**(因) 좇음(襲). • 原因(원인) 근본(原)이 되는 **까닭**(因). • 因人成事(인인성사) 다른 사람(人)에게 **의지하여**(因) 일(事)을 이룸(成).

번호	고문	해서	설 명
723	恩	恩	의지가 되는(因) 마음(心). **은혜 은** • 恩惠(은혜) 자연이나 남에게서 받는 고마운 혜택.
724	火	火	불길이 솟아오르는 모습. **불 화** • 點火(점화) 불(火)을 켬(點).
725	息	息	코(自)로 **숨을 쉬고** 심장(心)으로 맑은 피를 돌게 하여, 사람이 **살아가며 자녀를** 기르다. **숨 쉴 식** • 歎息(탄식) 한숨을 쉬며(息) 한탄(歎)함. • 姑息(고식) ①잠시(姑) 숨을 쉼(息) ②부녀자(姑)와 어린아이(息)를 아울러 이르는 말 **살 식** • 棲息(서식) 동물이 깃들여(棲) 삶(息). **자식 식** • 子息(자식) 부모가 낳은 아이를, 그 부모에 상대하여 이르는 말. * 歎=嘆
726	炎	炎	불길이 두 덩어리(炎)라서 매우 뜨거움. **불꽃 염** • 暴炎(폭염) 날이 몹시(暴) 더운(炎) 상태. • 炎症(염증) 열(炎)이 오르고 아프며, 몸의 어느 부위가 빨갛게 붓는 증상(症).
727	備	備	사람(亻)이 화살 통(用)에 화살(矢→𦥑)을 넣어 둔(蒲) 상태로 전쟁 **준비 완료**됨. **갖출 비** • 豫備(예비) 미리(豫) 갖춤(備).
728	肥	肥	살(月)을 단단히 잡다(巴). **살찔 비** • 肥滿(비만) 살찌고(肥) 뚱뚱함(滿).
729	差	差	왼손(左)이 들쑥날쑥한 것처럼, 한 뭉텅이의 이삭(𠃬)이 들쑥날쑥하다. **다를 차/들쑥날쑥할 차** • 天壤之差(천양지차) 하늘(天)과 땅(壤) 사이와 같이 엄청난(之) 차이(差). • 差度(차도) 병이 나아가는(差) 일(度). **임시 차** • 差使(차사) 특별히 뽑혀 임시로(差) 일하는 사람(使).
730		磋	들쑥날쑥한(差) 돌(石)에 갈다. **갈 차** • 切磋琢磨(절차탁마) 옥돌을 자르고(切) 줄로 쓸고(磋) 끌로 쪼고(琢) 갈아(磨) 빛을 내다: 학문이나 인격을 갈고 닦음.

번호	고문	해서	설 명
731	闍	署	전문가(者)들이 그물(罒→罒) 망처럼 짜임새 있게 각각의 부서를 **나누어** 일을 처리하고, 작성한 서류에 **서명**을 하여 책임을 분명히 하는 **관청**. **나눌 서** • 部署(부서) 여러 갈래로 나뉘어 있는(署) 사무의 각 부분(部). **서명 서** • 署名(서명) 자기의 이름(名)을 문서에 써넣음(署): 서류나 문서의 내용을 찬동하거나 인정하는 표지로 자기 이름을 적음. **관청 서** • 消防署(소방서) 소방(消防)에 관한 일을 맡아보는 기관(署).
732	䒷	着	양(羊)은 눈(目)만 빼고 옷을 입은 듯이 털이 전신에 **붙어 있다**. **붙을 착** • 附着(부착) 떨어지지 아니하게(附) 붙다(着). • 到着(도착) 목적한 곳(到)에 다다름(着). * 着: 지금 서로 붙어 있다. * 著: 분명히 나타나다. * 着=著
733	䒷	著	풀(艹)의 섬유로 만든 의복을 이것저것 수집하여 몸에 걸쳐 입어(者), **뚜렷이 보이다**. **나타날 저** • 顯著(현저) 드러나서(顯) 두드러짐(著).
734	羞	羞	손님에게 좋은 음식(羊)을 대접하지만, 차린 것이 부족하여 손(丑)이 부끄럽다. **부끄러울 수** • 閉月羞花(폐월수화) 달(月)도 숨고(閉) 꽃(花)도 부끄러워한다(羞): 절세의 미인을 비유. * 丑: 소 축, 수갑 축
735	像	像	사람(亻)들이 상상하는 코끼리(象) 모양. **모양 상** • 想像(상상) 실제로 경험하지 않은 현상이나 사물에 대하여 마음속으로(想) 그려 봄(像).
736	惑	惑	의심하는(或) 마음(心). **미혹할 혹** • 迷惑(미혹) 마음이 흐려서(迷) 무엇에 홀림(惑). • 不惑(불혹) 미혹(惑)하지 아니한다(不): 마흔 살을 일컫는 말.
737	惜	惜	오래(昔) 전부터 마음(忄)으로 **아끼던 것이 없어져** 안타깝다. **애석할 석** • 哀惜(애석) 소중히 여기는 것을 잃어 슬프고(哀) 아깝다(惜). • 惜別(석별) 서로 애틋하게(惜) 이별함(別).

번호	고문	해서	설 명
738	唯(고문)	唯	새(隹)의 지저귐(口)을 **오직** 새들만 알아들을 수 있음. **오직 유** • 一切唯心造(일체유심조) 모든 것(一)은 오로지(唯) 마음(心)이 지어내는 것(造). • 唯一(유일) 오직(唯) 하나(一).
739	誰(고문)	誰	새(隹)의 말(言)이 **무슨** 뜻인지 **누구**도 알아들을 수 없음. **누구 수** • 誰怨誰咎(수원수구) 누구(誰)를 원망(怨)하며 누구(誰)를 탓하랴(咎): 남을 원망하거나 꾸짖을 것이 없음. ＊隹(새 추) 하늘의 신과 마을의 주민을 연결해 주는 새로 여김: 주술적 특징이 있음.
740	惟(고문)	惟	단 하나(唯→隹)만 마음(心)으로 **생각하다**. **생각할 유** • 思惟(사유) 대상을 두루 생각하는 일. **오직 유** • 惟一(유일) 오직(惟) 하나(一). ＊惟一=唯一
741	想(고문)	想	나무(木)를 자세히 보듯이(目) 자신의 내면을 자세히 들여다보고 **생각하다(心)** **생각 상** • 構想(구상) 어떤 일을 어떠한 계획으로 하겠다고 하는(構) 생각(想).
742	惹(고문)	惹	신의 뜻에 **이끌리는** 어린 무녀(若)의 마음(心). **이끌 야** • 惹起(야기) 무슨 일이나 사건 따위를 끌어(惹) 일으킴(起).
743	儀(고문)	儀	사람(亻)의 행동이 올바름(義). **거동 의** • 禮儀(예의) 사회생활과 사람과의 관계에서, 공손하며 삼가는 말(禮)과 몸가짐(儀). **의식 의** • 儀式(의식) 행사를 치르는(儀) 일정한 법식(式).
744	鄕(고문)	鄕	시골 집(乡)에서 음식(皀)을 마을(阝) 사람들과 즐기다. **시골 향** • 故鄕(고향) 자기가 태어나고 자란(故) 고장(鄕). ＊乡: 시골 향, 장소 향.
745	雍(고문)	雍	시내로 둘러싸인(氵→亠) 곳(●→乡)에 사는 새(雚→隹)는 안전하고 화락하다. **화할 옹** • 時雍之政(시옹지정) 세상(時)을 화평(雍)하게 다스리는(之) 정치(政).
746	擁(고문)	擁	두 손(扌)으로 껴안다(雍).

번호	고문	해서	설 명
			낄 옹
			• 擁護(옹호)두둔하고 편들어(擁) 지킴(護).
747		壅	흙(土)을 쌓아 빙 둘러 막다(雍).
			막을 옹
			• 壅拙(옹졸) 성품이 너그럽지 못하고(壅) 생각이 좁다(拙).
748	昍	多	고기(肉→月→夕)를 쌓은 모양.
			많을 다
			• 多多益善(다다익선) 많으면(多) 많을수록(多) 더욱(益) 좋다(善).
749	禺	禺	1. 나무늘보(禺)는 사람을 많이 **닮았지만** 사람보다 지능이 낮아 **어리석다고** 봄.
			2. 이동생활을 하다가 **뜻하지 않은**(우연히/계획 없이) 곳(또는 시간)에서 잠을 잠.
			* 어리석은 짝을 우연히 만날 우
750	愚	愚	마음(心)의 움직임이 나무늘보처럼 매우 느려(禺), **어리석다고** 봄.
			어리석을 우
			• 愚鈍(우둔) 어리석고(愚) 둔함(鈍).
751	偶	偶	나(亻)랑 닮은 짝(禺)을 **우연히** 만남.
			짝 우
			• 配偶者(배우자) 부부의 한쪽(配)에서 본 다른(偶) 쪽(者).
			우연 우
			• 偶然(우연) 아무런 인과관계가 없이(偶) 뜻하지 아니하게 일어난 일(然).
752	遇	遇	길을 가다(辶) 우연히 **만나다**(偶→禺)
			만날 우
			• 盲龜遇木(맹귀우목) 눈먼(盲) 거북(龜)이 물에 뜬 나무(木)를 만났다(遇): 어려운 지경에 뜻밖의 행운을 만나 어려움을 면하게 됨.
753	愛	愛	사랑하는 마음(心)을 감싼(冖) 후 손(爪)과 발(夂)로 보호하다.
			사랑 애
			• 愛憎(애증) 사랑(愛)과 미움(憎)을 아울러 이르는 말.
754	咸	咸	큰 싸움을 앞두고 병사들이 날카로운 창을 들고(戌) 다 같이 함성을 외쳐(口), 사기를 높이고 기선을 제압하다.
			모두 함/두루 미칠 함
			• 咸集(함집) 모두(咸) 모임(集).
755		喊	많은 사람 모두(咸) 소리침(口).
			소리칠 함
			• 喊聲(함성) 많은 사람들이 함께 지르는 고함(喊) 소리(聲).
756	感	感	마음(心)으로 모조리(咸) **느끼다**.

번호	고문	해서	설 명
			느낄 감 • 感情(감정) 사물에 느끼어(感) 일어나는 마음(情). • 感想(감상) 마음에 느끼어(感) 생각함(想).
757		憾	느낀 것(感) 중 마음(忄)에 두고두고 남아 있는 섭섭함. <hr>**섭섭할 감** • 遺憾(유감) 마음에 차지 아니하여 섭섭하거나 불만스럽게(憾) 남아 있는(遺) 느낌.
758	減	減	물(氵)이 두루 미쳐(咸) 땅 속으로 스미고 증발되어 **줄어들다**. <hr>**덜 감** • 減少(감소) 줄어서(減) 적어짐(少).
759	箴	箴	대나무(竹) 바늘(咸)로 찔러 정신을 차리게 하다. <hr>**경계 잠** • 箴言(잠언) 가르쳐서 훈계가 되는(箴) 말(言).
760	鍼	鍼	금속(金)으로 만들어진 침(咸). <hr>**침 침** • 鍼灸(침구) 침질(鍼)과 뜸질(灸).
761	針	針	금속(金)으로 만들어진 귀가 있는 바늘(十)로, 자성이 있어 일정한 **방향**을 가리킴. <hr>**바늘 침** • 針線(침선) 바늘(針)과 실(線): 바느질. • 方針(방침) 앞으로 일을 치러 나갈 방향(方)과 계획(針): 방위를 가리키는 자석의 바늘.
762	鹵	鹵	소금(㸚)이 점령한(占) 밭. <hr>**소금밭 로(노)/노략질할 로(노)** * 노략질: 소금을 긁어모으듯 사람을 해치거나 재물을 강제로 **빼앗는** 짓.
763	鹹	鹹	**짠** 맛(鹵)이 입 안 전체에 미치다(咸). <hr>**짤 함** • 鹹水(함수) 염분이 들어 있는(鹹) 물(水).
764	夢	夢	저녁(夕)에 침대(一)에 누워 눈(罒)을 감고(艹) 꿈을 꾸다. <hr>**꿈 몽** • 同床異夢(동상이몽) 같은(同) 침상(寢)에서 서로 다른(異) 꿈을 꾼다(夢): 겉으로는 같이 행동하면서 속으로는 각기 딴 생각을 함.
765	焦	焦	새(隹)를 불(火→灬)에 태우는 것처럼, 마음이 불에 타 **초조하다**. <hr>**탈 초** • 焦土化(초토화) 불에 타서(焦) 검게 그을린 흙(土)이 된다(化): 초토가 되거나 초토로 만드는 것. **애태울 초**

번호	고문	해서	설 명
			• 焦燥(초조) 애를 태워서(焦) 마음을 졸이는(燥) 모양. • 勞心焦思(노심초사) 마음(心)을 수고롭게(勞) 하고 생각(思)을 너무 깊게 함 (焦).
766	𠫓	充	막 출산된 아기(𠫓→𠫌)를 **양육하여** 어른(儿)이 되도록 하다. **채울 충** • 補充(보충) 모자람을 보태어(補) 채움(充).
767	𡙕	奏	아름다운 나무(丰→𡗗)를 두 손(廾)으로 하느님(天)에게 **바치다.** **아뢸 주** • 欣奏累遣(흔주누견) 기쁨(欣)은 아뢰고(奏) 더러움(累)은 보냄(遣). **연주할 주** • 演奏(연주) 여러 사람 앞에서 악기를 다루어(演) 음악을 들려 줌(奏).
768	𡘺	奔	두 팔과 두 다리를 벌린 사람(大)이 힘 있게(卉) 달리다. **달릴 분** • 狂奔(광분) 어떤 일을 꾀하여 미친 듯이(狂) 날뛰는(奔) 것. *卉: 풀 훼/성할 훼
769	𠮠	召	**인간의 한계를 뛰어넘고자** 제례의식용 칼(刀)을 제단에 올리고 신을 **부르다(口).** **부를 소** • 召命(소명) 임금이 신하를 부르는(召) 명령(命).
770	昭	昭	해(日)를 불러와(召) **밝게** 하여 **분명히 하다.** **밝을 소** • 昭詳(소상) 분명(昭)하고 자세(詳)함.
771	𤏗	照	해(日)와 불(火→灬)을 불러와(召) 비추다. **비칠 조** • 照明(조명) 빛으로 밝게(明) 비추는(照) 것.
772	𢮥	招	손짓하며(扌) 누군가를 부르다(召). **부를 초** • 招待(초대) 사람을 불러(招) 대접함(待).
773	𥣫	慮	빙 둘러 싸인(虜→虍) 마음(思)으로 한가지 만 생각하다. **생각할 려(여)** • 千慮一得(천려일득) 천 번(千)을 생각하면(慮) 한 번(一) 얻는 것(得)이 있다: 많이 생각할수록 좋은 것을 얻음. **걱정할 려(여)** • 憂慮(우려) 애태우며(憂) 걱정하는(慮) 것.
774	𥦀	盧	1. 호랑이 가죽(虍)으로 빙 **둘러싸듯** 물레를 돌려 만든(虜) 그릇(皿)으로, 아가리가 작은 **항아리 또는 화로.** 2. 화로의 주 연료로 갈대를 사용했고, 그로 인해 화로가 **검게** 그을림.

번호	고문	해서	설 명
			밥그릇 로/화로 로/갈대 로/검을 로
775		蘆	항아리 모양(盧)처럼 빙 **둘러싸듯** 자라는 갈대(艹). **갈대 로** • 蘆葦(노위) 갈대.
776		爐	화력(火)이 달아나지 못하게 빙 **둘러싼** 설비(盧). **화로 로** • 火爐(화로) 열을 이용하기 위하여 불(火)을 담아 두는 그릇(爐).
777	廬	廬	항아리 모양으로 빙 **둘러싸듯**(盧) 얼기설기 지은 집(广). **농막집 려** • 三顧草廬(삼고초려) 유비가 제갈공명의 풀(草)로 지은 오두막집(廬)을 세 번(三)이나 찾아가(顧) 군사로 초빙한 데서 유래: 인재를 맞이하기 위해 참을성 있게 힘씀.
778	𦥑	共	제기(廿)를 공손히 **두 손**(卝)으로 **들다**. **함께 공** • 共存共榮(공존공영) 함께(共) 살고(存) 함께(共) 번영(榮)함. ＊제기(祭器): 제사 때에 쓰이는 그릇.
779	𡚬	女	두 손을 모으고(㔾) 무릎을 꿇고 있는 모습(一). **여자 여** • 熊女(웅녀) 단군 신화에 나오는 단군의 어머니: 단군 신화에 따르면 원래 곰(熊)이 있으나 동굴 속에서 햇빛을 보지 않고 쑥과 마늘만 먹는 시련을 견디어 여자(女)로 환생한 후, 환웅과 혼인하여 단군을 낳았다고 함.
780	𲈧	俗	**산골짜기**(谷)가 가른 지역마다 가지고 있는 **고유의 풍습**을 가진 사람(亻)들이 있다. **풍속 속** • 俗世(속세) 현실을 속(俗)되다고 보는 처지에서 현실 사회(世)를 일컫는 말.
781	𠬝	卒	관노들이 입던 옷에 X자 문양을 넣어 신분을 구분하고, 계급이 가장 낮은 병졸들이 입게 되며 전투력이 약해서 '마치다'나 '죽다'로 사용됨. **마칠 졸** • 烏合之卒(오합지졸) 까마귀(烏)가 모인(合) 것 같은(之) 병졸(卒): 질서 없이 어중이떠중이가 모인 군중.
782	酉	酉	술 단지 모양. **술 단지 유/닭 유**
783	酒	酒	술을 담는 그릇(酉)의 술(氵). **술 주** • 燒酒(소주) 쌀이나 수수 또는 그 밖의 잡곡을 쪄서 누룩과 물을 섞어 발효시켜 증류(燒)한 무색투명의 술(酒).

번호	고문	해서	설 명
784	酋	酋	잘 숙성되어 향기가 나는(八) 술(酉)을 **우두머리**가 관리하다. **우두머리 추** • 酋長(추장) 원시 사회에서 생활 공동체를 통솔하고 대표하던 우두머리.
785	尊	尊	높은 분(酋)에게 공손히 술을 따르는(寸) 모습. **높을 존** • 尊嚴(존엄) 높고(尊) 엄숙(嚴)함. • 尊重(존중) 높이어(尊) 귀중하게(重) 대함.
786	遵	遵	존경(尊)하기에 순순히 따라가다(辶). **좇을 준** • 遵守(준수) 그대로 좇아(遵) 지킴(守).
787	醉	醉	죽을 만큼(卒) 술(酒→酉)에 취해있다. **취할 취** • 痲醉(마취) 독물·약물로 인해 감각을 잃고(醉) 자극에 반응할 수 없게 일시적으로 마비(痲)시키는 일.
788	酷	酷	독한 술(酒→酉)과 조상에게 올리기 위하여 **참혹**하게 희생된 소(告). **심할 혹** • 苛酷(가혹) 모질고(苛) 혹독함(酷).
789	連	連	수레(車)가 길에 **연이어** 다니는(辶) 모습. **잇닿을 련** • 連繫(연계) 이어서(連) 매는(繫) 일.
790	妥	妥	남편의 손(爫)만이 자기 부인(女)을 온당히 안을 수 있다. **온당할 타** • 穩當(온당) 사리에 어그러지지 않고(穩) 알맞음(當). • 妥當(타당) 사리에 맞아(妥) 마땅함(當).
791	冶	冶	고체인 얼음(冫)을 부드럽게 하는 일(台)은 광석을 용광로에 녹여 함유한 금속을 분리·추출하여 **제련**하는 일 또는 **단장**하는 일과 같음. **제련 야** • 陶冶(도야) 도공(陶)과 주물공(冶): 도기(陶)를 만드는 일과 주물(冶)을 만드는 일/심신을 닦아 기름. **단장할 야** • 冶容(야용) 얼굴을 예쁘게(容) 단장함(冶). ＊容: 얼굴 용, 치장할 용
792	懈	懈	마음(忄)이 풀어져(解) 게으르게 됨. **게으를 해** • 懈怠(해태) 행동이 느리고(懈) 움직이거나 일하기를 싫어하는(怠) 태도나 버릇.

번호	고문	해서	설 명
793	冓	冓	짜거나 재목을 어긋매끼어 쌓다. 짤 구
794	構	構	나무(木)를 서로 얽어낸다(冓). 얽을 구 • 構築(구축) 어떤 시설물을 쌓아 올려(構) 만듦(築): 체제, 체계 따위의 기초를 닦아 세움.
795	講	講	말(言)을 짜 맞추고(冓) 비교도 해보고 상대방이 알아듣게 **이야기하다.** 이야기할 강 • 講讀(강독) 책을 읽고(讀) 그 뜻을 밝힘(講).
796	秋	秋	가을에 곡식(禾)을 수확한 후, 경작지에 불(火)을 질러 병충해를 제거하고, 재는 거름으로 이용됨. 가을 추 • 春秋(춘추) 봄(春)과 가을(秋): 어른의 나이에 대한 존칭/춘추시대의 줄임/공자가 엮은 것으로 유학에서 오경의 하나로 여김.
797	委	委	**구부러진** 곡식(禾)같이 나이든 여자(女)가 힘이 없어 남에게 자신을 **맡기다.** 맡길 위 • 委託(위탁) 맡기어(委) 부탁(託)함.
798	萎	萎	풀(++)이 구부러져(委) **시들다.** 시들 위 • 萎縮(위축) 마르고 시들어서(萎) 오그라지고 쪼그라듦(縮): 우그러져 펴지 못함.
799	矮	矮	화살(矢)이 구부러져(委) 짧다. 난쟁이 왜 • 矮小(왜소) 몸뚱이가 작고(小) 초라하다(矮).
800	釣	釣	금속(金)으로 된 미늘이 있는 낚시 바늘(勺). 낚을 조 • 釣而不網(조이불망) 낚시질(釣)은 해도(而) 그물질(網)은 하지 않는다(不): 무슨 일이나 정도를 넘지 않는 훌륭한 인물의 태도를 이르는 말. * 미늘: 낚시 끝의 안쪽에 있는, 거스러미처럼 되어 고기가 물면 빠지지 않게 만든 작은 갈고리.
801	匿	匿	신의 뜻(若)을 상자(匚)에 넣어 **숨기다.** 숨길 닉 • 匿名(익명) 어떤 일을 하면서 자기 신분(名)을 드러내지 않기 위해 이름을 밝히지 않는(匿) 상태.
802	致	致	이르게(至) 하다(攵). 이를 치

번호	고문	해서	설 명
			• 言行一致(언행일치) 말(言)과 행동(行)이 하나(一)로 들어맞음(致)
803	縣	縣	고을의 성문에 범죄자의 머리를 잘라서 거꾸로(首→県) **매달아**(系) 놓고, 대중에게 악을 경계함. 고을 현 • 郡縣(군현) 군현 제도에서의 군(郡)과 현(縣)을 아울러 이르는 말.
804	懸	懸	머리(首→県)가 매달린(系) 것처럼 마음(心)이 걸리다. 매달 현 • 猫項懸鈴(묘항현령) 고양이(猫) 목(項)에 방울(鈴) 달기(懸): 실행하지 못할 일을 공연히 의논만 한다는 말.
805	臺	臺	높고(高→高) 평평한(一) 무대에 이르다(至). 대 대 • 舞臺(무대) 노래, 춤(舞), 연극 따위를 하기 위하여 마련된 곳(臺).
806	爻	爻	교차(爻)하거나 대상을 종합하여 **연결**하는 법을 배우다. 사귈 효 • 數爻(수효) 사물(爻)의 수(數).
807	希	希	자수(爻)를 놓은 비싼 천(巾)은 **드물지만**, 그런 천을 갖기 **바라다**. 바랄 희 • 希望(희망) 어떤 일을 이루거나 하기를 바람.
808	稀	稀	곡식(禾)을 드물게(希) 심어야 수확이 좋다. 드물 희 • 稀貴(희귀) 드물어(稀) 매우 귀함(貴).
809	栔	栔	약속을 목판에 칼(刀)로 새긴(丰) 후 반으로 나누어 갖고, 약속을 지킴. 맺을 계
810	契	契	사람(大) 사이의 굳은 결의(栔). 맺을 계 • 契約(계약) 사람과 사람이 맺는(契) 약속(約).
811	扁	扁	집의 지붕(戶→尸)에 작은 구멍이 나서 빗물(雨)이 **새다**. 샐 루
812	漏	漏	물(氵)이 새다(扁). 샐 루 • 自擊漏(자격루) 물이 흐르는 것(漏)을 이용하여 스스로(自) 소리를 나게(擊)해서 시간을 알리도록 만든 것으로 나무로 되어 있고 동자 인형 모양임: 국보 제229호.

번호	고문	해서	설 명
813	訂	訂	말(言)의 잘못된 부분을 **바로잡아 고정하다**(丁). **바로잡을 정** • 訂正(정정) 잘못을 고쳐서(訂) 바로잡음(正).
814	暴	暴	물(水→氺)에 젖은 것(廿)을 두 손(廾)으로 내어 **갑자기 뜨거운 햇빛**(日)에 쬐다. **사나울 폭(물리적인 힘을 불법적으로 사용)** • 暴力(폭력) 남을 거칠고 사납게(暴) 제압할 때에 쓰는 주먹이나 발 또는 몽둥이 따위의 수단이나 힘(力). **모질 포(모질고 사나운 성격)** • 暴惡(포악) 사납고(暴) 악함(惡). • 暴棄(포기) 절망에 빠져 자신을 스스로 포기하고 돌아보지 아니함. **갑자기 폭(갑작스런 변화)** • 暴騰(폭등) 물가·주가 등이 갑자기 대폭적으로(暴) 오름(騰).
815	爆	爆	불(火)이 사납게 되어(暴) **터지다**. **터질 폭** • 爆彈(폭탄) 인명 살상이나 구조물 파괴를 위하여 금속 용기에 폭약을 채워서 던지거나 쏘거나 떨어뜨려서 터뜨리는(爆) 폭발물(彈).
816	劣	劣	힘이(力) 부족하다(少). **못할 렬(열)** • 拙劣(졸렬) 옹졸(拙)하고 비열(劣)함: 서투르고 보잘것없음.
817	尿	尿	사람(尸)의 오줌(水). **오줌 뇨** • 糞尿(분뇨) 똥(糞)과 오줌(尿).
818	舌	舌	입(口)안이 혀(干). **혀 설** • 舌禍(설화) 말(舌)을 잘못하여 받게 되는 해(禍).
819	話	話	혀(舌)를 움직여 말(言)을 하다. **말씀 화** • 對話(대화) 마주 대(對)하여 서로 의견을 주고받으며 이야기하는 것(話).
820	刎	刎	마을의 깃대(勿)를 칼(刂)로 베는 것처럼 목을 베다. **목벨 문** • 刎頸之交(문경지교) 목(頸)을 벨(刎) 수 있는(之) 벗(交): 생사를 같이 할 수 있는 매우 소중한 벗.

번호	고문	해서	설 명
821	形 / 共1	刑	1. 형틀(幵)과 형벌용 칼(刂). 2. 구덩이를 파고 구덩이에 죄인을 넣은 후 틀로 막거나(井) 칼로 벌을 내림(刂). **형벌 형** • 刑罰(형벌) 죄지은 사람에게 주는(刑) 벌(罰).
822	茣	莫	해(日)가 초원(艸→茻) 아래로 사라져 **없다** **없을 막** • 莫重(막중) 더할 수 없이(莫) 중대하다(重). • 後悔莫及(후회막급) 아무리 후회(後悔)하여도 다시 어찌할(及) 수가 없음(莫): 일이 잘못된 뒤라 아무리 뉘우쳐도 어찌할 수 없음.
823	暮	暮	해(日)가 져서(莫) 어두워지다. **저물 모** • 日暮途遠(일모도원) 날(日)은 저물었는데(暮) 갈 길(途)은 멀다(遠): 이미 늙어 앞으로 목적한 것을 쉽게 달성하기 어렵다는 말.
824	模	模	없는(莫) 틀을 **본떠서** 나무(木)로 만들었는데, 본뜬 것이 본과 다를 수 있어 **모호하다.** **본뜰 모** • 模範(모범) 본받아(模) 배울 만한 본보기(範). **모호할 모** • 模糊(모호) 흐리어(模) 똑똑하지 못함(糊).
825	慕	慕	없어서(莫) 마음(忄)에 그리다. **그릴 모** • 思慕(사모) 애틋하게 생각하고(思) 그리워함(慕): 우러러 받들고 마음속 깊이 따름.
826	寞	寞	집(宀)안에 아무 것도 없어(莫) 고요하다. **고요할 막** • 寞寞(막막) 고요하고(寞) 쓸쓸함(寞). • 寂寞(적막) 고요하고(寂) 쓸쓸함(寞): 의지할 데 없이 외로움.
827	摸	摸	없는(莫) 상태에서 손(扌)으로 **찾아 본뜨다.** **본뜰 모/찾을 모** • 暗中摸索(암중모색) 어둠(暗) 속에서(中) 손을 더듬어(摸) 찾는다(索): 어림짐작 으로 사물을 알아내려 함.
828	幕	幕	천(巾)을 덮어 어둡게(莫) 가리다. **장막 막** • 帳幕(장막) 한데에서 볕 또는 비를 막고 사람이 들어가 있도록 둘러치는(帳) 막 (幕): 안을 보지 못하게 둘러치는 막.

번호	고문	해서	설 명
829	山	丘	두 개의 작은 언덕으로, 언덕(厂)과 언덕(丁) 사이가 텅 빈(一) 곳. **언덕 구** • 丘陵(구릉) 언덕, 나직한 산.
830	虗	虛	항아리(庸→虍) 모양처럼 속인 빈 구릉(业)으로, 분지모양의 구릉은 안이 비어있음. **빌 허** • 虛實(허실) 허함(虛)과 실함(實):거짓과 참. • 名不虛傳(명불허전) 이름(名)은 헛되이(虛) 전(傳)해지는 법이 아니다(不): 명성이나 명예가 널리 알려진 데는 다 그럴 만한 이유가 있음. * 业=业=丘
831	戲	戲	살상용이 아닌 군악용(虍) 창(戈)으로 놀다. **놀이 희** • 戲劇(희극) 익살을 부리는(戲) 연극(劇). * 虘=虛
832	樵	樵	태울(焦) 나무(木)를 구하다. **나무할 초** • 樵童(초동) 나무하는(樵) 아이(童)
833	所	所	도끼(斤) 따위의 어떤 지위의 상징이 되는 물건을 둔 집(戶)으로 **장소 또는 어떤 결과로 된 것**을 뜻함 **바 소** • 住所(주소) 사는(住) 곳(所). • 所得(소득) 일한 결과(所)로 얻은 정신적·물질적 이익(得). • 所望(소망) 바라는(望) 것(所).
834	才	才	땅속에 뿌리(扌)를 두고 지표(一) 위로 올라오는 **새싹(十)의 탁월한 재주.** **재주 재** • 才能(재능) 개인이 타고난(才) 능력과 훈련에 의하여 획득된(能) 능력.
835	喬	矞	물건을 올려놓는 대(冏)에 꽂아 놓은 창(矛)이 실질 이상으로 **과시하다.** **송곳질할 율/속일 휼** * 冏: 빛날 경(창문에 빛이 들어와 밝은 모양)
836	橘	橘	창처럼 큰 가시가 달린(矞) 귤나무(木). **귤 귤** • 橘化爲枳(귤화위지) 강남의 귤(橘)을 강북에 심으면(化) 탱자(枳)가 된다(爲): 사람도 환경에 따라 기질이 변한다는 말.
837	司	司	말(㠯→口)과 손짓으로 **맡은 일을 지시하는 사람(⺕→⺕).** **맡을 사** • 司會(사회) 회의(會)나 예식 등의 진행을 맡아봄(司).

번호	고문	해서	설 명
838	詞(고문)	詞	말(言)에서 **맡은**(司) 역할. **말 사/글 사** • 動詞(동사) 사물의 동작(動)이나 작용을 나타내는 품사(詞).
839	詩(고문)	詩	일정한 법도(寸)에 맞게 행하는(止→土) 말(言). **시 시** • 敍事詩(서사시) 서정시, 극시와 함께 시의 3대 부문의 하나: 국민적, 민족적 집단의 역사적 사건(事)이나 신화 또는 전설과 영웅의 사적을 장시로 꾸미어(敍) 객관적, 비개성적으로 읊은 시(詩).
840	扶(고문)	扶	장정(夫)이 손(扌)으로 돕다. **도울 부** • 相扶相助(상부상조) 서로(相) 돕고(扶) 서로(相) 거들다(助).
841	朱(고문)	朱	나무(木) 줄기를 **자르면**(乍→宀) 안쪽이 **붉다**. **붉을 주** • 近朱者赤(근주자적) 붉은(朱) 것(者)을 가까이하면(近) 붉어진다(赤): 주위 환경이 중요함을 비유적으로 이르는 말. ＊朱: 적심목(赤心木)
842	誅(고문)	誅	칼로 자르는 것처럼, 말(言)로 자르다(朱). **벨 주** • 筆誅墨伐(필주묵벌) 붓(筆)과 먹(墨)으로 책망(誅)하고 공격(伐)한다: 남의 죄과를 신문·잡지 따위를 통해 글로써 공격함을 이르는 말.
843	誘(고문)	誘	빼어난(秀) 말(言)솜씨로 꾀어내다. **꾈 유** • 誘惑(유혹) 남을 꾀어서(誘) 정신을 어지럽게(惑) 함.
844	骨(고문)	骨	뼈(冎)와 뼈에 붙어있는 살(月). **뼈 골** • 刻骨難忘(각골난망) 입은 은혜에 대한 고마운 마음이 뼈(骨)에까지 사무쳐(刻) 잊혀지지(忘) 아니함(難).
845	犯(고문)	犯	개(犭)가 사람(巳)을 해치다. **범할 범** • 犯罪(범죄) 죄(罪)를 저지름(犯).
846	勇(고문)	勇	알맞은 방법(用)을 연결하여(龴) 막힌 길을 **날쌔게** 뚫는 힘(力). **날랠 용** • 勇將弱卒(용장약졸) 용감(勇)하고 강한 장수(將)에게는 약(弱)하고 비겁한 병사(卒)는 없음.

번호	고문	해서	설 명
847	㹏	狐	개(犭)를 닮고, 덩굴에 오이가 매달린 것처럼 크고 긴 꼬리(瓜)를 가진 여우. **여우 호** • 狐死首丘(호사수구) 여우(狐)는 죽을(死) 때가 되면 제가 살던 굴 있는 언덕(丘)으로 머리(首)를 돌린다: 근본을 잊지 않음/고향을 그리워함.
848	朕	勝	힘(力)을 합하여(朕) 배(舟→月)를 이끌고 가서 **이기다**. **이길 승** • 勝負(승부) 이김(勝)과 짐(負).
849	旨	旨	수저(匕)로 **자신의 뜻**에 맞는 **맛있는** 음식(日)을 먹다. **맛있을 지** • 旨甘(지감) 맛좋고(旨) 단(甘) 음식: 어버이를 봉양하는 음식. **뜻 지** • 趣旨(취지) 어떤 일의 근본이 되는 목적(趣)이나 긴요한 뜻(旨).
850	脂	脂	맛있는(旨) 부분의 고기(月)는 **지방**임. **기름 지** • 脂肪(지방) 지방산과 글리세롤이 결합한 유기 화합물. • 樹脂(수지) 소나무나 전나무 등의 나무(樹)에서 분비하는 점도가 높은 액체(脂).
851	指	指	자신의 뜻(旨)을 손(扌)으로 가리키다. **가리킬 지** • 指鹿爲馬(지록위마) 사슴(鹿)을 가리켜(指) 말(馬)이라고 한다(爲): 사실이 아닌 것을 사실로 만들어 강압으로 인정하게 됨.
852	雚	雚	1. 두 개의 도가머리(++)가 달린 황새(隹)가 큰 눈(吅)으로 물고기의 움직임을 **집중적**으로 **살펴보다가** 낚아챈다. 2. 나무 위에서 긴 다리로 **균형을 유지하는** 황새. 3. 배가 불룩하고 목 좁은 아가리가 있는 **황새 모양의 그릇**에 물을 **담다**. 4. 황새 목 모양의 기다란 통으로 **물을 대다**. **황새 관**
853	權	權	나무(木)로 된 황새모양의 저울추(雚)의 가감으로 **균형을 유지하는** 힘. **권세 권** • 權勢(권세) 권력(權)과 세력(勢)을 아울러 이르는 말. • 權謀術數(권모술수) 목적 달성(權)을 위하여 수단과 방법을 가리지 아니하는 온갖 모략(謀)이나 어떤 일을 꾸미는 꾀(術)나 방법(數). **저울추 권** • 權稱(권칭) 저울추(權)와 저울대(稱): 사물의 경중을 고르게 함.
854	灌	灌	물(氵)을 관(雚)으로 대다. **물댈 관** • 灌漑(관개) 농사를 짓는 데 필요한 물을 논밭에 대는 것.

번호	고문	해서	설 명
855	歡	歡	황새(雚)가 번식기에 부리를 빠르게 부딪쳐 소리를 내며(欠) 기뻐하다. **기쁠 환** • 歡迎(환영) 오는 사람을 기쁜 마음(歡)으로 반갑게 맞음(迎).
856	勸	勸	힘(力)을 집중(雚)하도록 권하다. **권할 권** • 勸告(권고) 어떤 일을 하도록(告) 권함(勸).
857	錐	錐	금속(金)으로 된 새(隹)의 부리처럼 가늘고 날카로운 송곳. **송곳 추** • 試錐(시추) 지하자원을 탐사(試)하거나 지층의 구조나 상태를 조사하기 위하여 땅속 깊이 구멍을 파는 일(錐).
858	品	品	품격별로 정리해 놓은 물건. **물건 품** • 商品(상품) 사고파는(商) 물품(品). **품격 품** • 性品(성품) 성질(性)과 품격(品).
859	區	區	상자(匚) 안에 품격별로 정리하여 **구분**해 놓은 물건(品). **구분할 구** • 區分(구분) 따로따로 갈라(區) 나눔(分).
860	千	千	사람을 뜻하는 인(亻)자의 다리 부분에 획(一)을 하나 그어, '일천'으로 사용함. **일천 천** • 一日千秋(일일천추) 하루(一日)가 천 년(千秋) 같다: 사랑하는 사람끼리의 사모하는 마음이 간절함/뜻대로 만날 수 없는 초조함.
861	哥	哥	계속 이어서(丁) 하는 말(口). **노래 가/형 가/오빠 가**
862	歌	歌	입을 크게 벌리고(欠) 노래(哥)를 하다. **노래 가** • 歌手(가수) 노래 부르는 것(歌)을 직업으로 삼는 사람(手).
863	荒	荒	풀(艹)도 없고(亡) 물(川→巛)도 없어(亡) 매우 거칢. **거칠 황** • 荒蕪地(황무지) 손을 대어 거두지 않고 내버려 두어(荒) 거친(蕪) 땅(地). • 荒唐(황당) 언행이 허황(荒)하여 믿을 수 없음(唐).
864	朿	朿	나무(木)의 가시(一)로 **찌르다**. **찌를 자** * 朿→刺: 찌를 자/棘: 찌를 극

111

번호	고문	해서	설 명
865	𣐽	刺	칼(刂)로 찌르다(朿). **찌를 자** • 刺戟(자극) 어떠한 작용을 주어(刺戟) 감각이나 마음에 반응이 일어나게 함.
866	𥬔	策	대나무(竹)로 만든 **채찍**(朿)으로 말을 달려 승리하는 **꾀**. **꾀 책** • 政策(정책) 국리민복을 증진하려고 하는 시정(政)의 방법(策). **채찍 책** • 鞭策(편책) 말을 모는 데에 쓰는 나무 회초리(策)나 댓가지 끝에 노끈이나 가죽 오리를 달아서 만든 물건(鞭).
867	議	議	올바른 것(義)을 묻다(言). **의논할 의** • 論議(논의) 서로 의견을 논술(論)하여 토의(議)함.
868	𠨍	卬	무릎 꿇은 사람(卩)이 당당한 **나**(匸)를 우러러보다. **우러러볼 앙/나 앙**
869	𠂼	仰	사람(亻)이 우러러보다(卬). **우러러볼 앙** • 信仰(신앙) 믿고(信) 받드는 일(仰).
870	𨒅	迎	우러러(卬) 맞이하다(辶) **맞을 영** • 迎接(영접) 손님을 맞아서(迎) 대접(接)함. • 送舊迎新(송구영신) 묵은(舊) 해를 보내고(送) 새(新)해를 맞는다(迎).
871	𢬲	抑	내(匸)가 손(扌)으로 무릎 꿇은 사람(卩)을 누르다. **누를 억** • 抑壓(억압) 자기의 뜻대로 자유로이 행동하지 못하도록 억지로(抑) 억누름(壓).
872	𡩡	印	손(爪→⼇)으로 누르는(抑→卩) 도장. **도장 인** • 捺印(날인) 도장(印)을 찍음(捺).
873	歲	歲	1. 낫(戉)으로 농작물을 수확하다(步). 2. 음력9월(戉)에 농작물을 수확하다(步). **해 세** • 維歲次(유세차) 이(維) 해(歲)의 차례(次): 제문의 첫머리에 쓰는 문투. * 농작물 수확을 가을에 한 번 하므로, 가을을 1년으로 봄.
874	㞷	疌	달려가(㞢→走) **빨리** 잡다(又→彐). **빠를 첩/이길 첩**

번호	고문	해서	설 명
875	㨗	捷	손(扌)으로 **빨리 잡아(疌) 이기다.** **빠를 첩** • 捷徑(첩경) 멀리 돌지 않고 가깝게 질러(捷) 통하는 길(徑). **이길 첩** • 大捷(대첩) 전투나 경기 따위에서 크게(大) 이김(捷).
876	厤	厤	창고(厂)에 수확한 곡식을 차례차례 놓고(秝) 관리하다. **다스릴 력**
877	歷	歷	빠짐없이 차례차례(厤)로 걸어가다(止). **지날 력** • 履歷(이력) 지금까지 거쳐 온 학업, 직업, 경험(履) 등의 내력(歷).
878	曆	曆	날짜(日)를 빠짐없이 차례차례 세는(厤) 달력. **책력 력** • 曆法(역법) 책력(曆)을 만드는 법(法).
879	何	何	사람(亻)이 짐을 어깨에 멘(可) 모습으로, **어찌하여 무거운** 짐을 메게 되었는지 묻다. **어찌 하** • 六何原則(육하원칙) 역사 기사, 보도 기사 따위의 문장을 쓸 때에 지켜야 하는 기본적인 원칙: '**누가, 언제, 어디서, 무엇을, 어떻게, 왜**'의 여섯 가지. **멜 하**
880	荷	荷	커다란 **연잎(艹)모양**의 짐을 어깨에 **짊어짐(何).** **멜 하** • 荷役(하역) 짐을 **싣고 내리는(荷)** 일(役). • 賊反荷杖(적반하장) 도둑(賊)이 도리어(反) 몽둥이(杖)를 든다(荷): 잘못한 사람이 도리어 잘 한 사람을 나무라는 경우. • 負荷(부하) 맡아서 **지는** 의무나 책임. **연 하** • 荷葉(하엽) 연(荷) 잎(葉).
881	歸	歸	처가에서 본가로 **돌아가(止)** 집안에 쌓인(自) 먼지를 비(帚)로 쓸어내다. **돌아갈 귀** • 歸納(귀납) 개별적인 특수한 사실이나 원리로부터(納) 일반적이고 보편적인 명제 및 법칙을 유도해 내는 일(歸). 　*고대에는 신랑이 처가에서 일정 기간의 노동을 한 후 새색시를 자기 집으로 데리고 돌아오고, 시집가다의 뜻으로 됨. 　*自: 쌓을 퇴, 언덕 퇴 　*納: 들입 납, 받을 납, 낼 납, 바칠 납
882	掃	掃	비(帚)를 잡고(扌) 쓸다. **쓸 소**

번호	고문	해서	설 명
			• 淸掃(청소) 깨끗이(淸) 소제(掃)함.
883		繇	말(言)이 꼬이고 실(絲)도 꼬여 어지러움. **어지러울 련**
884		變	말(言)이 꼬이고 실(絲)도 꼬인 어지러운 상황을 고쳐(攵) **변하다**. **변할 변** • 變數(변수) 어떠한 대응 관계로 변화(變)하는 수(數).
885		當	밭(田)의 농작물 재배를 **맡아** 열심히 가꾸고 좋은 수확을 **마땅히** 바라다(尙). **맡을 당** • 擔當(담당) 어떤 일을 넘겨(擔) 맡음(當) **마땅 당** • 當然(당연) 도리 상 마땅히(當) 해야 할 일(然).
886		掌	손(手)이 다른 것과 **맞부딪치는 부분**(當→尙)을 장악하다. **손바닥 장** • 如反掌(여반장) 손바닥(掌)을 뒤집는 것(反)과 같이(如) 일이 썩 쉬움. • 掌握(장악) 손(掌)에 넣음(握): 세력 등을 온통 잡음.
887		襄	옷(衣)을 바르게 만들도록(冓→圭) 두 눈(吅)으로 잘 **관찰하여 도움을 주다**. **도울 양/막을 양/오를 양**
888		讓	**상대방**에게 도움을 주고(襄) **본인**은 겸손한 말(言)로 **거절하다**. **사양할 양** • 辭讓(사양) 겸손하여 받지 아니하거나(辭) 응하지 아니함(讓). • 讓步(양보) 남에게 좌석이나 길이나 물건 따위를 사양(讓)하여 물러나는 것(步).
889		壤	식물의 성장을 돕는(襄) 흙(土). **흙덩이 양** • 土壤(토양) 식물에 영양을 공급하여 자라게 할 수 있는(壤) 흙(土).
890		亂	실패(乙)의 엉킨 실(冂)을 왼손(爪)과 오른손(又)으로 실마리(乚)를 찾아 풀다. **어지러울 란(난)** • 自中之亂(자중지란) 같은(自) 편끼리(中) 하는(之) 싸움(亂). • 🔸 실패의 엉킨 실
891		辭	1. 어지러운 관계(𤔔)를 구분하는 명백한(辛) **말을 하다**. 2. 어지러운 관계(𤔔)를 끊고(辛) **그만 두다**. **말씀 사** • 讚辭(찬사) 칭찬하는(讚) 말(辭). **사퇴할 사** • 辭退(사퇴) 일정한 일을 그만두고(辭) 물러섬(退).

번호	고문	해서	설 명
892	菅	管	속이 빈 대나무(竹→⺮)에 구멍을 뚫어 만든 피리(官)로 **아름다운 소리를 내다**. **대롱 관** • 管見(관견) 대롱(管) 구멍으로 사물을 본다(見): 소견이 좁음. • 管樂器(관악기) 긴 통(管)을 이용한 금관 악기와 목관 악기(樂器)의 총칭. **주관할 관** • 主管(주관) 책임을 지고(主) 맡아 관리(管)함. • 管理(관리) 사람을 통제하고 지휘 감독하는 것: 시설이나 물건의 유지·개량 따위를 꾀하는 것. * 대롱: 가느스름한 통대의 토막. * 官: 관리 관/관청 관 * 呂: **연결**하다/쌓다.
893	𤕟	客	각처(各)에서 집(宀)으로 온 손님. **손 객** • 客席(객석) 손님(客)의 자리(席).
894	宮	容	큰 집(宀)과 골짜기(谷)에 많은 것을 담을 수 있듯이, 많은 표정을 **담을 수 있는** 얼굴. **얼굴 용** • 容貌(용모) 사람의 얼굴(容) 모양(貌). **담을 용** • 容恕(용서) 관용(容)을 베풀어 벌하지 않음(恕).
895	𡩝	害	**해를 끼치는** 무성한(丰) 말(口)이 집안(宀)에 넘치다. **해할 해** • 利害打算(이해타산) 이익(利)과 손해(害) 관계를 이모저모 따져(打) 헤아리는 일(算).
896	𠜶	割	칼(刂)로 베어(害) 나누어짐. **벨 할** • 役割(역할) 자기가 마땅히 하여야 할(割) 맡은 바 직책이나 임무(役). • 割引(할인) 일정한 값에서 얼마를 덜어(割) 냄(引).
897	𠬜	友	친한 벗과 손을 맞잡고(又又→友)있는 모습. **벗 우** • 友情(우정) 친구(友)와의 정(情).
898	畐	畐	항아리에 술이나 물건이 **가득** 차 있는 모습. **가득할 복**
899	𤲊	富	집(宀)안의 항아리(畐)에 술이나 물건이 가득 차 있어 부유하다. **부유할 부** • 貧富(빈부) 가난함(貧)과 넉넉함(富). • 富裕(부유) 재산이나 재물이 썩 많고(富) 넉넉함(裕).

번호	고문	해서	설 명
900	寤	寤	집(宀)의 침상(爿)에서 깨어있는 나(吾). **잠깰 오** • 覺寤(각오) 잠에서 깸.
901	寐	寐	집(宀)의 침상(爿)에서 자고 있음(未→未). **잘 매** • 寤寐不忘(오매불망) 자나(寐)깨나(寤) 잊지(忘) 못함(不).
902	毒	毒	어미(母)가 먹으면 안 되는 풀(生→主). **독 독** • 酷毒(혹독) 몹시 까다롭고(酷) 심악스러움(毒).
903	取	取	옛날 전쟁에서 적을 잡으면, 증거물로 적의 왼쪽 귀(耳)를 손(又)으로 잘라내어 가짐. **가질 취** • 取得(취득) 어떤 자격을 취(取)하여 얻음(得).
904	祭	祭	제단(示) 위에 고기(肉→月→夕)를 손(ㅋ→又→又)으로 얹는 모습으로, 사람과 신의 접촉이며, **제사**가 끝나면 음식을 함께 나눠 먹기도 하기에 '**잔치**'라는 뜻도 파생. **제사 제** • 祈雨祭(기우제) 비가 오기(雨)를 비는(祈) 제사(祭). **잔치 제** • 祝祭(축제) 경축(祝)하여 벌이는 큰 잔치(祭).
905	察	察	제사(祭)를 지내기 위해서 집에서(宀) **빠짐없이 생각하여 살피다**. **살필 찰** • 洞察(통찰) 꿰뚫어(洞) 봄(察).
906	竟	竟	음악(音)의 한 절(儿)이 **마침내 끝나다**. **마침내 경** • 有志竟成(유지경성) 뜻(志)이 있어(有) 마침내(竟) 이루다(成): 이루고자 하는 뜻이 있는 사람은 반드시 성공한다.
907	競	競	두 사람(儿儿)이 말(口口)로 다투다(辛辛→立立). **다툴 경** • 競爭(경쟁) 같은 목적을 두고 서로 이기거나 앞서거나 더 큰 이익을 얻으려고 겨루는 것.
908	境	境	땅(土) 끝(竟)의 상태. **지경 경** • 地境(지경) 나라나 지역(地) 따위의 구간을 가르는 경계(境): 일정한 테두리 안의 땅/어떠한 처지나 형편. • 境界(경계) 사물이 어떠한 기준에 의하여 분간되는 한계.

번호	고문	해서	설 명

<table>
<tbody>
</tbody>
</table>

			상태 경
			• 環境(환경) 생활하는 주위(環)의 상태(境).
			장소 경
			• 仙境(선경) 신선(仙)이 산다는 곳(境).

909 鏡 鏡

청동기(金)의 면을 매끄럽게 가는 걸 마치면(竟) **거울**로 사용할 수 있다.

거울 경
• 鏡中美人(경중미인) 거울(鏡) 속(中)의 미인(美人): 실속이 없는 일.

910 華 華

나무(艹)의 꽃(垂→華)은 화려하다.

빛날 화
• 華麗(화려) 빛나고(華) 아름다움(麗).

911 叉 叉

손톱을 나타냄.

손톱 조/긁을 조

912 蚤 蚤

가려움을 유발하는 **벼룩**을 나타냄.

손톱 조/벼룩 조

913 搔 搔

가려워 손톱(蚤)으로 긁다(扌).

긁을 소
• 隔靴搔癢(격화소양) 가죽신(靴)을 사이에 두고(隔) 가려운 데(癢)를 긁다(搔): 성에 차지 않거나 철저하지 못한 안타까움을 이르는 말.

914 黍 䍃

1. 여우의 주둥이·귀·다리·꼬리를 나타내고, 여우의 뾰족한 주둥이와 긴 꼬리 모양을 강조함.
2. 여우처럼 **교활한 말**이 사람들의 마음을 **흔들고** 사방으로 **멀리** 퍼지다.

915 搖 搖

손(扌)으로 흔들다(䍃).

흔들 요
• 搖籃(요람) 젖먹이를 놀게 하거나 재우기 위하여 올려놓고 흔들도록(搖) 만든 물건(籃).

916 謠 謠

마음을 흔들고 멀리 퍼지는(䍃) 노래(言)나 풍문.

노래 요
• 童謠(동요) 어린이(童)를 위하여 동심을 바탕으로 지은 노래(謠).
풍문 요
• 謠言(요언) 뜬(謠) 소문(言).

917 遙 遙

풍문처럼 멀리(䍃) 가다(辶).

멀 요
• 逍遙(소요) 슬슬 거닐어(逍) 돌아다님(遙).

918 豕 豕

돼지의 발을 묶고 **거세하다**.

번호	고문	해서	설 명
			발 얽은 돼지 걸음 축
919	瑑	琢	옥(玉→王)을 다듬다(豖). **다듬을 탁** • 琢美(탁미) 아름답게(美) 갈고 닦음(琢).
920	昴	京	사람들이 모여 사는 **도읍의 크고 높은 건물**. **서울 경** • 京鄕(경향) 서울(京)과 지방(鄕)을 아울러 이르는 말.
921	尤	尤	정상적인 팔(ナ)보다 특이하게 **더욱 긴**(乚) 팔은 **칭찬**을 받거나 **비난**을 받는다. **뛰어날 우** • 尤物(우물) 뛰어난(尤) 물건(物) 또는 사람. **비난할 우** • 怨天尤人(원천우인) 하늘(天)을 원망(怨)하고 사람(人)을 비난함(尤).
922	就	就	더욱(尤) 높아지고(京) 나아가 이루다. **나아갈 취** • 去惡就善(거악취선) 악(惡)한 것을 버리고(去) 선(善)한 것을 취(取)함.
923	永	永	샘(丶) 물이 합쳐지고 나누어져 **길게** 뻗어나가는 물줄기(水). **길 영** • 永永(영영) 오래(永) 오래(永).
924	尸	尸	서 있는 사람·앉아있는 사람·죽은 사람을 나타냄. **시동 시** • 尸童(시동) 옛날에 제사 지낼 때에 신위(尸) 대신으로 교의에 앉히던 어린아이(童). **주검 시**
925	展	展	사람(尸)이 장식(丑→廾)된 옷(衣→㐱)을 입고 몸을 쭉 **펴다**. **펼 전** • 發展(발전) 더 낫고 좋은 상태나 더 높은 단계로 나아감.
926	及	及	사람(人→丁)에게 다가가 손(又)으로 **당기다**. **미칠 급** • 遡及(소급) 지나간 일에까지 거슬러 올라가서(遡) 미치게 하는 것(及).
927	汲	汲	물(氵)을 당기다(及). **길을 급** • 汲水(급수) 물(水)을 길음(汲).
928	吸	吸	입(口)으로 공기를 빨아들이다(及).

번호	고문	해서	설 명
			마실 흡 • 呼吸(호흡) 숨을 내쉬고(呼) 숨을 들이쉬다(吸).
929	㕙	允	먼 곳의 경계(冂)로 **느릿느릿 가는** 사람(人). .... **망설일 유/나가갈 임**
930	㴲	沈	물(氵)에서 망설이면(允) 물속에 **잠긴다**. .... **잠길 침** • 沈魚落雁(침어낙안) 미인을 보고 부끄러워서 물고기(魚)는 물속으로 들어가고 (沈) 기러기(雁)는 땅으로 떨어진다(落): 미인을 형용하여 이르는 말. **성씨 심**
931	負	負	사람(人→ᄼ)이 짊어진 빚(貝). .... **질 부** • 負債(부채) 남에게 빚(債)을 짐(負). • 抱負(포부) 마음속(抱)에 지니고 있는(負) 미래의 계획이나 희망. • 勝負(승부) 이김(勝)과 짐(負).
932	貨	貨	교역이 가능한(化) 재화(貝). .... **재물 화** • 貨物(화물) 운반할 수 있는 유형(貨)의 물품(物)을 통틀어 이르는 말. • 貨幣(화폐) 상품 교환 가치의 척도가 되며 그것의 교환을 매개하는 일반화된 수단: 주화, 지폐, 은행권 따위가 있음.
933	責	責	빌려준 돈(貝)이 **쌓여** 갚으라고 재촉하다(朿→主). .... **책임 책** • 責任(책임) 맡아서(任) 해야 할 의무(責). **꾸짖을 책** • 問責(문책) 잘못을 캐묻고(問) 꾸짖음(責). * 朿→主: 가시로 찌르다, 재촉하다.
934	貸	貸	재화(貝)의 주체가 바뀌다(代). .... **빌려줄 대** • 貸出(대출) 대부(貸)하기 위하여 지출(出)함. **빌릴 대** • 東推西貸(동추서대) 동(東)에서 구(推)하고 서(西)에서 빌린다(貸): 이곳저곳에서 빚을 짐.
935	畜	畜	수렵 후 남은 **짐승**을 밧줄(玄)로 묶어 밭(田)에서 길러 **모으다**. .... **짐승 축** • 家畜(가축) 오랜 세월에 걸쳐 사람에게 길들여져 집(家)에서 기르는 짐승(畜). **쌓을 축**

번호	고문	해서	설 명
936	蓄	蓄	농작물(艹)을 모아 쌓다(畜). **쌓을 축** • 含蓄(함축) 짧은 말이나 글 따위에 많은 내용이 집약되어(含) 간직됨(蓄).
937	盍	盍	뚜껑(去)으로 그릇(皿)을 덮다. **덮을 합**
938	蓋	蓋	풀(艹)을 엮어서 만든 뚜껑(去)으로 그릇(皿)을 **모두** 또는 **대략** 덮어씌우다. **덮을 개** • 覆蓋(복개) 뚜껑 또는 덮개: 더러워진 하천에 덮개 구조물을 씌워 겉으로 보이지 않도록 하는 일 **대개 개** • 大蓋(대개) 일의 큰(大) 원칙(蓋)으로 말하건대 • 蓋然性(개연성) 꼭 단정할 수는 없으나 대개(蓋) 그러리라고(然) 생각되는 성질(性).
939	泣	泣	소리를 내지 않고 눈물(氵)만 뚝뚝 떨어지다(立). **울 읍** • 泣兒授乳(읍아수유) 우는(泣) 아이(兒)에게 젖(乳)을 준다(授): 무엇이든 자기가 요구해야 얻을 수 있음.
940	哭	哭	개(犬)가 시끄럽게 짖는(吅) 것은 소리를 내어 우는 것이다. **울 곡** • 大聲痛哭(대성통곡) 큰(大) 소리(聲)로 슬피(痛) 욺(哭).
941	索	索	두 손(一)으로 여러 번 꼬아서(十) 만든(屮) **동아줄**(糸)을 **쓸쓸한** 창고에 보관하다가 필요하면 **찾아** 씀. **노 삭** • 鋼索(강삭) 열로 처리된 강철(鋼) 쇠줄(索). **쓸쓸할 삭** • 索莫(삭막) 쓸쓸하고(索) 아무것도 없음(莫). **찾을 색** • 檢索(검색) 검사(檢)하여 찾음(索). * 索莫＝索寞＝索漠 * 노: 실, 삼, 종이 따위를 가늘게 비비거나 꼬아 만든 줄. * 동아줄은 창고에 있어 삭막하다/필요 시 창고에서 바로 찾다.
942	田	田	경작지 주위의 **경계**(囗)와 경계 속에 있는 **두렁길**(十). **밭 전** • 我田引水(아전인수) 자기(我) 논(田)에만 물(水)을 끌어넣다(引): 자기의 이익을 먼저 생각하고 행동함.
943	昌	昌	태양(日) 빛의 굉장함과 말(曰)을 똑똑히 함은 **창성**하는 것이다. **창성할 창**

번호	고문	해서	설 명
			• 昌盛(창성) 기세가 크게 일어나(昌) 잘 뻗어 나감(盛). • 繁昌(번창) 번화(繁)하게 창성(昌)함.
944	唱	唱	훌륭한(昌) 발성(口)으로 노래를 부르다. **부를 창** • 二重唱(이중창) 성음부가 다른(重) 두(二) 사람의 합창(唱).
945	甲	甲	거북이 등딱지. **갑옷 갑** • 卷甲(권갑) 갑옷(甲)을 말아(卷) 두다: 전쟁을 그만 둠.
946	功	功	힘(力)을 들여 일(工)하다. **공 공** • 成功(성공) 뜻한 것(功)이 이루어짐(成).
947	畏	畏	가면(田)을 쓴 제사장(人→匕)이 주술 도구(匸)를 들고 있는 모습은 **경외**와 **공포**의 대상임. **두려워할 외** • 畏敬(외경) 공경(敬)하고 두려워함(畏).
948	救	救	겨울에 가죽옷(求)을 구할 수 있게 **도움을 주다**(攵). **구원할 구** • 救援(구원) 어려움에 처하여 있는 사람을 도와서(救) 건져줌(援). • 救荒(구황) 기근(荒) 때에 빈민을 구(救)함
949	敗	敗	제사를 지낼 때 사용하던 신성한 솥(貝)이 적게 깨졌다(攵). **패할 패** • 敗家亡身(패가망신) 집안(家)의 재산을 탕진(敗)하고 몸(身)을 망침(亡).
950	尃	尃	밭을 **넓히고**(田→用) 농작물(屮→屮)이 잘 **자라도록** 힘쓰다(寸). **펄 부/깔 부**
951	溥	溥	물(氵)이 넓게 퍼지다(尃). **펄 부**
952		簿	넓게(溥) 깎은 **죽간**(竹)에 기록한 문서. **문서 부** • 公簿(공부) 국가기관이나 공공단체 따위에서 공식(公)으로 작성하는 장부(簿).
953	薄	薄	풀(艹)이 넓게 퍼져(溥) 진하지 않고 **엷다**. **엷을 박** • 薄酒山菜(박주산채) 맛이 변변하지 못한(薄) 술(酒)과 산(山)나물(菜): 자기가 내는 술과 안주를 겸손하게 이르는 말.

번호	고문	해서	설 명
954	𢱬	搏	손(扌)을 쫙 펴(尃) 손으로 치거나 두드리다. **칠 박/두드릴 박** • 龍虎相搏(용호상박) 용(龍)과 호랑이(虎)가 서로(相) 싸운다(搏): 두 강자가 서로 승패를 다툼 • 脈搏(맥박) 심장의 박동(搏)으로 심장에서 나오는 피가 얇은 피부에 분포되어 있는 동맥(脈)의 벽에 닿아서 생기는 주기적인 파동: 맥박의 빠르기나 강하고 약함 따위로 심장의 상태를 알 수 있음.
955	步	步	걷고(止) 걷다(止→少). **걸음 보** • 進步(진보) 정도나 수준이 나아지거나(進) 높아짐(步). *발 관련 글자: 之, 止, 夂, 夊, 步, 夂, 辶, 癶, 舛, 足, 走, 辶, 韋
956	涉	涉	걸어서(步) 물(氵)을 직접 **건너보고** 알게 되다. **건널 섭** • 涉獵(섭렵) 물을 건너(涉) 찾아다니다(獵): 많은 책을 널리 읽거나 여기저기 찾아다니며 경험함.
957	戉	戉	왕이 대장군에게 군사지휘권의 **신표**로 주는 도끼 날(丿)이 달린 창(戈)으로, 전투의 과정에서 **장애물을 제거**하는 역할을 함. **도끼 월**
958	鉞	鉞	금속(金)으로 된 도끼(戉). **도끼 월**
959	越	越	장애물을 제거하고(戉) 달려서(走) **넘어가다.** **넘을 월** • 越權(월권) 권한(權) 밖의 일을 함(越).
960	超	超	**한계를 넘어(召) 달리다(走).** **뛰어넘을 초** • 超越(초월) 어떤 한계나 표준을 넘음.
961	斧	斧	손에 든 돌도끼(父)와 자귀(斤)로 **작은 도끼**를 뜻함. **도끼 부** • 斧鉞(부월) 작은 도끼(斧)와 큰 도끼(鉞).
962	維	維	줄(絲→糸)로 새(隹)를 **묶어 놓은** 상태를 유지하다. **벼리 유/맬 유/이을 유** • 纖維(섬유) 실 모양(纖維)으로 된 고분자 물질. **유지할 유** • 維持(유지) 어떤 상태나 상황을 그대로 보존하거나(維) 변함없이 계속하여 지탱함(持). *벼리: 그물의 위쪽 코를 꿰어 놓은 동아줄: 잡아당겨 그물을 오므렸다 폈다 함/**기본 도덕**.

번호	고문	해서	설 명
963		网	그물 모양. **그물 망** * 网=㓁=㐫=㓁=罒=罒
964		岡	그물 모양(网)의 산(山)등성이. **산등성이 강** *산등성이: 가장 강한 부분이 남은 산등마루.
965		綱	산등성이(岡)처럼 강한 줄(絲→糸). **벼리 강** • 三綱五倫(삼강오륜) 유교 **도덕의 바탕**이 되는 세(三) 가지 강령(綱)과 다섯(五) 가지의 인륜(倫).
966		罔	그물(网)에 걸려 죽어(亡) **없어지다**. **그물 망** **없을 망** • 罔極(망극) 임금이나 부모의 은혜가 너무 커서(極) 갚을 길이 없음(罔).
967		網	줄(絲→糸)을 엮어 만든 그물(罔). **그물 망** • 網羅(망라) 물고기를 잡는 그물(網)과 날짐승을 잡는 그물(羅): 널리 빠짐없이 모음.
968		單	1. 사냥돌을 던지기 위해 만든 원시적인 무기로, **하나**의 줄로 연결됨 2. **한** 씨족으로 구성된 무리. 3. **제단**에서 참된 마음으로 **한곳**에 집중해야 함. **홑 단** • 簡單(간단) 간략(簡)하고 또렷함(單).
969		彈	활(弓)로 사냥돌(單)을 쏘아 상대에게 **타격**을 주거나 **탄핵하다**. **탄알 탄** • 爆彈(폭탄) 인명 살상이나 구조물 파괴를 위하여 금속 용기에 폭약을 채워서 던지거나 쏘거나 떨어뜨려서(彈) 터뜨리는 폭발물(爆). **두드릴 탄** • 對牛彈琴(대우탄금) 소(牛)를 마주 대(對)하고 거문고(琴)를 탄다(彈): 어리석은 사람은 아무리 도리를 가르쳐도 알아듣지 못함. **탄핵할 탄** • 彈劾(탄핵) 죄상을 조사하여 꾸짖음(彈劾).
970		禪	제단(示)에서 마음을 **한곳**에 모아(單) 고요히 생각하는 일. **선 선** • 參禪(참선) 선사에게 나아가(參) 선도(禪)를 배워 닦거나, 스스로 선법을 닦아 구함.
971		簞	대(竹)나무 **한 가지**(單)로 만든 소쿠리.

번호	고문	해서	설 명
			소쿠리 단
			• 簞食(단사) 대나무로 만든 밥그릇(簞)에 담은 밥(食).
972	癥	症	병(疒)을 바르게(正) 알 수 있는 증세.
			증세 증
			• 症勢(증세) 병을 앓을 때 나타나는(勢) 여러 가지 **상태나 모양**(症).
973	關	關	문(門)의 줄(絲→丝)로 연결된 빗장(卝)으로, 사람과의 관계에 따라 문을 **열거나 닫다**.
			관계할 관
			• 關聯(관련) 둘 이상의 사람, 사물, 현상 따위가 서로 관계를 맺어(關) 매여 있음(聯).
			* 絲: 북에 실을 **연결하다**
			* 卝: 빗장, 베틀의 북, 보석, 쌍상투, 쇳돌, 돌 침
974	聯	聯	1. 여러 개의 귀(耳)를 줄에 연결한(絲) 모양.
			2. 보석(卝)을 줄(絲→丝)로 연결한 귀(耳)걸이.
			연이을 연
			• 聯繫(연계) 이어서(聯) 매는 일(繫)
975	窲	突	나무버팀대(木)가 있는 **깊은 갱도**(穴→冖)로 위험을 **무릅쓰며 깊이** 들어가다.
			깊을 심
976	深	深	나무버팀대(木)가 있는 **깊은 갱도**(穴→冖)에서, 사람이 광물을 채굴하면서 땀에 흠뻑 젖어 있는 모습(氵).
			깊을 심
			• 深淺(심천) 깊음(深)과 얕음(淺).
977	探	探	나무버팀대(木)가 있는 **깊은 갱도**(穴→冖)에서, 사람이 광물을 손(扌)으로 더듬어 찾다.
			찾을 탐
			• 探索(탐색) 드러나지 않은 사물이나 현상 따위를 찾아내거나 밝히기 위하여 살피어(探) 찾음(索).
978	夆	夆	뒤로 향한 발.
			내릴 강
979	降	降	언덕(阝)을 내려가(夆) **항복하다**.
			내릴 강
			• 降神(강신) 제사 지낼 때에 초헌하기 전에 먼저 신(神)이 내리게 함(降): 향을 피우고 술을 따라 모사 위에 붓는 일/주문이나 또는 다른 술법으로 신을 내리게 함.
			• 昇降(승강) 오르고(昇) 내리는(降) 것.
			항복할 항
			• 降伏(항복) 적이나 상대편의 힘에 눌리어 굴복함.
			* 모사(茅沙/茅砂) 제사에서, 술을 따르는 그릇에 담은 모래와 거기에 꽂은 띠의 묶음.

번호	고문	해서	설 명
980	畓	沓	물(水)이 섞이듯 말(曰)이 겹침. **겹칠 답** • 沓沓(답답) 숨이 막힐 듯이 갑갑함. • 沓雜(답잡) 북적북적하고(沓) 복잡함(雜).
981	踏	踏	발(足)로 거듭(沓) 밟다. **밟을 답** • 前人未踏(전인미답) 이제까지(前) 그 누구도(人) 가 보지(踏) 못함(未): 이제까지 그 누구도 손을 대어 본 일이 없음.
982	乏 乏	乏	1. 장애물(丿)을 넘어가기(之)에 힘이 **모자라다**. 2. 정(正)자의 반대방향으로 힘이 **모자라다**. **모자랄 핍** • 缺乏(결핍) 있어야 할 것이 없어지거나(缺) 모자람(乏).
983	辟	辟	1. 죄인(尸)이 다리(口)에 **형벌(辛)을 받아**, 절름발이가 되어 한쪽으로 **치우치다**. 2. 외따로 떨어져 구석지고 몹시 으슥한 곳으로 **도망가서** 형벌을 피하다. **다스릴 벽/치우칠 벽/피할 피**
984	壁	壁	외부의 시선을 피하려고(辟) 흙(土)으로 **벽**을 쌓다. **벽 벽** • 鐵壁(철벽) 철(鐵)로 된 벽(壁)
985		癖	치우침(辟)으로 생기는 병(疒). **버릇 벽** • 潔癖(결벽) 유난스럽게 깨끗함(潔)을 좋아하는 성벽(癖).
986	避	避	형벌을 피하여(辟) 도망가다(辶). **피할 피** • 忌避(기피) 꺼리어(忌) 피(避)함.
987	璧	璧	둥글게 다스린(辟) 옥(玉). **구슬 벽** • 完璧(완벽) 흠이 없는(完) 구슬(璧).
988	譬	譬	이해하기 어려운 뜻을 피하여(辟) 쉬운 뜻으로 빗대어 말하다(言). **비유할 비** • 譬喩(비유) 어떤 현상이나 사물을 직접 설명하지 아니하고 다른 비슷한 현상이나 사물에 빗대어서(譬) 설명하다(喩). * 譬喩=比喩
989	養	養	먹을 것(食)을 주는 대로 얌전하게 받아먹는 양(羊)은 **통통하게** 살이 찐다. **기를 양**

125

번호	고문	해서	설 명
			• 涵養(함양) 서서히(涵) 양성(養)함.
990		癢	**통통하게 부풀어 오르는(養) 종기(疒) 부위가 가렵다.** `가려울 양` • 麻姑搔癢(마고소양) 마고(麻姑)할미가 긴 손톱으로 가려운 데(癢)를 긁는다(搔): 바라던 일이 뜻대로 잘됨을 이르는 말. ＊마고(麻姑) 전설에 나오는 신선 할미: 새의 발톱 같이 긴 손톱을 가지고 있다고 함.
991		除	가파른 곳에 **계단**(阝)을 설치하여, 오르기 힘든 불편함을 **없앤** 후 여유롭게(余) 오르다. `없앨 제` • 除去(제거) 없애(除) 버림(去).

992		陳	**펼쳐진 언덕(⋀⋀→阝)모양으로 짐(東)을 펼쳐놓고 묵히다.**
			
			`베풀 진`
			• 陳情(진정) 사정(情)을 진술(陳)함.
			`묵을 진`
			• 陳腐(진부) 사상, 표현, 행동 따위가 낡아서(陳) 새롭지 못하다(腐).

993		陣	**펼쳐진 언덕(⋀⋀→阝)모양으로 전차(車)를 늘어놓다.** `진칠 진` • 陣地(진지) 언제든지 적과 싸울 수 있도록 설비 또는 장비를 갖추고 부대를 배치하여 둔(陣) 곳(地).

994		缶	뚜껑 있는(午) 질그릇(凵)
			
			`장군 부`
			`두레박 관`
			＊질그릇: 잿물을 덮지 아니하고 진흙만으로 구워 만든 그릇.

995		匋	사람(人→勹)이 **질그릇**(缶)을 만든다. `질그릇 도`

996		陶	질그릇(匋)을 빚어 언덕에 설치한 가마(阝)에서 구워내, 잘 **만들어진** 질그릇을 보고 **기뻐하다.**
			
			`질그릇 도`
			• 陶犬瓦鷄(도견와계) 흙으로 구워 만든(陶) 개(犬)와 기와(瓦)로 만든 닭(鷄): 외모만 훌륭하고 실속이 없어 아무 쓸모도 없는 사람을 비웃어 하는 말.
			`만들 도`
			• 陶冶(도야) 도기를 만드는 일(陶)과 쇠를 주조하는 일(冶): 훌륭한 사람이 되도록 몸과 마음을 닦아 기름.
			`기뻐할 도`
			• 自我陶醉(자아도취) 스스로(自我)에게 황홀하게(陶) 빠지는 일(醉).

번호	고문	해서	설 명
997		臽	사람(人→ク)이 함정(臼)에 빠지다. **함정 함**
998		陷	언덕(阝)에서 떨어지듯 사람이 함정(臽)에 빠지다. **빠질 함** • 陷穽(함정) 짐승 따위를 잡기 위하여 땅바닥에 구덩이를 파고(陷) 그 위에 약한 너스레를 쳐서 위장한 구덩이(穽).
999		皆	모두 다 같이 **나란히** 늘어서서 목소리를 맞추어(比) 말하다(白). **다 개** • 擧世皆濁(거세개탁) 온(擧) 세상(世)이 다(皆) 흐리다(濁): 지위의 높고 낮음을 막론하고 모든 사람이 다 바르지 아니함. * 擧: 들 거, 모든 거
1000		階	언덕(阝)을 오르기 위해 나란히 늘어놓은(皆) 섬돌. **섬돌 계** • 階段(계단) 사람이 오르내리기 위하여 건물이나 비탈에 만든 층층대.
1001		隼	꽁지깃(十)으로 수평을 잘 잡는 송골매(隹). **송골매 준**
1002		準	송골매(隼)가 수평의 물(氵) 위를 일직선으로 **정확하게** 날아가다. **준할 준/표준 준** • 基準(기준) 사물의 기본(基)이 되는 표준(準).
1003		凉	크고 높은 건물(京)에 올라서면 바람 때문에 얼음(冫)처럼 **서늘하게** 느껴짐. **서늘할 량** • 凉傘(양산) 볕을 가리기 위하여(凉) 쓰는 우산(傘) 같이 만든 물건. * 凉=涼 * 凉傘=陽傘
1004		益	그릇(皿)에 좋은 물(水→氺→꒰→꒰)을 더 **부어** 넘치다. **더할 익** • 損益(손익) 손실(損)과 이익(益).
1005		隘	언덕(阝)에 언덕이 **더해져**(益) 언덕 사이가 **좁거나 막히다**. **좁을 애** • 隘路(애로) 좁고 험한(隘) 길(路): 일의 진행을 방해하는 장애.
1006		溢	물(氵)이 넘치다(益). **넘칠 일** • 海溢(해일) 해저의 지각 변동이나 해상의 기상 변화에 의하여 갑자기 바닷물(海)이 크게 일어서 육지로 넘쳐(溢) 들어오는 것.

번호	고문	해서	설 명
1007	身	身	임신하여 **몸** 관리에 더욱 신경을 써야 함. **몸 신** • 心身(심신) 마음(心)과 몸(身)
1008	溫	溫	목욕통(皿)의 **따뜻한** 물(氵)에 사람(人)이 잠겨(□) 목욕하다. **따뜻할 온** • 溫泉(온천) 지열에 의하여 지하수가 그 지역의 평균 기온 이상으로 데워져(溫) 솟아 나오는 샘(泉).
1009	庚	庚	창고(广)에서 절굿공이(午→丨)를 잡고(彐) 곡식(米→氺)을 찧으니, 마음이 편안하다. **나이 경/길 경/별 경**
1010	康	康	창고(广)에서 절굿공이(午→丨)를 잡고(彐) 곡식(米→氺)을 찧으니, 마음이 **편안하다**. **편안 강** • 健康(건강) 병이 없이 좋은 기능을 가진(健) 상태에 있는 것(康).
1011	倉	倉	창고의 지붕(亼)·외짝 문(戶)·주춧돌(口)을 나타내고, **푸른색**의 볏단이나 곡식묶음을 상하기 전에 창고에 **재빨리** 거두어 보관하다. **곳집 창** • 倉庫(창고) 물건이나 자재를 저장하거나 보관하는 건물. **급할 창** • 倉卒(창졸) 미처 어찌할 사이 없이(倉) 급작스러움(卒). ＊ 때에 맞게 **재빨리** 수확하지 않으면 곡식의 품질이 떨어짐.
1012	蒼	蒼	풀(艹)을 쌓아둔 곳(倉)은 푸르다. **푸를 창** • 蒼空(창공) 푸른(蒼) 하늘(空).
1013	滄	滄	물(氵)이 푸른(蒼→倉) 큰 바다. **큰 바다 창** • 滄海一粟(창해일속) 큰(滄) 바다(海)에 던져진 좁쌀(粟) 한 톨(一): 지극히 작거나 보잘 것 없는 존재를 의미함/이 세상에서의 인간 존재의 허무함을 이르는 말.
1014	襄	襄	옷(衣)이 바르게 만들어지도록(冓→茾) 두 눈(吅)으로 잘 관찰하여 **도움을 주다**. **도울 양/막을 양/오를 양**
1015	囊	囊	넣은 물건이 빠지지 아니하도록 바르게 만든(襄→𦈢) 주머니(東→㯻). **주머니 낭** • 背囊(배낭) 물건을 넣어서 등(背)에 질 수 있도록 헝겊이나 가죽 따위로 만든 가방(囊).

번호	고문	해서	설 명
1016	盜	盜	그릇의 음식(皿)을 보고 침을 흘리는 것(次)은 먹고 싶어 하는 것을 나타내고 '훔치다'의 뜻으로 전이됨. 도둑 도 • 盜聽(도청) 몰래(盜) 엿들음(聽). * 盜=盗
1017	黃	黃	사람이 황금색으로 **빛나는** 옥 장신구를 **허리**에 두른 모습. 누를 황 • 黃金(황금) 누른빛(黃)의 금(金).
1018	廣	廣	1. 노란 패옥(黃)을 한 황제가 사는 **넓은** 집(广). 2. 집(广)앞의 누런(黃) 땅은 **넓고 텅 비어있다.** 넓을 광 • 廣告(광고) 세상에 널리(廣) 알림(告). 텅 빌 광
1019	壙	壙	흙(土) 아래 텅 빈 무덤(廣). 뫼 구덩이 광 • 作壙(작광) 땅을 파내어 시체를 묻을 구덩이(壙)를 만듦(作).
1020	擴	擴	손(扌)으로 넓히다(廣). 넓힐 확 • 擴大(확대) 넓혀서(擴) 크게(大) 함.
1021	黑	黑	불(火→灬)을 피울 때 나오는 연기가 창이나 굴뚝을 **검게** 그을리다(里). 검을 흑 • 黑白論理(흑백논리) 모든 문제를 흑(黑)과 백(白), 선과 악, 득과 실의 양극단으로만 구분하고 중립적인 것을 인정하지 아니하려는 편중된 사고방식이나 논리(論理).
1022	黨	黨	집의 창문(尙)에 그을음이 **뭉쳐진** 검댕(黑)과 같은 **무리.** 무리 당 • 與黨(여당) 정부의 정책을 지지하여, 이것에 편을 드는(與) 정당(黨). • 野黨(야당) 정당 정치에서, 현재 정권을 잡고 있지 아니한(野) 정당(黨). • 惡黨(악당) 악(惡)한 무리(黨).
1023	更	更	튼튼하게(丙→丙) **다시 고치다**(攴→攵). 다시 갱 • 更新(갱신) 다시(更) 새롭게 함(新). 고칠 경 • 變更(변경) 바꾸어(變) 고침(更).
1024	固	固	성벽(囗)이 오래도록(古) 튼튼하게 **굳어있다.** 굳을 고

번호	고문	해서	설 명
			• 堅固(견고) 굳세고(堅) 단단함(固).
1025		省	작은 싹(小)을 **살피고**(目) 필요 없는 싹(ノ)을 **뽑아내다**. 살필 성 • 省察(성찰) 허물이나 저지른 일들을 반성(省)하여 살핌(察). 덜 생 • 省略(생략) 덜어서(省) 줄임(略).
1026		國	'혹(或)'은 처음에 '나라'로 쓰이다가 '혹시'라는 뜻으로 쓰임이 바뀌자, 여기에 '□' 자를 더한 '國'자가 '나라'라는 뜻으로 쓰이고 있음. 나라 국 • 韓國(한국) 대한민국(大韓民國)의 약칭.
1027		引	활(弓)의 시위(丨)를 끌어당기다. 당길 인 • 牽引(견인) 끌어서(牽) 당김(引). * 시위: 활대에 걸어서 켕기는 **줄**로, 화살을 여기에 걸어서 잡아당기었다가 놓으면 화살이 날아감.
1028		團	오로지 한 방향으로 실을 감아 **둥글게**(專) 하여 성벽처럼 굳어진 **덩어리**(□). 둥글 단 • 瓊團(경단) 구슬(瓊) 모양으로 둥글게(團) 만든 떡. 덩어리 단 • 集團(집단) 모여서(集) 이룬 떼(團).
1029		霜	비(雨)와 상대적인(相) 서리. 서리 상 • 風霜(풍상) 바람(風)과 서리(霜): 많이 겪은 세상의 어려움과 고생. * 서리를 비로 봄.
1030		倝	초원에 해(日)가 뜨거나 질 때 빛나는 모양(㐄)과 무한히 **뻗어나가는** 태양 빛(人). 햇빛이 빛나는 모양 간
1031		朝	달(月)이 아직 지지 않았는데, 해가 떠올라 햇빛이 뻗어나가는(倝→卓) 아침. 아침 조 • 朝夕(조석) 아침(朝)과 저녁(夕)을 아울러 이르는 말.
1032		末	나무(木)의 가지 끝(一). 끝 말 • 週末(주말) 한 주일(週)의 끝 무렵(末): 주로 토요일부터 일요일까지를 이름.
1033		張	활(弓)의 시위를 길게 당겨(長) **펴다**. 펼 장 • 主張(주장) 자기의 의견이나 주의(主)를 굳게 내세움(張).

번호	고문	해서	설 명
			• 誇張(과장) 사실보다 지나치게(誇) 불려서(張) 나타냄.
1034	斬	斬	마차의 바퀴(車)가 **여러 번** 지나가거나 도끼(斤)로 **여러 번 자름**. **벨 참** • 舌斬身刀(설참신도) 혀(舌)는 몸(身)을 베는(斬) 칼(刀)이다: 항상 말조심을 해야 함.
1035	漸	漸	조금씩 **점점**(斬) 물(氵)이 스미다. **점점 점** • 漸進(점진) 순서대로 차차(漸) 나아감(進).
1036	丈	丈	손(又)에 길이를 재는 자(一)를 든 어른. **어른 장** • 丈夫(장부) 장성한(丈) 남자(夫).
1037	杖	杖	**지팡이**(木)를 든 어른(丈). **지팡이 장** • 賊反荷杖(적반하장) 도둑(賊)이 도리어(反) 몽둥이(杖)를 든다(荷): 잘못한 사람이 도리어 잘 한 사람을 나무라는 경우.
1038	朁	朁	왕에게 여러 명의 신하(兓)가 다른 한명의 신하를 **헐뜯어**(曰), 다수의 의견이 소수의 의견을 **잠기게** 하다. **이에 참**
1039	譖	譖	말(言)로 헐뜯다(朁). **참소할 참** • 譖訴(참소) 남을 헐뜯어서(譖) 죄가 있는 것처럼 꾸며 윗사람에게 고하여(訴) 바치다. * 譖訴(참소)=讒訴(참소)
1040	潛	潛	물(氵)에 잠기다(朁). **잠길 잠** • 潛水(잠수) 물(水)속으로 들어감(潛).
1041	蠶	蠶	고치 속으로 들어가는(朁) 벌레(蟲→蚰). **누에 잠** • 蠶食(잠식) 누에(蠶)가 뽕잎을 먹는 것처럼 남의 것을 차츰차츰 먹어(食) 들어가거나 침략하는 것: 남의 땅을 점점 쳐들어감.
1042	乍	乍	날붙이(𠂊)로 **잠깐 동안** 만들다(=). **잠깐 사**
1043	詐	詐	속이기 위해 말(言)을 만들다(作→乍). **속일 사**

번호	고문	해서	설 명
			• 詐欺(사기) 꾀(詐)로 남을 속임(欺).
1044	𠂇	作	사람(亻)이 만들다(乍). 지을 작 • 創作(창작) 처음(創)으로 만듦(作).
1045	靜	靜	다툼(爭)이 끝나 푸르고 고요하다(靑). 고요할 정 • 靜肅(정숙) 고요하고(靜) 엄숙(肅)함.
1046	靴	靴	꽃(花→化)처럼 예쁜 가죽(革) 신. 신 화 • 運動靴(운동화) 운동(運動)할 때 신는 신(靴).
1047	型	型	흙(土)으로 만든 거푸집(刑). 모형 형 • 模型(모형) 똑같은 모양(模)의 물건을 만들기 위한 틀(型).
1048	刃	刃	칼(刀)의 날카로운 날(丿) 부분. 칼날 인 • 銳刃(예인) 날카로운(銳) 칼날(刃).
1049	忍	忍	칼날(刃)로 베이는 고통을 견디며 마음(心)에 새기다. 참일 인 • 忍耐(인내) 참고(忍) 견딤(耐).
1050		認	말(言)을 수백 번 반복하여 마음(心)에 새겨(刃) 알다. 알 인 • 確認(확인) 틀림없이 그러한가를 알아보거나(確) 인정함(認).
1051	近	近	도끼(斤)를 가지고 땔나무하러 가까운 곳에 가다(辶). 가까울 근 • 遠近(원근) 멀고(遠) 가까움(近).
1052	志	志	실천하고자 하는(之→士) 마음(心). 뜻 지 • 初志一貫(초지일관) 처음(初)에 세운 뜻을 이루려고(志) 끝까지(一) 밀고 나감(貫).
1053	庶	庶	평민이 집안(广)에서 돌(廿)을 가열하여(火→灬) 여러 가지 많은 음식을 조리하여 함께 먹다. 많을 서 • 衆庶(중서) 많은 사람.

번호	고문	해서	설 명
			여러 서 • 庶務(서무) 특별한 명목이 없는 여러 가지(庶) 잡다한 사무(務). **평민 서** • 庶民(서민) 아무 벼슬이나 신분적 특권을 갖지 못한(庶) 일반 사람(民). **서자 서** • 庶子(서자) 양반과 양민 여성 사이에서 낳은 아들: **맏아들 이외의 모든 아들.** * 조리 시 귀족은 청동기를 사용했고, 평민은 돌을 사용했음.
1054	庹	度	여러 사람((庶→庐)의 손(又)길을 거친 **법도로 헤아리다.** ⋯⋯⋯⋯ **법도 도** • 制度(제도) 제정(制)된 법규(度). • 溫度(온도) 덥고(溫) 차가운 정도(度). **헤아릴 탁** • 忖度(촌탁) 남의 마음을 미루어서(忖) 헤아림(度). *忖: 헤아릴 촌
1055	拓	拓	1. 땅에 흩어진 돌(石)을 손(扌)으로 줍거나 밀어내 농지를 **넓히다.** 2. 돌(石)에 새겨진 글씨나 그림 위에 종이를 올려놓고 **박아내다(扌).** ⋯⋯⋯⋯ **넓힐 척** • 開拓(개척) 거친 땅을 일구어(開) 논이나 밭을 만듦(拓): 새로운 분야, 운명, 전도 따위를 엶/영토를 확장함. **박을 탁** • 拓本(탁본) 금석에 새긴 글씨나 그림을 그대로(本) 종이에 박아 냄(拓). *금석(金石): 쇠붙이(金)와 돌(石)
1056	洞	洞	물(氵)이 **꿰뚫어** 놓은(同) 동굴 또는 골짜기. ⋯⋯⋯⋯ **동굴 동** • 洞窟(동굴) 자연적으로 생긴 깊고 넓은 큰 굴. **골짜기 동** • 洞長(동장) 한 동네(洞)의 우두머리(長). **밝을 통** • 洞察(통찰) 환히(洞) 내다봄(察): **꿰뚫어** 봄.
1057	撐	撑	손(扌)으로 버팀목을 넘어지지 아니하게 잡다(掌). ⋯⋯⋯⋯ **버틸 탱** • 支撑(지탱) 어떤 물체를 쓰러지지 않도록 받치거나(支) 버티는 것(撑). *掌: 손바닥 장(손으로 대상을 잘 다루다)
1058	⺕	丑	두 손을 채운 **수갑** 또는 손가락 끝을 잔뜩 **구부린 모양** ⋯⋯⋯⋯ **수갑 추/추할 추**
1059	紐	紐	끈(絲)을 구부려(丑) 단단히 매다. ⋯⋯⋯⋯ **맺을 뉴(유)**

번호	고문	해서	설 명
			• 紐帶(유대) 끈(紐)과 띠(帶)라는 뜻으로, 둘 이상을 서로 연결하거나 결합하게 하는 것.
1060	泵	彔	1. 멧돼지가 먹이를 구하기 위해 주둥이(彑)로 땅을 **파헤친** 흔적(氺). 2. 밤나무를 **깎고** 다듬은(彑) 위패를 모시고 제사를 지내면 조상이 복을 내려줌(氺). 〔새길 록〕 * 彑: 멧돼지의 엄니 모양 * 밤을 심으면 밤 껍질은 그대로 있고 싹만 올라오는데, 밤 껍질은 오랫동안 썩지 않고 그대로 붙어있어, 조상님께서 후손을 돌봐주는 것으로 여겨, 밤나무로 위패를 만듦.
1061	繚	綠	나무껍질을 깎으면(彔) 나오는 **녹색**의 섬유질(絲→糸). 〔푸를 록(녹)〕 • 柳綠花紅(유록화홍) 버들(柳)은 푸르고(綠), 꽃(花)은 붉다(紅): 자연의 모습 그대로 사람의 손을 더 하지 않는 것/봄철의 경치를 말할 때 흔히 쓰임. * 彔=录
1062	鐻	錄	금속(金)에 새기다(彔). 〔새길 록〕 • 記錄(기록) 주로 후일에 남길 목적으로 어떤 사실을 적다.
1063	雁	堆	통통한 새(隹) 모양으로 **쌓인** 흙무더기(土). 〔쌓을 퇴〕 • 堆積物(퇴적물) 많이 겹쳐(堆) 쌓인(積) 물건(物): 퇴적작용으로 말미암아 지표 위에 쌓인 물건.
1064	旮	巨	큰 직각 자 또는 큰 활 (巨). 〔클 거〕 • 巨人(거인) 몸이 아주 큰(巨) 사람(人): 위대한 사람/성품과 학식이 뛰어난 사람.
1065	榘	矩	곧고 바른(矢) 자(巨). 〔곱자 구〕 • 矩尺(구척) 곱자. 〔법도 구〕 • 矩度(구도) 법도: 법칙.
1066	钜	拒	손(扌)으로 큰 활(巨)을 들고 **막다**. 〔막을 거〕 • 螳螂拒轍(당랑거철) 사마귀(螳螂)가 수레바퀴(轍)를 막는다(拒): 자기 힘은 헤아리지 않고 강자에게 함부로 덤빔.
1067	頃	頂	못(丁)처럼 나와 있는 머리(頁) 부분의 정수리. 〔정수리 정〕 • 頂上(정상) 산꼭대기: 그 이상 더 없는 것/최상급의 지도자.

번호	고문	해서	설 명
1068		豕	돼지 모양. **돼지 시**
1069		逐	돼지(豕)를 쫓아감(辶). **쫓을 축** • 逐出(축출) 쫓아(逐) 냄(出).
1070		奴	힘을 다해 노동하는(又) 여자(女) 종. **종 노** • 奴隷(노예) 자유를 구속당하고(奴) 남에게 부림을 받는 사람(隷).
1071		怒	주인이 노예(奴)를 너무 가혹하게 다뤄, 노예가 **성내다**(心). **성낼 노(로)** • 憤怒(분노) 분개(憤)하여 몹시 성을 냄(怒).
1072		頓	머리(頁)를 갑자기 가지런히 조아리다(屯). **갑자기 돈** • 頓悟(돈오) 갑자기(頓) 깨달음(悟): 별안간 깨달음/불교의 참뜻을 문득 깨달음. **가지런할 돈** • 整頓(정돈) 가지런히(整) 바로잡음(頓). **조아릴 돈** • 頓首(돈수) 공경하여 절을 할 때 머리(首)를 땅에 닿도록 꾸벅임(頓). * 屯: 진칠 둔, 모을 둔, 어려울 준[날씨가 추워 땅 속에서 새싹이 웅크리고 기다리다]
1073		造	신 앞에 나아가(辶), 앞으로 할 일을 축문으로 **지어** 큰 소리로 아뢰다(告). **지을 조** • 捏造(날조) 사실이 아닌 것을 사실인 것처럼 거짓으로 꾸며(捏) 지어냄(造). * 捏(꾸밀 날): 손(扌)으로 절구(日)에 흙(土)을 넣고 공이로 짓이기다.
1074		校	1. 나무(木) 아래에서 **가르침**을 받고 친구들과 **사귀는**(交) 곳. 2. 나무(木)를 교차(交)하여 울타리를 설치한 **진지의 장교**. **학교 교** • 學校(학교) 일정한 목적·교과 과정·설비·제도 및 법규에 의하여 계속적으로 학생에게 교육을 실시하는(學) 기관(校).
1075		値	사람(亻)이 바르게(直) 매긴 값. **값 치** • 價值(가치) 값.
1076		砧	일정한 장소에 두는(占) 돌(石). **다듬잇돌 침** • 砧石(침석) 다듬이질을 할 때 밑에 받치는(砧) 돌(石).

135

번호	고문	해서	설　명
			• 砧杵(침저) 다듬이질을 할 때 쓰는(砧) 방망이(杵).
1077	㮡	株	나무(木)의 윗부분을 잘라낸 아랫부분(朱)인 **그루터기**로 회사의 **근본**인 **주식**. 〔그루 주〕 • 枯木朽株(고목후주) 마른(枯) 나무(木)와 썩은(朽) 등걸(株): 쓰이지 못하는 사람이나 물건을 비유 말. 〔주식 주〕 • 株式(주식) 주식회사의 자본을 구성하는 단위: 주주의 출자에 대하여 교부하는 유가 증권.
1078	㵸	逸	토끼(兎)가 **뛰어난** 재주로 달아나(辶) **숨어, 편안히** 지내고 **멋대로 굴다**. 〔뛰어날 일〕 • 逸品(일품) 아주 뛰어난(逸) 물건(品). 〔숨을 일〕 • 逸話(일화) 아직 세상에 널리 알려지지 아니한(逸) 이야기(話). 〔편안할 일〕 • 無事安逸(무사안일) 큰 탈(事)이 없이(無) 편안하고(安) 한가로움(逸). 〔그르칠 일〕 • 逸脫(일탈) 사회적인 규범으로부터 빗나가고(逸) 벗어남(脫): 청소년 비행, 약물 남용, 성적 탈선 따위가 있음.
1079	㭟	格	나무(木)의 가지가 제각각(各) 뻗어가는 방식. 〔격식 격〕 • 格式(격식) 격(格)에 맞는 일정한 방식(式). • 品格(품격) 사람 된 바탕(品)과 타고난 성품(格): 사물 따위에서 느껴지는 품위.
1080	血	血	희생물의 피(丿)가 담긴 그릇(皿). 〔피 혈〕 • 血肉(혈육) 피(血)와 살(肉): 자기 소생의 자녀/부모, 자식, 형제, 자매들.
1081	彦	彦	인문학적(文→亠) 자질이 크게(厂) 빛나는(彡) 사람 〔선비 언〕 • 英彦(영언) 빼어난(英) 사람(彦). 　* 彦=彥 　* 선비: 학식이 있고 행동과 예절이 바르며 의리와 원칙을 지키고 관직과 재물을 탐내지 않는 고결한 인품을 지닌 사람. 　* 人文學(인문학) 언어, 문학, 역사, 철학 따위를 연구하는 학문.
1082	顔	顔	머리 부분(頁)의 **낯**을 빛나게(彦)하다. 〔낯 안〕 • 顔色(안색) 얼굴(顔) 빛(色)
1083	産	産	선비(彦→产)는 많은 것을 **만들어내므로**(生) 그 자체가 **재산**임. 〔낳을 산〕

번호	고문	해서	설 명
			• 産業(산업) 생산(産) 사업(業).
			재산 산
			• 不動産(부동산) 움직여(動) 옮길 수 없는(不) 재산(産).
1084	㳂	丞	**무리[(彳→彡), (彳→丁), (彳→乀)]가 나란히 서서 더위잡다.**
			무리 중/나란히 설 음/더위잡을 반
			* 더위잡다: 높은 곳에 오르려고 무엇을 끌어 잡다.
1085	眾	眾	걱정거리(血)가 있는 보통 사람들(乑).
			무리 중
			• 大眾(대중) 수가 많은(大) 여러 사람(眾): 특수층을 제외한 사회의 대다수를 점하고 있는 근로 계급.
			* 血: 피 혈, 눈물 혈, 근심 혈
1086	聚	聚	많은 사람(乑)을 모으다(取).
			모을 취
			• 聚合(취합) 한데 모아(聚) 합침(合).
1087	鰥	鰥	물고기(魚)처럼 눈을 감지 못하고(罒) **이런저런 근심으로 밤에 눈물을 흘리는(氺) 홀아비.**
			홀아비 환
			• 鰥寡孤獨(환과고독) 늙은 홀아비(鰥)와 홀어미(寡), 고아(孤)와 늙어서 의지할 데 없는 사람(獨): 외롭고 의지할 곳이 없는 사람을 비유.
1088	遝	遝	**이것저것 섞여(鰥→眔) 가다(辶).**
			뒤섞일 답
			• 遝至(답지) 여기저기(遝)에서 한군데로 몰려들거나 몰려옴(至).
1089	衍	衍	물(氵)이 사거리(行)에 넓게 퍼지다.
			넓을 연
			• 敷衍/敷演(부연) 덧붙여(敷) 알기 쉽게 자세히 설명을 늘어놓음(衍).
1090	亘	亘	**햇빛(日)이 하늘과 땅 사이(二)에서 일정하게 이어지고 빙 둘러싸다.**
			뻗칠 긍/베풀 선
1091	恒	恒	일정한(亘) 마음(心).
			항상 항
			• 恒常(항상) 언제나(恒) 변함없이(常).
1092	宣	宣	하늘에 있는 궁전(宀)에서 하늘과 땅 사이에 은혜를 **베풀고 알리다(亘).**
			베풀 선/발표할 선
			• 宣告(선고) 선언(宣)하여 널리 알림(告): 소송법상 공판정에서 재판장이 판결을 알림.

| :-: | :-: | :-: | :-- |

1093 聞

문(門)밖에서 나는 소리를 듣다(耳).

들을 문

• 多聞博識(다문박식) 보고 들은(聞) 것이 많고(多) 학식(識)이 넓음(博).

1094 塡

흙(土)으로 메우다(眞).

메울 전

• 充塡(충전) 채워서(充) 메움(塡).
  * 充電(충전) 축전지에 전기 에너지(電)를 모아서 축적하는 일(充).
  * 眞: 자연의 도리에 따르는 것.

1095 遣

삼태기(甶→虫)에 필요한 것(吕)을 담아 가지고, 군대가 원정하러 가다(辶).

보낼 견

• 派遣(파견) 일정한 임무를 주어(派) 사람을 내보냄(遣).

1096 恭

받드는(共) 마음(心→小).

공손할 공

• 洗耳恭聽(세이공청) 귀(耳)를 씻고(洗) 공손하게(恭) 듣는다(聽): 남의 말을 공경하는 마음으로 귀담아 듣는 것.

1097 衰

도롱이 벌레 모양(丑)의 비를 가리는 옷(衣)은 **쉽게 망가짐.**

쇠할 쇠

• 衰退(쇠퇴) 쇠(衰)하여 전보다 못해짐(退).
• 興亡盛衰(흥망성쇠) 흥(興)하고 망(亡)하고 성(盛)하고 쇠(衰)하는 일.
  * 도롱이: 짚, 띠 따위로 엮어 허리나 어깨에 걸쳐 두르는 비옷.

1098 灰

손(𠂇)으로 만질 수 있는 불(火)은 재.

재 회

• 灰色(회색) 재(灰)와 같은 빛깔(色): 정치적, 사상적 경향이 뚜렷하지 않은 상태.

1099 顯

햇빛(日)에서 실(絲→丝)을 눈으로 보니(頁) 그 모양이 뚜렷이 **나타나다.**

나타날 현

• 顯微鏡(현미경) 썩 작은 물체(微)를 크게 볼 수 있도록(顯) 장치한 광학 기계(鏡).

1100 濕

젖은(氵) 실(絲→丝)을 햇볕(日)에 말리는 모습.

젖을 습

• 濕度(습도) 공기 가운데 수증기가 들어 있는(濕) 정도(度).

1101 鹿

사슴의 뿔, 머리, 다리 모양.

사슴 록

• 鹿茸(녹용) 사슴(鹿)의 새로 돋은 연한 뿔(茸).

1102 塵

사슴(鹿)이 떼 지어 달릴 때 흙(土)먼지가 일어나는 모양.

티끌 진

• 粉塵(분진) 티(粉)와 먼지(塵)를 통틀어 이르는 말: 아주 작은 것.

번호	고문	해서	설 명
1103	㦻	衷	옷(衣)의 **가운데**(中)에 있는 사람의 **속마음**. **속마음 충** • 苦衷(고충) 괴로운(苦) 속마음(衷). **가운데 충** • 折衷(절충) 어느 편으로 치우치지 않고(折) 이것과 저것을 취사하여 그 알맞은 (衷) 것을 얻음.
1104	𤔲	𢋬	사람(巳)이 터전(西)을 두 손(𦥑→大)으로 들어 **올려서 옮기다**. **오를 선/옮길 천** * 西: 새가 깃들인 곳, 새의 둥지
1105	𠏌	僊	사람(亻)이 하늘로 **오르다**(䙴). **신선 선** • 上僊/上仙(상선) 하늘에 올라(上) 선인(僊/仙)이 됨: 귀인의 죽음을 일컫는 말.
1106	𨘨	遷	옮겨(䙴) 가다(辶). **옮길 천** • 孟母三遷(맹모삼천) 맹자(孟子)의 어머니(母)가 맹자를 제대로 교육하기 위하여 집을 세(三) 번이나 옮겼다(遷): 교육에는 주위 환경이 중요하다는 가르침.
1107	𢰆	巽	상대에게 알맞은 것(巳巳)을 바치다(共). **부드러울 손/순종할 손**
1108	𨖹	選	받은 것(巽) 중 필요한 것만 **가리다**(辶). **가릴 선** • 選拔(선발) 많은 사람 가운데서 가려(選) 뽑음(拔).
1109	𤊾	灼	불(火)이 뚜렷하게(勺) 빛남. **불사를 작** • 灼熱(작열) 불 따위가 이글이글 뜨겁게(熱) 타오름(灼).
1110	𧱚	豦	머리가 술독만한(庿→虍) 큰 **멧돼지**(豕). **멧돼지 거**
1111	𢹬	據	큰 멧돼지(豦)가 생존의 **근거**인 일정지역을 차지하고 굳게 막아 **지키는** 것처럼, 손(扌)으로 막고 지키다. **웅거할 거** • 雄據(웅거) 강력하게(雄) 일정한 지역을 차지하고 굳게 막아 지킴(據). • 群雄割據(군웅할거) 많은(群) 영웅(雄)들이 각각(割) 한 지방에 웅거(據)하여 세력을 과시하며 서로 다투는 상황. **근거 거** • 證據(증거) 어떤 사실을 증명(證)할 수 있는 근거(據).

1112	遽	遽	큰 멧돼지(豦)가 **저돌적으로 급히** 가다(辶).

급히 거
- 急遽(급거) 몹시 서둘러(急) 급작스러운(遽) 모양.

1113	直	直	여러 사람(十)의 눈(目)으로 보더라도 곧고(丨) 바르다(一)

곧을 직
- 單刀直入(단도직입) 혼자서(單) 칼(刀)을 휘두르고 거침없이(直) 적진으로 쳐들어간다(入): 문장이나 언론의 너절한 허두를 빼고 바로 그 요점으로 풀이하여 들어감.

1114	悳	悳	곧고 바른(直) 마음(心).

클 덕/덕 덕

1115	德	德	곧고 바른(直→直) 마음(心)을 실천하다(行→彳).

클 덕/덕 덕
- 道德(도덕) 사회의 구성원들이 양심, 사회적 여론, 관습 따위에 비추어 스스로 마땅히 지켜야 할 행동 준칙이나 규범의 총체.

1116	聽	聽	상대방의 말(呈→王)을 바른(直→直) 마음(心)으로 들어야(耳) 한다.

들을 청
- 視聽者(시청자) 텔레비전의 방송을 보고(視) 듣는(聽) 사람(者).

1117	邁	邁	매우 많이(萬) 가다(辶).

멀리 갈 매
- 邁進(매진) 어떤 일을 전심전력을 다하여(邁) 해 나감(進).

1118	肆	肆	손(⺕)으로 잡은 짐승의 가죽(隶→聿)을 **가게에 제멋대로** 늘어놓고(長→镸) 팔다.

가게 사
- 冊肆(책사) 책을 갖추어 놓고(冊) 팔거나 사는 가게(肆).
- 枯魚之肆(고어지사) 목마른(枯) 물고기(魚)에게 지금 당장 적은 물이 필요하고 그렇지 않으면 죽어(之) 어물전(肆)에서 팔리게 됨: 매우 곤궁한 처지라 당장 조금이라도 도와줘야 함.

방자할 사
- 恣肆(자사) 제멋대로 하는 면이 있음.
  * 隶: 미칠 이[잡은(⺕) 짐승의 털가죽(氺)]
  * 放恣(방자) 잘난 체하고 남을 얕봄: 건방짐

1119	逮	逮	잡으러(隶) 가다(辶).

잡을 체
- 逮捕(체포) 죄인을 쫓아가서(逮) 잡음(捕).

1120	肓	肓	명치끝(月)에 병이 들면 고치기 어려움(亡).

명치끝 황
- 膏肓(고황) 고(膏)는 심장의 아랫부분이고, 황(肓)은 횡격막의 윗부분으로, 이

사이에 병이 생기면 낫기 어렵다고 함.
* 명치: 사람의 복장 뼈 아래 한가운데의 오목하게 들어간 곳.

1121

긴 머리(𠂆)를 **항상 묶고 풍성함**을 주는 어머니(母).

매양 매
- 每樣(매양) 항상(每) 그 모양(樣)으로.
- 每日(매일) 하루하루의 모든(每) 날(日).

1122

한결같은 어머니(每)는 민첩하고(攵) 영리하다.

민첩할 민
- 敏捷(민첩) 재빠르고(敏) 날쌔다(捷).

1123

어머니(每) 은혜에 보답하지 못한 뉘우침(心→忄).

뉘우칠 회
- 後悔(후회) 이전(後)의 잘못을 깨치고 뉘우침(悔).

1124

사람(亻)이 힘이 부족한 어머니(每)를 업신여기다.

업신여길 모
- 侮蔑(모멸) 업신여기고(侮) 얕잡아 봄(蔑).

1125

어머니와 같이 풍성함(每)을 주는 바다(氵).

바다 해
- 海外(해외) 바다(海) 밖(外)의 다른 나라: 외국.

1126

1. 섶에 달려있는 **누에고치를 아름다운 꽃**(爾)으로 봄
2. 누에가 3일 동안 **쉬지 않고** 실을 토해 옷을 **꿰매듯**, 빠진 곳이 없이 **두루두루** 꽃(爾) 같은 고치를 만듦.
3. 누에는 온도에 민감하여 언제나 방안에서 **곁에** 두고 조심스레 관리해야 함
4. 너는 나에게 **가장 가깝고 아름답게 빛나는 꽃**과 같은 존재이다.

너 이
- 出爾反爾(출이반이) 너(爾)에게서 나온 것(出)은 너(爾)에게로 돌아감(反).

꽃 많고 성한 모양 이
- 莞爾(완이) 꽃(爾)처럼 빙그레 웃는(莞) 모양.

1127

꽃처럼 아름다운 너(爾)에게 가까이 가다(辶).

가까울 이
- 遠邇(원이) 먼 곳(遠)과 가까운 곳(邇).
* 遠邇=遠近

1128

1. **성실한**(厶) 사람(儿).
2. **진실한** 상대방(儿)에게 승낙하다(口→厶).

진실로 윤
- 允玉(윤옥) 탁월한(允) 옥(玉) 같은 아들: 상대방의 아들.
- 允許(윤허) 임금이 진실한(允) 신하의 청을 허락(許)함.

번호	고문	해서	설 명
1129		夋	진실한 사람(允)이 천천히 당당히 걷는(夊) **뛰어난** 모습. 천천히 걸을 준
1130		悛	**뛰어난** 사람(俊→夋)은 잘못을 곧 깨우치고(忄) **고침**. 고칠 전 • 改悛(개전) 잘못을 뉘우쳐(改) 개심함(悛).
1131		俊	뛰어난(夋) 사람(亻). 준걸 준 • 俊傑(준걸) 재주와 지혜가 뛰어난 사람. * 傑: 뛰어날 걸
1132		夂彡	**끊임없이** 갈고 닦아(夊) 빛나게 하다(彡). 닦을 수/기를 수
1133		攸	물(川→丨)이 **긴 시간**에 걸쳐 **자연스러운 물줄기**를 이루듯이(夊), 사람(亻)도 그렇게 해야 함. 아득할 유/ 오랠 유
1134		修	오랫동안 재능을 갈고 닦아야(攸) 빛난다(彡). 닦을 수 • 硏修(연수) 학문 따위를 연구(硏)하고 닦음(修).
1135		悠	**한가로운** 마음으로(心) 오랜 시간 수양(修→攸)을 해야 **멀리 있는 도**를 깨칠 수 있음. 멀 유 • 悠久(유구) 까마득히 오래되고(悠) 시간이 길게(久). 한가할 유 • 悠悠自適(유유자적) 속세를 떠나 아무 속박 없이(悠悠) 스스로(自) 즐기며(適) 삶.
1136		脩	오래 말리고 다듬은(修→攸) 고기(月). 포 수 • 束脩(속수) 포개어 묶은(束) 육포(脩): 제자가 되려고 스승을 처음 뵐 때에 드리는 예물/예전에 중국에서 열 조각의 육포를 묶어 드렸음/입학할 때에 내는 돈. * 포: 얇게 저미어서 양념을 하여 말린 고기.
1137		條	**갈라지는** 물줄기(攸)처럼 나무(木)에서 **갈라져** 나온 **새로운 가지**. 가지 조 • 條項(조항) 법률이나 규정 따위의 조목(條)이나 항목(項). • 條件(조건) 어떤 일을 이루게 하거나 이루지 못하게 하기 위하여 갖추어야 할(條) 상태나 요소(件).
1138		滌	물(氵)을 나뭇가지(條) 모양으로 흘려서 **씻다**. 씻을 척

번호	고문	해서	설 명
			• 洗滌(세척) 깨끗이 씻음.
1139	肝	肝	몸(月)에 들어온 독을 무찌르는(干) 간. **간 간** • 肝膽(간담) 간(肝)과 쓸개(膽): 속마음.
1140	悟	悟	외부와 소통하는 내(吾)가 깨닫는 마음(忄). **깨달을 오** • 大悟(대오) 크게(大) 깨달음(悟): 똑똑히 이해함.
1141	串	串	바다 쪽으로 부리 모양처럼 뾰족하게 뻗은 육지. **곶 곶/꼬챙이 찬/꿰미 천**
1142	患	患	심장(心)을 꿰뚫는(串) **근심과 질병.** **근심 환** • 有備無患(유비무환) 준비(備)가 있으면(有) 근심(患)이 없다(無). **질병 환** • 患者(환자) 병을 앓는(患) 사람(者).
1143	墨	墨	아궁이, 창문, 굴뚝에 생기는 그을음(黑)에 흙(土)을 섞고 휘저어 만든 먹. **먹 묵** • 近墨者黑(근묵자흑) 먹(墨)을 가까이하는(近) 사람(者)은 검어진다(黑): 나쁜 사람을 가까이하면 그 버릇에 물들기 쉽다는 말. • 墨香(묵향) 먹(墨)에서 나는 향기(香).
1144	肪	肪	육체(月)가 사방(方)으로 내밀다. **살찔 방** • 脂肪(지방) 지방산과 글리세롤이 결합한 유기 화합물: 에너지원이지만 몸무게가 느는 원인이 되기도 함.
1145	被	被	짐승의 가죽(皮)처럼 **겉에 덮는 옷(衣).** **입을 피/이불 피/덮을 피/받을 피** • 被害(피해) 어떤 사람이 재물을 잃거나 신체적·정신적으로 해(害)를 입은 상태(被).
1146	梯	梯	순서(弟)대로 오르고 내리는 나무(木)사다리. **사다리 제** • 階梯(계제) 계단(階)과 사닥다리(梯).
1147	傲	傲	나가서(出→土) 멋대로(放) 노는(敖) 사람(亻). **거만할 오** • 傲慢(오만) 태도나 행동이 거만하거나(傲) 건방짐(慢). 　*倨慢(거만) 잘난 체하며(倨) 남을 업신여기는(慢) 데가 있음.
1148	傷	傷	사람(亻)이 화살(矢→丿)에 맞아 열이 나다(昜).

번호	고문	해서	설 명
			다칠 상 • 傷處(상처) 몸의 다친(傷) 자리(處).
1149	煩	頃	바른 머리(頁)가 잠깐 변화(化→匕)되어 기울다. **잠깐 경** • 命在頃刻(명재경각) 목숨(命)이 아주 짧은 시간(頃刻)에 달렸다(在): 숨이 곧 끊어질 지경에 이름/거의 죽게 됨. **이랑 경** * 이랑: 밭 넓이 단위, 갈아 놓은 밭의 한 두둑과 한 고랑을 아울러 이르는 말.
1150	傾	傾	사람(亻)이 머리(頁)를 기울이다(匕). **기울 경** • 傾斜(경사) 비스듬히(斜) 기울어짐(傾). * 化= 亻(바르게 서 있는 사람)+匕(넘어진 사람)
1151	棄	棄	거꾸로 된 아기 즉, 죽은 아기(㐬)를 삼태기(朶)에 담아 **버리다**. **버릴 기** • 暴棄(포기) 절망에 빠져 자신을 스스로 포기하고(暴) 돌아보지 아니함(棄).
1152	熮	烈	불(火→灬)이 **세차고 뜨거워** 물건이 갈라지다(列). **세찰 렬(열)** • 猛烈(맹렬) 기세가 몹시 사납고(猛) 세참(烈).
1153	烏	烏	몸이 까만 까마귀는 눈동자가 잘 보이지 않기에 조(鳥)자의 눈 부분에 획(一)을 하나 생략하여 사용함. **까마귀 오** • 烏竹(오죽) 작고 검은색(烏)의 대나무(竹): 여러 가지 기구를 만드는데 쓰임.
1154	捧	捧	예쁜 것(丰)을 손(扌, 丰, 廾)으로 바치다. **받들 봉** • 捧納(봉납) 물품 따위를 바치거나(捧) 물품 따위를 거두어들임(納).
1155	猒	猒	먹고 싶은(甘→曰) 개(犬)고기(月)를 너무 먹어 **물린 상태**라 더 이상 먹을 수 없음. **물릴 염/싫어할 염/안정될 염**
1156	厭	厭	바위(厂)가 배를 **누르는** 것처럼, 배가 터질 정도로 먹어(猒) **싫다**. **싫어할 염** • 厭症(염증) 싫은(厭) 생각이나 느낌(症).
1157	壓	壓	흙(土)으로 누르다(厭). **누를 압** • 壓力(압력) 누르는(壓) 힘(力).

번호	고문	해서	설 명
1158	棘	棘	나무(木)의 가시(一). **가시 극** • 荊棘(형극) 나무의 가시: 고난의 길. 　* 朿: 가시 자
1159	補	補	옷(衣)의 헤진 부분을 깁다(甫). **기울 보** • 亡牛補牢(망우보뢰) 소(牛)를 잃고서(亡) 그 우리(牢)를 고치다(補): 실패한 후에 일을 대비함/이미 어떤 일을 실패한 뒤에 뉘우쳐도 소용이 없음.
1160	將	將	**장차** 치러질 전쟁에 앞서, 고기(月)를 바치기(寸)위해 제단(爿)으로 **나아가는 장수**. **장차 장** • 將次(장차) 앞으로(將) 어느 때(次). **나아갈 장** • 日就月將(일취월장) 날(日)마다 나아지고(就) 달(月)마다 나아진다(將). **장수 장** • 將帥(장수) 군사를 거느리는 우두머리.
1161	壯	壯	제단(爿)처럼 튼튼하고 웅장한 선비(士). **튼튼할 장/웅장할 장** • 壯士(장사) 몸이 우람하고 힘이 아주 센(壯) 사람(士). • 豪言壯談(호언장담) 분수에 맞지 않는(豪) 말(言)을 큰소리로 자신 있게(壯) 말함(談).
1162	裝	裝	옷(衣)을 보기 좋게(壯) 꾸며 입다. **꾸밀 장** • 服裝(복장) 옷(服)을 차려입은 모양(裝). • 裝備(장비) 갖추어(裝) 차림(備).
1163	咅	咅	1. 식물의 뿌리부분을 견고히 하려고(立) 흙무더기(口)로 북을 주다. 2. 상대방에게 날카로운(辛→立) 말(口)을 하고 **갈라서다.**
1164	培	培	식물의 뿌리 부분에 흙(土)으로 북을 주다(咅). **북을 돋을 배** • 栽培(재배) 식물을 심어(栽) 가꿈(培).
1165	倍	倍	사람(亻)과 사람이 갈라서는(咅) 것은 둘로 되고 곱으로 되는 것임. **곱 배** • 倍數(배수) 어떤 수의 갑절(倍)이 되는 수(數).
1166	剖	剖	칼(刂)로 나누다(咅). **쪼갤 부** • 解剖(해부) 생물체의 일부나 전부를 갈라(解) 헤쳐(剖) 그 내부 구조와 각 부분 사이의 관련 및 병인, 사인 따위를 조사하는 일.

번호	고문	해서	설명
1167		部	읍(邑→阝)이 커지자, 나누어(咅) **부분**으로 관리하다. 부분 부 • 部分(부분) 전체를 몇 개로 나눈(部) 것의 하나(分). • 細部(세부) 자세(細)한 부분(部).
1168		士	허리춤에 도끼(士)를 차고 있는 사람으로 선비, 관리, 사내, 군사 등을 뜻함. 선비 사 • 萬物博士(만물박사) 여러(萬) 방면(物)에 박식한(博) 사람(士).
1169		飮	음식(食)을 입을 벌려 마시다(欠). 마실 음 • 飮食(음식) 사람이 마시고(飮) 먹는(食) 것을 통틀어 이르는 말.
1170		垂	흙(土) 위에 초목의 꽃이나 잎이 늘어진 모양(𠂹). 드리울 수 • 垂直(수직) 똑바로(直) 드리우는(垂) 상태.
1171		郵	초목이 드리워진 변방(垂)과 성(邑→阝) 사이에 문서를 주고받다. 우편 우 • 郵便(우편) 정부의 관할 아래 서신이나 기타 물품을 국내나 전 세계에 보내는(郵) 업무(便).
1172		拜	두 손(手)을 모아 자신을 낮추며(下→T) 상대방을 공경하다. 절 배 • 百拜謝禮(백배사례) 거듭(百) 절(拜)을 하며 고맙다(謝)는 뜻을 나타냄(禮).
1173		享	**사당**(享)에서 제물을 **드리면** 신께서 **누리다**. 드릴 향 • 享祀(향사) 제사(祭)를 올리는 일(享). 누릴 향 • 享有(향유) 누리어(享) 가짐(有). * 祠堂(사당): 조상의 신주(神主)를 모셔 놓은 집.
1174		了	막 태어난 신생아(了)의 모습으로, 출산의 과정을 완전히 **마쳤고, 깨달았다**. 마칠 료(요) • 完了(완료) 완전(完)히 끝마침(了). 깨달을 료(요) • 了解(요해) 깨달아(了) 알아냄(解).
1175		亨	사당(享→古)에서 제물을 드리고, 신께서 **누리신 후**(了)에 만사가 **형통하다**. 형통할 형 • 萬事亨通(만사형통) 모든(萬) 것(事)이 뜻대로 잘됨(亨通).

번호	고문	해서	설 명
1176	羍	烹	자손들의 만사형통(亨)을 위해 제물을 솥에 넣어 불(火→灬)로 삶다. **삶을 팽** • 治大國 若烹小鮮(치대국 약팽소선) 큰(大) 나라(國)를 다스리는 것(治)은 작은(小) 생선(鮮)을 삶는 것(烹)과 같다(若): 무엇이든 가만히 두면서 지켜보는 것이 가장 좋은 정치란 뜻.
1177	價	價	재화(貝)를 사서 보관하고(襾) 값을 매겨 사람(亻)에게 팔다 **값 가** • 價格(가격) 물건이 지니고 있는 가치(價)를 돈으로 나타낸 것(格). • 價値(가치) 대상이 인간과의 관계에 의하여 지니게 되는 중요성. 　* 襾(덮을 아)=襾=西
1178	惻	惻	청동기 솥(鼎→貝)에 칼(刂)로 새기듯, 마음(心)에 새겨진 슬픔. **슬퍼할 측** • 惻隱(측은) 가엾고(惻) 불쌍함(隱).
1179	愁	愁	추수(秋) 후 세금에 관한 근심(心). **근심 수** • 鄕愁(향수) 고향(鄕)을 그리워하는 마음이나 시름(愁).
1180	軺	車	수레바퀴의 모양. **수레 차** • 自動車(자동차) 원동기를 장치하여 그 동력으로 바퀴를 굴려서(自) 철길이나 가설된 선에 의하지 아니하고 땅 위를 움직이도록(動) 만든 차(車). **수레 거** • 讀五車書(독오거서) 다섯(五) 대의 수레(車)에 가득히 실을 만큼 많은 책(書)을 읽음(讀).
1181	俞	俞	수술도구(亼)로 몸의 썩은 부분(月)을 잘라내는(巜) 고통을 견디면, 점점 병이 나아지고 건강상태가 좋아짐. **병이 나을 유/점점 나아갈 유**
1182	愉	愉	마음(忄)이 나아지다(俞). **즐거울 유** • 愉快(유쾌) 마음이나 기분이 흐뭇하고(愉) 좋은 상태(快)에 있음.
1183	愈	愈	마음(心)이 **점점** 좋아지거나 나빠지다(俞). **점점 유** • 愈出愈怪(유출유괴) 가면(出) 갈수록(愈) 더욱(愈) 괴상(怪)해짐.
1184		喩	병을 고쳐서 고통을 없애듯, 쉬운 말(口)로 **깨우치게(俞)** 하여 고통을 없애다. **깨우칠 유** • 比喩(비유) 어떤 현상이나 사물을 직접 설명하지 아니하고 다른 비슷한 현상이나 사물에 빗대어서(比) 설명하다(喩).

번호	고문	해서	설 명
			* 比喩=譬喩
1185		焉	새(鳥→鳥)가 **어떠한 이유**로 이것이 옳은가(正) 물어봄. **어찌 언** • 焉敢生心(언감생심) 어찌(焉) 감히(敢) 그런 마음(心)을 품을 수 있겠냐(生): 전혀 그런 마음이 없었음을 이르는 말.
1186		外	점(卜)을 아침에 치지만, 급한 경우에 저녁(夕)에 **예외적**으로 칠 수 있다. **바깥 외** • 門外漢(문외한) 어떤 일(門)에 바로 관계가 없는(外) 사람(漢): 어떤 일에 전문적 지식이나 조예가 없는 사람.
1187		載	1년 동안 준비한 군수품을 수레(車)에 가득 싣고(𢦏→𢦏) 전쟁을 시작하다. **실을 재** • 揭載(게재) 글이나 그림 따위를 신문이나 잡지 따위에 실음(揭載). **해 재** • 千載一遇(천재일우) 천(千) 년(載)에 한 번(一) 만난다(遇): 좀처럼 얻기 어려운 좋은 기회를 이르는 말. * 𢦏: 재난 재/처음 재/올릴 재
1188		需	비(雨)를 만난 사람(大→而)은 우산을 **구하고**, 우산은 비를 가리는데 **쓰임**. **구할 수/쓰일 수** • 需要(수요) 어떤 재화나 용역을 일정한 가격으로 사려고 하는(需) 욕구(要).
1189		儒	다른 사람에게 필요로 하는(需) 사람(亻). **선비 유** • 儒學(유학) 공자의 도를 배우는 전통적 선비 공부(儒)로서의 동양철학(學).
1190		㐭	곳집의 지붕(亠)과 곳집의 빙 두른 벽(回) **곳집 름**
1191		啚	성(口)에서 멀리 떨어진 **변방**에 곡식창고(㐭)를 짓고, 미래를 **계획하다**. **시골 비/꾀할 도**
1192		鄙	곡식창고(啚)가 있는 시골(邑→阝)은 서울에 비하여 촌스럽고 **더럽다**. **더러울 비** • 鄙地(비지) 보잘것없는(鄙) 곳(地): 자기가 사는 곳을 겸손하게 이르는 말.
1193		圖	읍(口)과 변두리(啚)를 모두 **그려** 넣은 지도를 보고 앞일을 **계획**하다. **그림 도** • 鳥瞰圖(조감도) 높이 있는 새(鳥)가 아래를 내려다본(瞰) 상태의 그림(圖)이나 지도. **계획할 도** • 各自圖生(각자도생) 저마다(自) 따로따로(各) 살아갈(生) 방법을 도모(圖)함.

번호	고문	해서	설　명
			* 瞰: 굽어볼 감 * 瞰: 굽어볼 감[위에서 내려다보고(目), 적군을 공격(攻)하여 적군의 귀(耳)를 자르는 용감함]
1194	稟	稟	곳집(回)의 벼(禾)를 관리함. **여쭐 품/줄 품/받을 품** • 稟議(품의) 웃어른이나 또는 상사에게 글이나 말로 여쭈어(稟) 의논(議)함. * 稟=禀
1195	焜	焜	불(火)이 뒤섞여(昆) 빛남. **빛날 혼** • 焜燿(혼요) 빛이 남
1196	鬼	鬼	가면(由)을 쓴 꼬리(厶)가 달린 사람(儿)의 모습으로, **몰아내거나 섬겨야할** 귀신. **귀신 귀** • 鬼神(귀신) 사람의 죽은 넋: 사람에게 **복과 화**를 준다는 정령/어떤 일을 유난히 잘하는 사람.
1197	塊	塊	가면을 쓴 귀신의 큰 머리(鬼) 모양의 흙(土)덩어리. **흙덩어리 괴** • 金塊(금괴) 금(金)덩어리(塊).
1198	愧	愧	**부끄러운** 마음(忄)이 들게 하여 귀신(鬼)을 몰아내다. **부끄러울 괴** • 自愧之心(자괴지심) 스스로(自) 부끄럽게(愧) 여기는(之) 마음(心).
1199	賂	賂	자연스럽게 목적지로 가는(各)듯한 부정한 재화(貝). **뇌물 뇌** • 賂物(뇌물) 자기의 뜻하는 바를 이루기 위하여 남에게 몰래 주는(賂) 정당하지 못한 재물(物).
1200	奉	奉	아름다운 나무(丰→龶)를 두 손(廾)과 또 다른 손(手→キ)으로 받들다. **받들 봉** • 奉仕(봉사) 국가나 사회 또는 남을 위하여 자신을 돌보지 아니하고 힘을 바쳐(奉) 애씀(仕). * 仕: 섬길 새[선비(士)가 윗사람(亻)을 섬기다]
1201		套	오래된(镸) **버릇**으로 크게(大) **덮다.** **버릇 투** • 常套的(상투적) 늘(常) 써서 **버릇이 되다시피(套)** 한(的). **씌울 투** • 封套(봉투) 편지나 잡지 따위를 싸서 봉하는(封) 주머니(套).
1202	參	參	여러 개의 별(厶)이 빛나는(彡) 곳에서 사람(人)이 참배하다.

149

번호	고문	해서	설 명
			석 삼
			참여할 참
			• 參與(참여) 참가(參)하여 관계(與)함.
1203	慘	慘	주위의 **불필요한 참여(參)**가 사람의 마음(忄)을 비참하게 만들다.
			참혹할 참
			• 慘酷(참혹) 비참하고(慘) 끔찍함(酷): 지나칠 정도로 한심함.
1204		慍	마음(忄)에 꽉 찬 열기(溫→昷)로 성내다.
			성낼 온
			• 慍色(온색) 성낸(慍) 기색(色): 성낸 얼굴빛.
			* 溫色(온색) 따뜻한(溫) 느낌을 주는 색(色)
1205	亨	克	무거운 투구(十)와 갑옷(口)의 무게를 **이겨 내는 사람(儿).**
			이길 극
			• 克己(극기) 자기(己)의 감정이나 욕심 등을 이성적 의지로 눌러 이김(克).
1206	兢	兢	투구를 쓰고 갑옷을 입은 두 사람(兢)이 싸울 때 서로 **떨리다.**
			떨릴 긍
			• 戰戰兢兢(전전긍긍) 겁을 먹고 벌벌 떨고(戰戰) 조심해 몸을 움츠리는 것(兢兢)으로 어떤 위기감에 떠는 심정을 비유한 말.
			* 戰: 싸움 전, **떨 전**
1207	奧	奧	깊은 구멍(穴→宀) 안에 있는 것은 볼 수 없어서, 두 손(廾→大)을 넣어 만져보고 분별해야 함(釆).
			깊을 오
			• 山間奧地(산간오지) 산(山)과 산 사이(間)에 산골짜기가 많은 곳의 깊숙하고 궁벽한(奧) 곳(地).
			• 深奧(심오) 이론 따위가 썩 깊고(深) 오묘(奧)함.
1208	彗	彗	1. 가지가 많은 대나무로 만든 **비**(丰丰)를 잡은 손(彐). 2. 빗자루 모양의 살별
			비 혜
			• 彗掃(혜소) 비(彗)로 깨끗이 청소(掃)함.
			살별 혜
			• 彗星(혜성) 가스 상태의 빛나는 긴 꼬리를 끌고(彗) 태양을 초점으로 긴 타원이나 포물선에 가까운 궤도를 그리며 운행하는 천체(星): 어떤 분야에서 갑자기 뛰어나게 드러나는 존재를 비유적으로 이르는 말.
1209	慧	慧	마음(心)의 잡념을 쓸어내(彗) **슬기롭게 되다.**
			슬기로울 혜
			• 智慧(지혜) 사물의 이치를 빨리 깨닫고(智) 사물을 정확하게 처리하는 정신적 능력(慧).
			* 智慧=知慧

번호	고문	해서	설 명
1210	內	內	어떤 범위(冂) **안으로 들어감**(入). **안 내** • 內容(내용) 그릇이나 포장 따위의 안(內)에 든 것(容): 사물의 속내를 이루는 것.
1211	全	全	모아서 덮어 놓은(入) 물건 중 **가장 좋은 옥**(玉→王). **온전할 전** • 安全(안전) 편안(安)하여 탈이나 위험성이 없음(全).
1212	慨	慨	마음(忄)을 꽉 차게(旣) 하는 슬픈 일. **슬퍼할 개** • 憤慨(분개) 몹시 분하고(憤) 못 마땅히 여기다(慨).
1213	慷	慷	마음(忄)을 절굿공이로 찧듯(康) 화가 **나다**. **강개할 강** • 慷慨(강개) 의롭지 못한 것을 보고 의기가 북받쳐 원통하고(慷) 슬픔(慨).
1214	腸	腸	햇볕이 대지 아래로 퍼지듯(昜) 음식물이 창자를 거쳐 온몸(月)으로 퍼져나감. **창자 장** • 胃腸(위장) 위(胃)와 창자(腸).
1215	妄	妄	여자(女)가 도리나 예법에 어둡고 이치에 거슬리다(亡). **망령될 망** • 輕妄(경망) 행동이나 말이 가볍고(輕) 조심성이 없음(妄).
1216	黍	黍	뿌리가 **많아**(氽) 가뭄에 잘 자라고 빨리 수확할 수 있는 곡식(禾)으로 기장을 뜻함. **기장 서** • 黍離之歎(서리지탄) 나라가 멸망(離)하여 궁궐터에 기장(黍)만이 자라 황폐해진 것을 보고 하는(之) 탄식(歎): 세상의 성함과 쇠함이 서로 바뀌어 무상함을 탄식하는 것을 이르는 말/부귀영화의 무상함에 대한 탄식. *기장: 환경이 나쁜 곳에서도 잘 자라고 **무리지어** 빽빽이 성장함.
1217	黎	黎	이로움(利→刂→勿)을 **많이** 주는 기장(黍)은 수확할 **무렵** 이삭과 잎 등이 **거무스름**해짐. **많을 려** • 黎民(여민) 많은(黎) 백성(民): 벼슬이 없어 관을 쓰지 않아 **검은 머리가 보이는** (黎) 민중(民). **검을 려** • 黎明(여명) 희미하게(黎) 날이 밝아(明) 오는 빛: 그런 무렵. * 利=朰
1218	禍	禍	신(神→示)이 주는 재앙(咼). **재앙 화** • 舌禍(설화) 연설(舌)이나 강연 따위의 내용·말이 법률에 저촉되거나 타인을 노하게 하여 받는 재난(禍).

번호	고문	해서	설 명
1219	髙	膏	고기(月)의 맛이 좋은(高) 부분. **기름 고** • 軟膏(연고) 의약품에 지방산(膏), 바셀린, 수지 따위를 섞은 반고형(軟) 외용약.
1220	冃	冃	모자 모양. **쓰개 모** * 冃=帽
1221	冒	冒	눈(目)을 모자(冃)로 가리고 위험을 **무릅쓰고** 길을 뚫고 나가다. **무릅쓸 모** • 冒險(모험) 위험(險)을 무릅쓰고(冒) 어떤 일을 함
1222	熟	熟	사당(享)에서 불(灬)로 **완전히 익힌** 제물을 두 손(丸)으로 바치다. **익을 숙** • 熟考(숙고) 곰곰이(熟) 잘 생각함(考).
1223	羽	羽	양쪽 날개 깃. **깃 우** • 羽化(우화) 날개(羽)가 생겨(化) 하늘을 낢: 곤충의 번데기가 변태하여 성충이 되는 일.
1224	翏	翏	새가 양 날개(羽)와 꽁지깃(㐱)을 뻗어 **바람소리**를 내며 **높이 날다**. **바람 소리/높이 날다 료**
1225	戮	戮	양 날개(羽)와 꽁지깃(㐱)을 창(戈)으로 잘라 죽이다. **죽일 륙(육)** • 殺戮(살육) 사람을 마구 죽임.
1226	膠	膠	양 날개(羽)와 꽁지깃(㐱)이 단단히 붙어 있는 것처럼, 동물(月)의 가죽·힘줄· 창자·뼈 등을 끓여서 만든 아교는 떨어진 두 물체를 단단히 붙게 한다. **아교 교** • 阿膠(아교) 짐승의 가죽, 힘줄, 뼈 따위를 진하게 고아서 굳힌 끈끈한 것. • 膠着(교착) 아주 단단히 달라붙음: 어떤 상태가 굳어 조금도 변동이나 진전이 없이 머묾.
1227	勠	勠	높이 날기 위해(翏) 힘을 합하다(力). **힘 합할 륙(육)**
1228	卸	卸	사람(卩)이 말을 모는 채찍(午)을 멈추고(止) 마차에서 짐을 내리거나 말을 풀어주다. **(짐을)풀 사**
1229	御	御	신하(卩)가 마차에 **임금을 모시고** 채찍(午)으로 말을 **거느리고** 길(行→彳)을 가다(止).

임금 어
- 御史(어사) 왕(御)의 명령으로 특별한 임무를 맡아 지방에 파견되는 임시직 관리(史).

모실 어
- 御前(어전) 존귀한 분을 옆에서(前) 모심(御).

거느릴 어
- 制御(제어) 상대편을 억눌러서(制) 제 마음대로 다룸(御): 감정, 충동, 생각 따위를 막거나 누름/기계나 설비 또는 화학 반응 따위가 목적에 알맞은 작용을 하도록 조절함.

| 1230 | 禦 | 禦 | 신(神→示)을 모시고(御) 재앙을 **막다**. |

막을 어
- 防禦(방어) 상대편의 공격을 막음.

| 1231 | 親 | 親 | 나무(木)에 날붙이(辛→立)로 조각할 때 매우 **가까이** 보다(見). |

친할 친
- 親舊(친구) 오래 두고(舊) 가깝게 사귄(親) 벗.

| 1232 | 榮 | 榮 | 나무(木)의 꽃(炏)이 만개하여 아래로 늘어져(冖) **아름답다**. |

영화 영/꽃 영
- 榮華(영화) 몸이 귀하게 되어(榮) 이름이 세상에 빛남(華).
  * 映畫(영화) 일정한 의미를 갖고 움직이는 대상을 촬영하여(畫) 영사기로 영사막에 재현하는(映) 종합 예술.

| 1233 | 禮 | 禮 | 신(神→示)에게 바치는 제사 음식을 그릇에 가득 담는(豊) 법. |

예도 례(예)
- 禮度(예도) 예의(禮)와 예절로 지켜야 할 법도(度).
- 克己復禮(극기복례) 자기(己)의 욕심을 누르고(克) 예의범절(禮)을 따름(復).

| 1234 | 馮 | 馮 | 말(馬)의 힘을 빌려 얼어붙은(冫) 강을 **건너다**. |

도섭할 빙
- 暴虎馮河(포호빙하) 범(虎)을 맨손으로 두드려 잡고(暴), 큰 강(河)을 배 없이 걸어서 건넌다(馮): 용기는 있으나 무모하기 이를 데 없는 행위.
  * 渡涉(도섭) 물을 건넘

| 1235 | 憑 | 憑 | 말의 힘에 기대는(馮) 마음(心). |

기댈 빙
- 憑藉(빙자) 남의 힘을 빌려서(藉) 의지(憑)함.

| 1236 | 熱 | 熱 | 힘이 있는(埶) 불(灬). |

더울 열
- 熱心(열심) 어떤 일에 온 정성(心)을 다하여 골똘하게 힘씀(熱).

번호	고문	해서	설 명
1237	䲰	詹	1. 처마가 용마루와 지붕을 **넉넉하게 짊어지고** 집을 **깨끗하게** 보호함 2. 처마에서 용마루까지 끊어지지 않고 죽 **이어져** 있음 3. 처마의 낙숫물 소리는 **같은 소리로** 요란하게 계속 울려 퍼짐 　넉넉할 담/이를 첨
1238	㨫	擔	손(扌)으로 넉넉하게 짊어짐(詹) 　멜 담 • 擔當(담당) 어떤 일을 넘겨 맡음.
1239	膽	膽	큰 간을 넉넉하게 짊어지고(詹) 몸(月)을 정화하는 쓸개. 　쓸개 담 • 肝膽相照(간담상조) 간(肝)과 쓸개(膽)를 내놓고 서로에게(相) 내보인다(照): 서로 마음을 터놓고 친밀히 사귐.
1240	憺	憺	마음(忄)이 시끄러워(詹) 참담함. 　참담할 담 • 慘憺(참담) 딱하고 슬픈 모양(模樣): 비참하고 가슴 아픈 모양.
1241	澹	澹	물(氵)이 깨끗하여(詹) 조용함. 　조용할 담 • 暗澹(암담) 어두컴컴하고(暗) 쓸쓸하다(澹): 희망이 없고 절망적이다.
1242		蟾	수다스런(詹) 벌레(虫). 　두꺼비 섬 • 蟾光(섬광) 두꺼비(蟾)의 빛(光): '달빛'을 달리 이르는 말.
1243	瞻	瞻	눈(目)이 목적한 곳에 이르다(詹). 　볼 첨 • 瞻星臺(첨성대) 천문(星)을 관측(瞻)하던 대(臺).
1244	駮	駁	**사납게 공격하여(爻)** 호랑이를 잡아먹는 외뿔박이 말(馬). 　논박할 박 • 論駁(논박) 어떤 주장이나 의견에 대하여 그 잘못된 점을 조리 있게(論) 공격하여(駁) 말함. * 爻 ① 연결하다 ② 교차하다
1245	尞 尞	尞	엮은 홰(㬎)에 켠 불(火)과 흩어지는 불 티(一) 　횃불 료 * 홰: 싸리, 갈대, 또는 노간주나무 따위를 묶어 불을 붙여서 밤길을 밝히거나 제사를 지낼 때에 씀.
1246	燎	燎	빛나는(尞) 불(火). 　횃불 료/화톳불 료/제사 료/비출 료/밝을 료 • 百花燎亂(백화요란) 온갖(百) 꽃(花)이 불이 타오르듯이(燎) 피어 매우 화려(亂)함.

번호	고문	해서	설 명
			* 화톳불: 한데다가 장작 따위를 모으고 질러 놓은 불. * 톳: 김 100장/자른 **나무토막**.
1247		僚	내 앞길을 밝혀주는(尞) 친구 또는 관리(亻). ーーーーーーーーーーーーーーーーーーーーーーーーーーー **동료 료(요)** • 同僚(동료) 같은 곳(同)에서 같은 일을 보는 사람(僚). **관리 료(요)** • 官僚(관료) 같은 관직(官)에 있는 동료(僚).
1248		療	병에 걸려 침대(疒)에 드러누운 사람(ㅗ)이 **병을 고쳐** 밝아지다(尞). ーーーーーーーーーーーーーーーーーーーーーーーーーーー **병 고칠 료(요)** • 治療(치료) 병이나 상처를 다스려서(治) 낫게(療) 함. • 療養(요양) 휴양하면서(養) 조리하여 병을 치료(療)함.

1249		遼	화톳불(燎→尞)을 놓아 **아득히 면**(辶) 하늘에 제사를 지냄.
			ーーーーーーーーーーーーーーーーーーーーーーーーーーー
			멀 료
			• 遼遠(요원) 공간적으로 까마득히(遼) 멂(遠): 시간적으로 먼 훗날에나 가능한 상
			  태에 있음/현재나 당장에는 불가능한 상태에 있음.
			  * 遼遠=遙遠

1250		雁	집(广)에서 사람(亻)이 **매**(隹)를 **훈련시켜**, 매가 사람을 **따름**. ーーーーーーーーーーーーーーーーーーーーーーーーーーー **매 응**
1251		應	사람의 마음(心)에 응하는 매(雁). ーーーーーーーーーーーーーーーーーーーーーーーーーーー **응할 응** • 適應(적응) 일정한 조건이나 환경 따위에 맞추어 응하거나(應) 알맞게 됨(適): 생물이 주위 환경에 적합하도록 형태적·생리학적으로 변화함.
1252		量	곡물을 넣는 자루(重) 위에 깔때기(日)를 댄 모양을 본떠, **분량을 헤아리다**. ーーーーーーーーーーーーーーーーーーーーーーーーーーー **헤아릴 량(양)** • 降水量(강수량) 비, 눈, 우박 등으로 지상에 내린(降) 물(水)의 총량(量).
1253		追	언덕(阜→自)너머로 도망간 적이나 산짐승을 **쫓아가다**(辶). ーーーーーーーーーーーーーーーーーーーーーーーーーーー **쫓을 추/따를 추** • 追求(추구) 어디까지나 뒤쫓아(追) 구(求)함: 목적한 바를 이루고자 끝까지 쫓아 구함.
1254		槌	목표물을 쫓아가는(追) 나무(木) 망치. ーーーーーーーーーーーーーーーーーーーーーーーーーーー **망치 퇴** • 鐵槌(철퇴) 쇠(鐵)몽둥이(槌).
1255		兀	높고(儿) 위가 평평한 모양(一). ーーーーーーーーーーーーーーーーーーーーーーーーーーー **우뚝할 올**

번호	고문	해서	설 명
1256	垚	垚	흙(土)을 높이 쌓은 모양. **높은 모양 요**
1257	堯	堯	높고(垚) 우뚝한(兀)모양. **높을 요/요임금 요**
1258	燒	燒	불(火)이 높게(堯) 타오르다. **불사를 소** • 燃燒(연소) 물질이 산소와 화합(燃)할 때에, 많은 빛과 열을 내는 현상(燒). • 燒酒(소주) 쌀이나 수수 또는 그 밖의 잡곡을 쪄서 누룩과 물을 섞어 발효시켜 증류한(燒) 무색투명의 술(酒).
1259		秘	세금(禾)으로 뺏기지 않기 위하여, 벼를 빈틈없이(必) **숨기다.** **숨길 비** • 秘密(비밀) 남에게는 알려서는 안 되거나(秘) 드러내지 않아야(密) 할 일. * 秘密=祕密
1260	律	律	법령을 만들어(聿) 널리 보급하다(彳). **법칙 률(율)** • 二律背反(이율배반) 두 가지(二) 규율(律)이 서로 등지고(背) 반대(反)된다: 동일 법전에 포함되는 개개 법문 간의 모순. • 自律(자율) 남의 지배나 구속을 받지 아니하고 자기 스스로(自)의 원칙(律)에 따라 어떤 일을 하는 일/자기 스스로 자신을 통제하여 절제하는 일.
1261	租	租	농토를 빌린 대가를 곡식(禾)으로 갚다(且). **조세 조** • 租稅(조세) 국가 또는 지방 공공 단체가 필요한 경비로 사용하기 위하여 국민이나 주민으로부터 강제로 거두어들이는 금전(租稅). * 且(또 차) 조상의 이름을 적은 위패를 모시고, 제물을 바치다.
1262	營	營	등불을 밝힌(熒) 집(宮→呂)에서 밤까지 **일하다.** **경영할 영** • 經營(경영) 기업이나 사업 따위를 관리하고(經) 운영함(營).
1263	梨	梨	날카로운 가시(利)가 있는 나무(木). **배 리** • 梨花(이화) 배나무(梨) 꽃(花).
1264	臭	臭	개(犬)가 코(自)로 냄새를 잘 맡다. **냄새 취** • 口尙乳臭(구상유취) 입(口)에서 아직(尙) 젖(乳) 냄새가 난다(臭): 말과 하는 짓이 아직 유치함.
1265	吝	吝	빛나는(文) 말(口)을 소중히 여기고, **아껴야** 한다.

번호	고문	해서	설 명
			아낄 린
			• 吝嗇(인색) 재물을 아끼는 태도가 몹시 지나침.
1266	褱	褱	마음이 무너져, 흐르는 눈물[罒=눈(目→罒)+물(水→氺→氺)]을 옷(衣)으로 가리고 가슴에 품다.
			품을 회
1267	懷	懷	가슴(忄)에 품고(褱) 달래다.
			품을 회/달랠 회
			• 懷柔(회유) 어루만지고 잘 달래어(懷) 시키는 말을 듣도록 함(柔).
1268	壞	壞	눈에서 눈물이 흐르듯(褱), 흙이 무너져 내리다(土).
			무너질 괴/깨질 괴
			• 崩壞(붕괴) 무너지고(崩) 깨어짐(壞).
1269	燼	燼	다한(盡) 불(火).
			불탄 끝 신/타고 남은 찌꺼기 신
			• 灰燼(회신) 재(灰)와 불탄 끄트러기(燼): 흔적 없이 아주 타 없어짐.
1270	次	次	피곤하여 하품(欠)이 나와 다음(二→冫) 차례로 미루고 머물러 쉬다.
			버금 차
			• 次席(차석) 수석의 다음(次) 자리 또는 그 사람.
			차례 차
			• 次例(차례) 순서 있게 구분하여(次) 벌여 나가는(例) 관계.
			자리 차
			• 次元(차원) 사물을 보거나 생각하는 처지: 어떤 생각이나 의견 따위를 이루는 사상이나 학식의 수준. * 버금: 으뜸의 바로 아래. 또는 그런 지위에 있는 사람이나 물건.
1271	姿	姿	여성(女)의 가지런한 모습(次).
			모양 자
			• 姿勢(자세) 어떤 동작을 취할 때 몸이 이루는(姿) 어떤 형태(勢): 사물을 대하는 마음가짐이나 태도.
1272		䜌	계속 이어진 실(絲)처럼 말(言)이 이어져 어지럽다.
			어지러울 련
1273	戀	戀	어떤 대상이 마음(心)에 이어져(䜌) 그리워하다.
			그리워할 련/그릴 련
			• 戀戀(연연) 집착하여 미련을 둠.
1274	舊	舊	눈썹이 있는(艹) 수리부엉이(隹)가 해마다 낡은 옛 둥지(臼)에서 번식을 함.
			옛 구

번호	고문	해서	설 명
			• 親舊(친구) 가깝게(親) 오래(舊) 사귄 사람.
1275	𩫏	郭	성벽(阝) 둘레에 설치한 망루(亭). **둘레 곽** • 城郭(성곽) 내성(城)과 외성(郭)을 아울러 일컫는 말. 　* 城郭=城廓
1276		廓	넓고 큰 집(广)을 둘러싸다(郭). **클 확** • 廓正(확정) 잘못을 널리(廓) 바로잡아(正) 고침. **둘레 곽** • 輪廓(윤곽) 사물의 대강의 테두리(輪廓): 겉모양/얼굴의 모양/둘레의 선.
1277	訌	訌	말(言)로 공격(攻→工)하여 어지럽다. **어지러울 홍** • 內訌(내홍) 내부(內)에서 저희끼리 일으키는 분쟁(訌).
1278	𠀐 奇	奇	양 팔과 다리를 벌려(大) **말을 탄**(可) 모습으로, 말에서 떨어지지 않는 것이 **기특**하고 **기이**하다. **기특할 기** • 奇特(기특) 말하는 것이나 행동하는 것이 기이(奇)하고 귀염성이 있음(特). **기이할 기** • 奇異(기이) 기묘하고(奇) 이상하다(異). **의지할 의** 　* 중국 고대에 말은 주로 수레를 끄는 데 활용되어, 말에 타는 것은 '기이하다'란 뜻이 생김.
1279	騎	騎	말(馬)을 타다(奇). **말탈 기** • 騎馬(기마) 타는(騎) 말(馬): 말을 탐.
1280	寄	寄	1. 말을 탄 사람(奇)에게 부탁하여 집(宀)으로 소식을 **보내다**. 2. 사람이 말에 의지하듯(奇) 집(宀)에 **의지하다**. **부칠 기/보낼 기** • 寄稿(기고) 신문, 잡지 따위에 싣기 위하여 원고(稿)를 써서 보냄(寄). • 寄附(기부) 자선 사업이나 공공사업을 돕기 위하여 돈이나 물건 따위를 대가 없이 내놓음. **의지할 기** • 寄生蟲(기생충) 다른 동물체에 붙어서(寄) 양분을 빨아 먹고 사는(生) 벌레(蟲): 스스로 노력하지 않고 남에게 덧붙어서 살아가는 사람을 낮잡아 이르는 말.
1281	討	討	법도(寸)있는 말(言)로써 옳지 못한 상대방을 **공격하다**. **칠 토** • 討論(토론) 어떤 문제에 대하여 여러 사람이 각각 의견을 말하며(討) 논의함(論).

번호	고문	해서	설 명
1282		戒	창(戈)을 두 손으로(廾) 들고 주위를 경계하다. **경계할 계** • 警戒(경계) 뜻밖의 사고가 생기지 않도록 조심하여(警) 단속함(戒): 옳지 않은 일이나 잘못된 일들을 하지 않도록 타일러서 주의하게 함.
1283		訓	물이 자연스럽게 흘러가는 것처럼, 말(言)을 자연스럽게(川) 할 수 있도록 **가르치다**. **가르칠 훈** • 訓鍊(훈련) 가르쳐서(訓) 익히게 함(鍊): 기본자세나 동작 따위를 되풀이하여 익힘.
1284		乇	땅(一)에 뿌리를 내리고 **내맡기고 의지하는** 새싹(乙). **부탁할 탁**
1285		託	의지하는(乇) 말(言)을 하다. **부탁할 탁** • 付託(부탁) 어떤 일을 해 달라고 맡기거나(付) 청(託)함.
1286		宅	사람이 의지하고(乇) 사는 집(宀). **집 택** • 宅配(택배) 우편물이나 짐, 상품 따위를 요구하는 장소(宅)까지 직접 배달해 주는 일(配).
1287		樣	1. 상수리나무(木) 잎이 가을에 갈색으로 물든 뒤에도 떨어지지 않고 오랫동안(羕) 그 **모양**을 유지함. 2. 양떼가 움직이는 모양(羊)은 강물이 흐르는 모양(永)과 흡사하고, 상수리나무(樣)가 군락을 이룬 모양은 양떼의 **모양**과 유사함. **모양 양** • 模樣(모양) 겉으로 나타나는 생김새(模)나 모습(樣). * 羕(강이 길 양): 강처럼 양 떼가 **길다**.
1288		訥	말(言)이 안(內)으로 들어가 **더듬거리다**. **말 더듬거릴 눌** • 訥言敏行(눌언민행) 더듬는(訥) 말(言)과 민첩(敏)한 행동(行): 말하기는 쉬워도 행하기는 어려우므로, 말은 둔하여도 행동은 민첩해야 함.
1289		截	새가(隹) 부리로 자르다(㦰). **끊을 절** • 去頭截尾(거두절미) 머리(頭)와 꼬리(尾)를 잘라(截)버린다(去): 앞뒤를 생략하고 본론으로 들어감. * 隹(새 추): 하늘과 땅을 **잇는 중요한** 매개체.
1290		爭	줄(丨)을 손(爫)과 손(彐)으로 서로 잡아당기는 모습으로 **싸우다**. **다툴 쟁** • 戰爭(전쟁) 국가와 국가, 또는 교전 단체 사이에 무력을 사용하여(戰) 싸움(爭).

번호	고문	해서	설 명
1291	颳	刮	혀로 핥는(舌) 것처럼 칼(刂)로 긁다. **긁을 괄** • 刮目相對(괄목상대) 눈(目)을 비비고(刮) 상대방을(相) 대한다(對): 다른 사람의 학식이나 업적이 크게 진보한 것을 말함.
1292	爯	爯	얽어 놓은 물건(冓→冉)을 손(爪)으로 **들어 올려 무게를 재다.** **들 칭**
1293	稱	稱	저울로 곡식(禾)의 무게를 재고(爯), 그 무게를 여러 사람에게 **소리친다.** **저울대 칭** • 權稱(권칭) 저울추(權)와 저울대(稱): 저울. **부를 칭** • 自稱天子(자칭천자) 자기를 스스로(自) 천자(天子)라고 이른다(稱): 자기 자랑이 매우 심한 사람을 놀림조로 이르는 말. **칭찬할 칭** • 稱讚(칭찬) 다른 사람의 좋고 훌륭한 점을 높이(稱) 평가함(讚)
1294	𤕀	父	손(又→乂)에 돌도끼(丨→八)를 들고 있는 아버지. **아버지 부** • 祖父(조부) 부모(父)의 아버지(祖): 할아버지.
1295	稽	稽	곡식(禾)이 익을(旨) 때까지 더욱(尤) 정성껏 보살피다. **상고할 계** • 荒唐無稽(황당무계) 말이나 행동 따위가 **참되지 않고**(荒唐) 터무니없다(無). *詳考(상고) 꼼꼼하게(詳) 따져서(考) 검토하거나 참고함. *터무니: 터를 잡은 자취. 정당한 근거나 이유.
1296	驅	驅	말(馬)이 네 발을 모아서(區) 빨리 뛰다. **몰 구/빨리 달릴 구** • 驅迫(구박) 못 견디게(驅) 괴롭힘(迫): 학대함.
1297	扇	扇	새의 깃털(羽)을 사용하여 지게문(戶) 모양으로 만든 부채. **부채 선** • 夏爐冬扇(하로동선) 여름(夏)의 화로(爐)와 겨울(冬)의 부채(扇): 아무 소용없는 말이나 재주.
1298	削	削	칼(刂)로 고기(月)를 작게(小) **자르고 자르다.** **깎을 삭** • 削除(삭제) 글 따위 내용의 일부를 깎아 없애거나(削) 지워버림(除). • 添削(첨삭) 문자를 보태거나(添) 뺌(削).
1299	責	責	쌓인 빚(貝)을 갚으라고 가시나무(束→主)로 찌르듯 재촉하다. **책임 책**

번호	고문	해서	설 명
			• 責任(책임) 맡아서(任) 해야 할 임무나 의무(責).
1300	積	積	곡물(禾)을 책임지고 **쌓다**(責). **쌓을 적** • 積善(적선) 착한 일(善)을 여러 번 함(積).
1301	剔	剔	칼(刂)로 **깎아** 원형과 다른 모양으로 바꾸다(易). **깎을 척** • 剔抉(척결) 살을 도려내고(剔) 뼈를 발라냄(抉): 나쁜 부분이나 요소들을 깨끗이 없애 버림.
1302	平	平	물풀(木)이 **수면**(丅)위에 떠 있는 모양으로, 수면이 고르고 평평하다. **평평할 평** • 水平(수평) 잔잔한 수면(水)처럼 평편한(平) 상태.
1303	評	評	어떤 대상을 공정하게(平) 말하다(言). **평할 평** • 評價(평가) 물건값(價)을 헤아려 매김(評): 사물의 가치나 수준 따위를 평함.
1304	牛 牛	牛	소의 머리 모양. **소 우** • 矯角殺牛(교각살우) 쇠뿔(角)을 바로 잡으려다(矯) 소(牛)를 죽인다(殺): 결점이나 흠을 고치려다 수단이 지나쳐 도리어 일을 그르침.
1305	牢	牢	소(牛)를 넣어두는 **우리**(宀)에 죄인도 가두어 둠. **우리 뢰** • 亡牛補牢(망우보뢰) 소(牛) 잃고(亡) 외양간(牢) 고친다(補): 실패한 후에 일을 대비함/이미 어떤 일을 실패한 뒤에 뉘우쳐도 소용이 없음. **감옥 뢰** • 牢獄(뇌옥) 죄인을 가두는 옥.
1306	嗇	嗇	보리(麥→**來**)를 **곳집**(回→回)에 넣고 **아끼다**. **아낄 색** • 吝嗇(인색) 체면을 돌아보지 않고 재물을 지나치게 아낌. * 곳집: 물건을 간직하여 두는 집.
1307	穡	穡	곡식(禾)을 **거두어** 곳집에 보관하다(嗇). **거둘 색** • 務玆稼穡(무자가색) 때맞춰 심고(稼) 힘써(玆) 일하며(務) 많은 수익을 거둠(穡).
1308	詳	詳	양 떼(羊)처럼 **많은** 내용을 신에게 **자세히** 아뢴다(言). **자세할 상** • 詳細(상세) 자세(細)하고 세밀(細)함.

번호	고문	해서	설 명
1309		空	공구(工)로 **구멍**(穴)을 만들어 텅 비게 하다. **빌 공** • 空間(공간) 아무것도 없는(空) 빈 곳(間).
1310		承	사람(人→⺈)의 뜻을 손 3개(⺽→承)로 받다. **받을 승/이을 승** • 承繼(승계) 뒤를 이어서(繼) 받음(承).
1311		畵	손(⺕)으로 붓(⺘)을 잡고, 밭의 경계(畕)를 **그리다.** **그림 화** • 漫畵(만화) 이야기 따위를 간결하고 익살스럽게(漫) 그린 그림(畵). 　* 畵=畫
1312		劃	그려진 그림(畵)을 미리 **계획하고** 칼(刂)로 나누다. **그을 획/계획할 획** • 計劃(계획) 앞으로 할 일의 절차, 방법, 규모 따위를 미리 헤아려(計) 작정함(劃).
1313		由	밭(田)에 씨를 뿌렸기 **때문에** 싹(丨)이 나다. **원인 유/이유 유** • 理由(이유) 어떠한 결론이나 결과에 이른 까닭이나 근거. 　* 原因(원인) 어떤 사물이나 상태를 변화시키거나 일으키게 하는 근본이 된 일이나 사건
1314		于	1. 위아래 두 개의 대들보(二)와 하나의 수직 기둥(丨)으로 구성된 대들보로, 대들보의 위**에서** 아래**까지의 공간.** 2. 무기(于)를 든 무서운 사람이 길을 지키고 있어, **다른 길로 돌아가다.** **어조사 우** • 于先(우선) 어떤 일에(于) 앞서서(先).
1315		宇	집(宀)안의 공간(于)을 뜻하고, 집(宀)을 우주 전체의 지붕으로, **공간**(于)을 우주 전체의 공간으로 뜻이 확대됨. **집 우/공간 우** • 宇宙(우주) 무한한 시간(宙)과 만물을 포함하고 있는 끝없는 공간(宇)의 총체.
1316		宙	지붕(宀)을 지탱하는 **기둥**(由)으로 세로로 무한히 이어지는 **시간으로 봄** **집 주/시간 주** • 宇宙船(우주선) 우주(宇宙) 공간 항행을 위한 비행체(船).
1317		迂	돌아서(于) 가다(辶). **에돌 우/굽을 우** • 迂廻(우회) 곧바로 가지 않고 멀리 돌아서 감. 　* 迂廻=迂回

번호	고문	해서	설 명
1318	𧀼	亏	1. 연기가 들보 기둥을 따라서 느릿느릿 **위로** 올라가 하늘에서 이리저리 **떠다니다**. 2. 날붙이(丂)로 깎아(一) **이지러지다**. ···················· **어조사 우/이지러질 휴** * 이지러지다: 한쪽 귀퉁이가 떨어져 없어지다/달 따위가 한쪽이 차지 않다/불쾌한 감정 따위로 얼굴이 일그러지다.
1319	𧀼	虧	새(隹)가 항아리(虍→虐) 모양의 그릇 속에(亏) 들어 있어 **이지러지다**. ···················· **이지러질 휴** • 虧盈(휴영) 이지러짐(虧)과 꽉 참(盈): 모자람과 가득함. • 顚沛匪虧(전폐비휴) 엎드려지고(顚) 자빠져도(沛) 이지러지지(虧) 않으니(匪) 용 기를 잃지 않아야 함.
1320	夸	夸	몸을 크게 벌리고(大) 이리저리 다니며(亏) 자랑하다. ···················· **자랑할 과**
1321	誇	誇	말(言)로 떠벌리고 다니며(夸) 자랑하다. ···················· **자랑할 과** • 誇張(과장) 사실보다 지나치게 떠벌려(誇) 나타냄(張).
1322	沒	沒	소용돌이치는(回→勹) 물(氵)속에 **빠진** 것을 손(又)을 넣어 꺼내 갖다. ···················· **빠질 몰** • 沒入(몰입) 깊이 파고들거나(入) 빠짐(沒). ···················· **빼앗을 몰** • 沒收(몰수) 개인의 물건 따위를 국가가 모조리 거둬(沒)들임(收).
1323	投	投	손(手→扌)으로 던지다(殳) ···················· **던질 투** • 投資(투자) 이익을 얻기 위하여 어떤 일이나 사업에 자본(資)을 대거나(投) 시간 이나 정성을 쏟음.
1324	芝	芝	풀(艹)의 향기가 멀리 가는(之) 지초. ···················· **지초 지** • 芝草(지초) ① 지칫과(芝)의 여러해살이풀(草)로 뿌리는 약용하거나 자주색 염료 로 쓰임 ② 불로초과의 버섯. • 芝蘭之交(지란지교) 지초(芝)와 난초(蘭) 같은 향기로운(之) 사귐(交): 벗 사이의 고상한 교제를 이르는 말.
1325	誠	誠	거짓이 없이 확실히 정리된(成) 말(言)로써 행동과 일치됨. ···················· **정성 성** • 精誠(정성) 온갖 성의를 다하려는, 참되고(精) 거짓이 없는 성실(誠)한 마음. • 誠實(성실) 정성스럽고(誠) 참됨(實).
1326	犢	犢	어미 소(牛)가 계속 이어서(賣) 송아지를 낳다. ···················· **송아지 독**

번호	고문	해서	설 명
			• 快犢破車(쾌독파차) 성질이 거센(快) 송아지(犢)는 이따금 제가 끄는 수레(車)를 파괴(破)하나 자라서는 반드시 장쾌한 소가 된다: 난폭한 소년은 장차 큰 인물이 될 가능성이 있음을 비유한 말.
1327	夨	矢	두 팔과 두 다리를 벌리고(大) 머리를 기울이다(乚). **머리를 기울 녈**
1328	吳	吳	1. 도자기(口)를 어깨에 메고 운반하는 **오나라 사람**(夨)의 모습은 **삐딱하다.** 2. **삐딱한** 자세(夨)로 크게 **떠들다**(口). **나라 오** • 吳越同舟(오월동주) 오(吳)나라 사람과 월(越)나라 사람이 한(同) 배(舟)에 타고 있다: 어려운 상황에서는 원수라도 협력하게 됨/뜻이 전혀 다른 사람들이 한자리에 있게 됨. **큰소리칠 오** * 夨: 머리를 기울이다. * 吳=呉
1329	誤	誤	'말(言)이 기울다(吳)'는 '말이 잘못됐다'를 뜻함. **그르칠 오** • 試行錯誤(시행착오) 시행(試行)과 착오(錯誤)를 되풀이하다가 우연히 성공한 동작을 계속함으로써 점차 시간을 절약하여 목표에 도달할 수 있게 된다는 원리. * 試行(시행) 시험적(試)으로 행함(行). * 錯誤(착오) 뒤섞이고(錯) 잘못됨(誤).
1330	娛	娛	여자(女)의 노래와 춤(吳)을 즐기다. **즐길 오** • 娛樂(오락) 흥미 있는 일이나 물건을 가지고 즐겁게(娛) 노는(樂) 일: 재미있게 놀아서 기분을 즐겁게 하는 일.
1331	課	課	1. 해야 할 **공부**(果)를 말(言)로 학생들에게 부과하다. 2. 결과(果)를 물어보고(言) **세금**을 부과하다. **공부할 과** • 課題(과제) 처리하거나 해결해야 할(課) 문제(題). • 課程(과정) 과업(課)의 정도(程): 학교 따위에서 어느 일정 기간 중에 할당된 학습·작업의 범위. **세금 과** • 賦課(부과) 세금 따위를 매기어(賦) 물게 함(課). * 賦課=附課 * 過程(과정) 일이 되어가는 경로
1332	芳	芳	꽃의 향기(艹)가 널리 퍼지다(方). **꽃다울 방/향내 날 방** • 芳香(방향) 꽃다운(芳) 향기(香): 좋은 냄새.
1333	誹	誹	상대방을 나쁘게(非) 말함(言).

| | | | 헐뜯을 비 |
| | | | • 誹謗(비방) 남을 비웃고(誹) 헐뜯어서 말함(謗). |

1334	坫	拈	손가락(扌)으로 집다(占).
			집을 념(염)
			• 拈華微笑(염화미소) 꽃(華)을 집어 들고(拈) 웃음(笑)을 띠다(微): 말로 하지 않고 마음에서 마음으로 전하는 일을 이르는 말/이심전심(以心傳心)의 뜻으로 쓰이는 말.

| 1335 | 犮 | 犮 | 1. 개(犬)가 **달리다**(丿).
 2. 개(犬)를 액막이(丿)로 신에게 바치고 액을 **뽑아** 없애다. |
| | | | **달릴 발/뽑을 발/없앨 발** |

1336	𢯲	拔	손(扌)으로 뽑아(犮) 없애다.
			뽑을 발
			• 見蚊拔劍(견문발검) 모기(蚊)를 보고(見) 칼(劍)을 뺀다(拔): 보잘것없는 작은 일에 지나치게 큰 대책을 세움/조그만 일에 화를 내는 소견이 좁은 사람.

1337	𢾾	務	창(矛)을 들고 힘(力)을 다하여 공격하다(攵)
			힘쓸 무
			• 務實力行(무실역행) 참되고(務) 실속 있도록(實) 힘써(力) 실행함(行).

| 1338 | 㖇 | 咨 | 차례대로(二→冫) 입을 크게 벌리고(欠) 묻다(口). |
| | | | **물을 자** |

1339		諮	말(言)로 묻다(咨).
			물을 자
			• 諮問(자문) 어떤 일을 좀 더 효율적이고 바르게 처리하려고 그 방면의 전문가나 전문가들로 이루어진 기구에 의견(諮)을 물음(問).

| 1340 | 厲 | 厲 | 전갈(萬)의 독침처럼 날카롭고 강한 자극을 주어 **칼을 가는** 돌(厂). |
| | | | **숫돌 려/갈 려** |

1341		勵	힘써(力) 갈다(厲).
			힘쓸 려
			• 獎勵(장려) 좋은 일에 힘쓰도록(勵) 권하여 북돋아 줌(獎).

1342	諷	諷	스쳐지나가는 바람(風)처럼 우회적으로 돌려서 말하다(言).
			풍자할 풍
			• 諷刺(풍자) 무엇에 빗대어 재치 있게 경계(諷)하거나 비판(刺)함.

1343	竿	竿	대나무(竹) 줄기(幹→干).
			낚싯대 간
			• 釣竿(조간) 낚시(釣) 대(竿)

번호	고문	해서	설 명

번호	고문	해서	설 명
			장대 간 • 百尺竿頭(백척간두) 백(百) 자(尺)나 되는 높은 장대(竿) 위(頭)에 올라섰다: 위태로움이 극도에 달함.
1344		拿	손(手)으로 잡다(合). 잡을 나 • 拿捕(나포) 죄인을 붙잡음.
1345	𣬼	戕	조각내는(爿) 창(戈)으로 상처를 입히다. 죽일 장 * 爿: (쪼갠)나뭇조각 장/창 장
1346	臧	臧	조각내는 창(戕)을 든 용감하고 **착한 부하(臣)**를 빼앗기지 않으려고 **숨기다**. 착할 장/숨길 장
1347	藏	藏	풀(艹)로 좋은 것을 **덮어 감추다(臧)**. 감출 장 • 冷藏庫(냉장고) 식품이나 약품 따위를 차게 하거나 부패하지 않도록 저온(冷)에서 보관하기(藏) 위한 상자 모양(庫)의 장치.
1348		欌	옷 따위를 보관하기 위해 나무(木)로 만든 장(藏). 장롱 장 • 欌籠(장롱) 옷 따위를 넣어 두는 장(欌)과 농(籠)을 아울러 이르는 말. * 籠: 대바구니 롱(농)
1349	畟	畟	밭(田)에서 쟁기질하며(儿) **천천히 나아가다(夊)**. 밭을 갈 측/날카로울 측
1350	稷	稷	밭을 갈고(畟) 곡식(禾)을 가꾸다. 기장 직 곡신 직 • 社稷(사직) 토지의 신(社)과 곡식의 신(稷). * 기장: 고대인들의 중요한 곡식이었음. * 穀神(곡신) 곡식(穀)을 맡아보는 신(神).
1351		謖	소리(言)를 내어, 말이나 소를 **일으켜 세워 쟁기질(畟)**을 **뛰어나게 함.** 일어날 속 尸謖(시속) 제사를 마치고 나서 시동(尸)이 자리에서 일어남(謖). 뛰어날 속 • 泣斬馬謖(읍참마속) 눈물을 머금고(泣) 마속(馬謖)의 목을 벤다(斬): 큰 목적을 위하여 자기가 아끼는 사람을 버림/삼국지의 마속전(馬謖傳)에 나오는 말로, 중국 촉나라 제갈량이 군령을 어기어 가정싸움에서 패한 마속을 눈물을 머금고 참형에 처하였다는 데서 유래함.

번호	고문	해서	설 명
1352	孟	孟	1. **맏아들(子)**을 낳으면 대야(皿)에 씻은 후 조상신에게 알림. 2. 부모가 맏아들에 관한 지나친 정성을 들여, 맏아들이 **사납거나 엉터리**로 될 수 있음. 　　**맏 맹** • 孟春(맹춘) 이른(孟) 봄(春): 음력 1월을 달리 이르는 말. 　　**사나울 맹/엉터리 맹** • 孟浪(맹랑) 생각하던 바와는 달리 엉터리이고(孟) 터무니없음(浪)/처리하기가 매우 어렵고 딱함/만만히 볼 수 없을 만큼 똑똑하고 깜찍함.
1353	猛	猛	사나운(孟) 개를 닮은 짐승(犭). 　　**사나울 맹** • 猛獸(맹수) 육식을 주로 하는 매우 사나운(猛) 짐승(獸).
1354	匚	匚	버들이나 대나무 따위를 **구부리거나 곧게 펴서** 만든 상자 모양. 　　**상자 방**
1355	王	王	하늘(一)·땅(一)·사람(一)을 두루 꿰뚫어(丨) **크게 다스리는** 지배자. 　　**임금 왕/으뜸 왕/바르게 고칠 왕** • 王(왕) 군주 국가에서 나라를 다스리는 우두머리: 일정한 분야나 범위 안에서 으뜸이 되는 사람이나 동물 따위를 비유적으로 이르는 말.
1356	匡	匡	구부리거나 곧게 펴서(匚) 바로잡다(王). 　　**바로잡을 광** • 改善匡正(개선광정) 좋게(善) 고치고(改) 바로잡아(匡) 고침(正).
1357	戔	戔	창(戈)과 창(戈)으로 **해쳐 작아지다.** 　　**깎을 찬/작을 전/적을 전/(해친)나머지 잔**
1358	錢	錢	작고 얇게(戔) 금속(金)으로 만든 엽전. 　　**돈 전** • 葉錢(엽전) 예전에 사용하던 놋쇠로 작고 얇게(葉) 만든 돈(錢): 둥글고 납작하며 가운데에 네모진 구멍이 있음.
1359	殘	殘	죽도록(歹) **잔인하게 해친(戔) 나머지.** 　　**잔인할 잔** • 殘忍(잔인) 인정이 없고(殘) 아주 모질다(忍). 　　**남을 잔** • 殘額(잔액) 나머지(殘) 금액(額). * 忍: 참을 인/**잔인할 인**
1360	淺	淺	물(氵)이 적어(戔) 얕다. 　　**얕을 천** • 淺薄(천박) 학문이나 생각 따위가 얕고(淺) 말이나 행동 따위가 상스러움(薄).

번호	고문	해서	설 명
1361	賤	賤	돈(貝)이 적어(戔) 천하다. **천할 천** • 貴賤(귀천) 부귀(貴)와 빈천(賤)을 아울러 이르는 말: 신분이나 일 따위의 귀함과 천함.
1362	踐	踐	창으로 자르듯이(戔) 발(足→𧾷)로 **실제로 밟다.** **밟을 천** • 踐踏(천답) 발로 밟고(踐) 또 밟음(踏). **실천할 천** • 實踐(실천) 생각한 바를 실제로(實) 행함(踐).
1363	豆	豆	1. 그릇의 뚜껑(一)과 몸통(口) 그리고 발(丄)이 달린 제기. 2. 뚜껑 있는 그릇(豆)을 닮은 **콩깍지 안의 콩.** **제기 두** • 簞食豆羹(단사두갱) 대나무 그릇(簞)에 담긴 밥(食)과 제기(豆)에 담긴 국(羹): 얼마 안되는 음식/변변치 못한 음식. **콩 두** • 種豆得豆(종두득두) 콩(豆)을 심어(種) 콩(豆)을 얻는다(得): 원인에 따라 결과가 생긴다는 말.
1364	壴	壴	둥근 북(口)에 장식(十)을 달고 받침대(丄) 위에 **세우다.** **북 주**
1365	鼓	鼓	세운 북(壴)을 **치다(支).** **북 고** • 鼓舞(고무) 북을 쳐(鼓) 춤(舞)을 추게함.
1366	尌	尌	손으로 바르게(寸) 세워(壴) 안정되게 하다 **세울 수**
1367	樹	樹	**나무(木)를 바르게 세워야(尌) 안정되게 자란다.** **나무 수** • 樹木(수목) 살 수 있게 세운(尌) 나무(木).
1368	廚	廚	사람이 바르게 **설 수 있게(尌) 음식을 제공하는 부엌(广).** **부엌 주** • 廚房(주방) 음식을 차리는(廚) 방(房).
1369	豈	豈	싸움에 이기고 돌아와, 북을 치며(壴→豆) 산처럼 크게(山) 노래하니 **어찌** 기쁘지 아니한가? **어찌 기** • 豈敢毁傷(기감훼상) 부모께서 낳아 길러 주신 이 몸을 어찌(豈) 감(敢)히 헐어(毁) 상하게(傷)할 수 있는가?: 몸을 깨끗하고 온전하게 해야 함.

번호	고문	해서	설 명
1370		凱	싸움에 이기고 돌아와, 제사상(几)에 제물을 올리고 북(豈)을 치며 노래하다. **개선할 개** • 凱旋(개선) 싸움에서 이기고(凱) 돌아옴(旋).
1371		鬥	사람(丨)이 손(→王)으로 상대방(丨)을 잡고 싸우다. **싸울 투**
1372		鬪	손을 세워(尌→斷) 머리카락(王王)을 휘날리며 싸우다(鬥). **싸울 투** • 拳鬪(권투) 두 사람이 양손(拳)에 글러브를 끼고 상대편 허리 벨트 위의 상체를 쳐서(鬪) 승부를 겨루는 경기.
1373		苗	모판에서 모(艹)를 길러 밭(田)에 **옮겨 심으면** 수확량이 많아짐. **모 묘** • 苗木(묘목) 옮겨 심는 어린(苗) 나무(木). 　* 모: 옮겨 심으려고 가꾼, 벼 이외의 온갖 어린 식물. 또는 그것을 옮겨 심음.
1374		描	모판의 모(艹)를 밭(田)에 옮겨 심듯, 어떤 대상을 그대로 종이에 옮겨 **그리다.** **그릴 묘** • 描寫(묘사) 사물을 있는 그대로(寫) 그려 냄(描): 그려 내듯이 글을 씀.
1375		錨	모(苗)가 밭에 뿌리를 내리고 움직이지 아니하는 것처럼, 쇠(金)로 만든 닻도 그러함. **닻 묘** • 揚錨(양묘) 닻(錨)을 감아올림(揚).
1376		猫	중국어로 '마오(苗)' 소리를 내는 고양이(犭). **고양이 묘** • 黑猫白猫(흑묘백묘) 검은(黑) 고양이(猫)든 흰(白) 고양이(猫)든 쥐만 잘 잡으면 된다: 1970년대 말부터 덩샤오핑(鄧小平)이 취한 중국의 경제 정책.
1377		鬯	받침(匕)달린 그릇(㘡)에 울금(※)을 넣어 만든 술. **울창주 창** • 鬱鬯酒(울창주) 울금향을 넣어 빚은 향기 나는 술: 제사의 강신에 씀.
1378		鬱	향기 가득한(彡) 울창주(鬯)를 술 단지(缶)에 담고 뚜껑(冖)으로 덮으니, 울창한 숲(林)처럼 **답답하다.** **답답할 울** • 憂鬱(우울)근심스럽거나(憂) 답답하여(鬱) 활기가 없음. **울창할 울** • 鬱蒼(울창) 나무가 빽빽하게 우거지고(鬱) 푸르다(蒼).
1379		匹	1. 베 1필을 **평범한** 짝과 가지런히(八) 정리하다(匸). 2. 말 엉덩이와 꼬리 모양.

번호	고문	해서	설 명
			필 필 • 匹緞(필단) 한 필(匹)의 비단(緞). • 匹馬單騎(필마단기) 혼자(單) 한 필(匹)의 말(馬)을 탐(騎). **평범 필** • 匹夫匹婦(필부필부) 평범(匹)한 남자(夫)와 평범(匹)한 여자(婦). **짝 필** • 天生配匹(천생배필) 하늘(天)에서 미리 정해진(生) 부부가 될(配) 짝(匹).
1380	𣤶	欺	속이기 위해 가지런히(其) 입을 크게 벌리고 말을 하다(欠). ‥‥‥‥‥‥‥‥‥‥‥‥‥‥‥‥‥‥‥‥‥ **속일 기** • 詐欺(사기) 나쁜 꾀(詐)로 남을 속임(欺).
1381	䰟	魂	육체를 떠난 영혼(鬼)은 하늘의 **구름**(云)처럼 이리저리 떠돎. ‥‥‥‥‥‥‥‥‥‥‥‥‥‥‥‥‥‥‥‥‥ **넋 혼** • 魂魄(혼백) 사람의 몸에 있으면서 몸을 거느리고 정신을 다스리는 비물질적인 것: 몸이 죽어도 영원히 남아 있다고 생각하는 초자연적인 것.
1382	𩲡	魄	**땅속**에 머무는(白) 영혼(鬼). ‥‥‥‥‥‥‥‥‥‥‥‥‥‥‥‥‥‥‥‥‥ **넋 백** • 魂飛魄散(혼비백산) 하늘에 떠도는 넋(魂)이 날아가고(飛) **땅속**에 머무는 넋(魄)이 흩어지다(散): 몹시 놀라 어찌할 바를 모름. *白: 흰 백, 아뢸 백, **머무를 백**
1383	𧫡	證	제단에 올라가(登) 신에게 **증거를 알리다**(言). ‥‥‥‥‥‥‥‥‥‥‥‥‥‥‥‥‥‥‥‥‥ **증거 증** • 證據(증거) 어떤 사실을 증명(證)할 수 있는 근거(據): 인적 증거, 물적 증거, 상황 증거가 있음. • 證明(증명) 어떤 사실을 증거(證)를 대어 틀림없다고 밝힘(明).
1384	𥳑	等	관청(寺)에서 죽간(竹)을 기준에 따라 **등급을 분류**함. ‥‥‥‥‥‥‥‥‥‥‥‥‥‥‥‥‥‥‥‥‥ **등급 등** • 等級(등급) 높고 낮음이나 좋고 나쁨 따위의 차이를 여러 층(等)으로 구분한 단계(級). • 初等學校(초등학교) 아동들에게 맨 처음(初) 등급(等)의 기본적인 교육을 실시하기 위한 학교(學校).
1385	𢬵	捉	쫓아가(足) 손으로 잡다(扌). ‥‥‥‥‥‥‥‥‥‥‥‥‥‥‥‥‥‥‥‥‥ **잡을 착** • 捕捉(포착) 잡고(捉) 놓지 아니함(捕): 요점이나 요령을 얻음/어떤 기회나 정세를 알아차림.
1386	𨲠	促	사람(亻)이 달려가도록(足) 재촉하다. ‥‥‥‥‥‥‥‥‥‥‥‥‥‥‥‥‥‥‥‥‥ **재촉할 촉** • 促進(촉진) 다그쳐(促) 빨리 나아가게(進) 함.

번호	고문	해서	설 명
1387		子	오른팔이 없어 **왼팔이 외롭다**. 외로울 혈 • 孑孑單身(혈혈단신) 의지할 곳이 없는 외롭고(孑) 외로운(孑) 홀(單)몸(身).
1388		卓	일찍(早) **서는** 아이(卜)는 **뛰어나다**. 높을 탁 • 卓越(탁월) 남보다 두드러지게 뛰어나다. 세울 탁 • 卓子(탁자) 물건을 올려놓기(卓) 위하여 책상 모양으로 만든 가구(子).
1389		孝	자녀(子)가 노인(老→耂)을 잘 모시다. 효도 효 • 孝道(효도) 부모(老)를 잘 섬기는 도리(道): 부모를 정성껏 잘 섬기는 일.
1390		季	1. 곡식(禾)의 **어린**(子) 싹을 **계절**에 맞게 심어야 수확이 많음. 2. 한 계절의 첫째 달을 맹(孟), 둘째 달을 중(仲), **마지막 달을 계**(季)로 표현함. 어릴 계 • 伯仲叔季(백중숙계) 형제의 차례를 나타내는 말: 백(伯)은 맏이, 중(仲)은 둘째, 숙(叔)은 셋째, 계(季)는 막내. 계절 계 • 季節(계절) 규칙적으로 되풀이되는 자연 현상에 따라서(季) 일 년을 구분한 것(節). 마지막 계 • 季春(계춘) 음력 3월: 봄의 마지막 달.
1391		此	사람(匕)이 **지금** 멈추어 있는(止) 이곳. 이 차 • 彼此一般(피차일반) 저것(彼)이나 이것(此)이나 한(一) 모양(般): 다 같음.
1392		苟	풀(艹)이 밟히면 구부러져 **구차하게** 되었다가(句), 다시 원래 모양으로 될 수 있으나, 구차하게 되는 것을 **진실로 조심**해야 함. 구차할 구 • 苟且(구차) 살림이 몹시 가난함: 말이나 행동이 떳떳하거나 버젓하지 못함. • 苟命圖生(구명도생) 겨우(苟) 목숨(命)만을 보전하며(圖) 부질없이 살아감(生). 진실로 구 • 苟辭(구사) 진실로(苟) 사양함(辭).
1393		敬	진실(苟)로 스스로에게 끊임없이(夊) 조심하고, 다른 사람을 **공경**하다. 공경 경 • 恭敬(공경) 공손히(恭) 받들어 모심(敬). • 尊敬(존경) 존중(尊)히 여겨 공경(敬)함.
1394		警	구차함을 진실로 조심하라는(敬) 말(言). 깨우칠 경

번호	고문	해서	설 명
			• 警戒(경계) 뜻밖의 사고가 생기지 않도록 조심하여(警) 단속함(戒).
1395		蜀	눈(目→罒)이 크고 구부러진(勹) 누에 애벌레(虫)로 촉나라에서 많이 쳤음. 애벌레 촉/촉나라 촉
1396		獨	개(犭)가 모여 있으면 서로 싸우고, 누에(蜀)가 같이 고치를 지으면 고치를 쓸 수 없어 서로 **떨어져** 있어야 함. 홀로 독 • 獨立(독립) 남의 힘을 입지 않고 홀로(獨) 섬(立).
1397		歪	바르지(正) 아니하고(不) **기울었음**. 기울 왜 • 歪曲(왜곡) 사실과 다르게(歪) 해석하거나 그릇되게(曲) 함.
1398		魯	1. **미련한** 상대방이 나에게 물고기(魚)처럼 말을 하여(曰) 알아들을 수 없음. 2. 맛있는(曰) 물고기(魚)가 생산되는 **노나라.** 미련할 로(노) • 魯鈍(노둔) 미련하고(魯) 둔함(鈍). 노나라 로(노) *魯鈍=駑鈍
1399		孰	**누가** 제사음식(享)을 익숙하게 다루는가(丸)? 누구 숙 • 孰是孰非(숙시숙비) 누가(孰) 옳고(是) 누가(孰) 그른지(非) 분명하지 아니함.
1400		熟	제사음식(享)을 불(灬)로 익숙하게 다루다(丸). 익을 숙 • 深思熟考(심사숙고) 깊이(深) 생각하고(思) 깊이(熟) 고찰(考)함. • 熟語(숙어) 두 개 이상의 단어로 이루어져 있으면서 그 단어들의 의미만으로는 전체의 의미를 알 수 없는, 특수한 의미를 나타내는(熟) 어구(語): '발이 넓다'는 '사교적이어서 아는 사람이 많다.'를 뜻하는 것 따위/익은 말.
1401		鬣	말이나 사자 따위의 목덜미에 난 긴 털 목 갈기 렵(엽)
1402		鬣	기다랗고 빛나는(髟) 갈기(巤). 갈기 렵(엽)
1403		獵	개(犭)와 함께 갈기가 있는(巤) 말을 타고 **여기저기** 다니며 **사냥하다.** 사냥 렵(엽) • 狩獵(수렵) 총이나 활 또는 길들인 매나 올가미 따위로 산이나 들의 짐승을 잡는 일.
1404		臘	한 해의 마지막 달인 섣달(12월)에 사냥한(獵→巤) 고기(月)를 조상에게 올림.

번호	고문	해서	설 명
			섣달 랍(납)/납향 랍(납)
			• 臘享(납향) 납일(臘)에 한 해 동안 지은 농사 형편과 그 밖의 일들을 여러 신에게 고하는 제사(享).
1405		蠟	벌(虫)이 꽃의 꿀을 자신의 납 샘에 저장하여(獵→鬣) 벌집으로 가져옴.
			밀 랍
			• 蜜蠟(밀랍) 벌집을 만들기 위하여 꿀벌(蜜)이 분비하는 물질(蠟): 누런 빛깔로 상온에서 단단하게 굳어지는 성질이 있고 절연제, 광택제, 방수제 따위로 쓰임.
1406	蜜	蜜	벌(虫)이 벌집(宀)에 빈틈없이(必) 채워놓은 꿀.
			꿀 밀
			• 蜂蜜(봉밀) 벌(蜂) 꿀(蜜).
1407	柰	柰	제단(示)에 바치는 능금나무(木).
			능금나무 내
			• 果珍李柰(과진이내) 과실(果) 중에 오얏(李)과 능금(柰)이 진미(珍)임.
1408		奈	제사(示)의 제물을 눌러가며 많이(大) 쌓은 모습으로 어찌 그리 많이 쌓을 수 있는가?
			어찌 내
			• 無可奈何(무가내하) 몹시 고집을 부려 어찌(奈何) 할(可) 수가 없음(無).
1409		捺	손(扌)으로 제사(示)의 제물을 눌러가며 많이 쌓다(奈).
			누를 날
			• 捺印(날인) 도장(印)을 찍음(捺).
1410		狄	중국 북방의 이민족이 기르던 붉은(火)색의 개(犭)를 뜻하며, 매우 빠르게 달렸음.
			오랑캐 적/꿩의 깃 적/빠를 적
1411	荻	荻	뿌리가 지상과 지하에서 빠르게(狄) 자라는 물 억새(艹).
			물 억새 적
			• 蘆荻(노적) 갈대(蘆)와 물억새(荻).
1412	守	守	집(宀)을 법도에 맞게(寸) 지키고 유지하다.
			지킬 수
			• 守備(수비) 일정한 지역이나 진지 등을 적의 침입으로부터 지키어(守) 방비(備)함.
1413	丰	玉	세 개의 구슬을 끈으로 꿴 모양으로, 중국 서북에서 나는 보석.
			구슬 옥/옥 옥
			• 玉石(옥석) 옥(玉)이 들어 있는 돌(石): 가공하지 아니한 천연의 옥/옥과 돌이라는 뜻으로, 좋은 것과 나쁜 것을 아울러 이르는 말. * 처음에는 王(왕)으로 썼으나 나중에 ﹨(점)을 더하여 王(왕)과 구별함.
1414	殊	殊	자른(乍→歺) 나무(木)는 죽으므로(死→歹), 살아있는 나무와 다르다.

번호	고문	해서	설 명
			다를 수 • 特殊(특수) 특별히(特) 다름(殊).
1415	辈	排	바르지 아니한 것(非)을 손(扌)으로 밀쳐 내다. **밀칠 배** • 排除(배제) 물리쳐서(排) 치워 냄(除): 어떤 대상을 어느 범위나 영역에서 제외하는 것.
1416	鎖	鎖	같은 모양의 자잘한(肖) 금속(金)을 **이어 만든** 쇠사슬과 자물쇠. **쇠사슬 쇄** • 連鎖(연쇄) 두 쪽을 맞걸어서 매는(連) 사슬(鎖): 서로 잇대어 관련을 맺는 사물/여러 개가 한 데 어울리어 통일체가 되게 맞물림/서로 잇대어 관련을 맺음. **자물쇠 쇄** • 閉鎖(폐쇄) 문을 닫고(閉) 자물쇠를 채움(鎖): 기관이나 단체 등을 없애 버림/외부와 문화적, 정신적 교류를 끊음.
1417	宜	宜	집 안(宀)에서 조상신에게 제물을 올리는(且) 것은 **마땅**하고 **좋은** 일이다. **마땅 의/좋을 의** • 便宜(편의) 형편이나 조건 따위가 편하고(便) 좋음(宜).
1418	員	員	왕실만 소유하는 솥(鼎→貝)의 주둥이(○→口)가 '**동그라미**'라는 의미이었으나, 관원을 세는 **단위**로 사용됨. **인원 원** • 人員(인원) 사람(人)의 수효(員): 한 떼를 이룬 여러 사람. • 公務員(공무원) 국가(公) 또는 지방 공공 단체(公)의 사무를 맡아보는(務) 사람(員). * (鼎: 솥 정)→(貝: 조개 패)
1419	隕	隕	언덕(阝)에서 둥근 솥(員)이 굴러 떨어지다. **떨어질 운** • 隕石(운석) 지구상에 떨어진(隕) 별똥(石).
1420		殞	굴러 떨어져(隕→員) 죽다(死→歹). **죽을 운** • 殞命(운명) 사람의 목숨(命)이 끊어짐(殞). * 運命(운명) 인간을 포함한 모든 것을 지배하는(命) 초인간적인 힘(運): 그것에 의하여 이미 정하여져 있는 목숨이나 처지/앞으로의 생사나 존망에 관한 처지. * 殞命=隕命
1421	具	具	신에게 제사를 올릴 때 사용하던 솥(鼎→目)을 두 손으로 들고 있는(廾) 모습은 제사 준비를 모두 **갖춘** 것을 의미함. **갖출 구** • 具備(구비) 있어야 할 것을 빠짐없이 다 갖춤.
1422	算	算	대나무(竹)로 만든 주판(目)과 두 손(廾)으로 **셈하다**.

번호	고문	해서	설 명
			셈 산
			• 計算(계산) 수를 헤아림: 어떤 일을 예상하거나 고려함/값을 치름.
1423	殷	殷	임신(身→月)이 되어(殳) 배가 커지다.
			성할 은/은나라 은
1424	範	範	병부처럼 **법도에 맞는**(㔾) 대나무(竹) 수레(車)를 만들다.
			본보기 범
			• 規範(규범) 인간이 행동하거나 판단할 때에 마땅히 따르고 지켜야 할 가치 판단의 기준.
			한계 범
			• 範圍(범위) 일정하게 한정된(範) 영역(圍).
1425	鯊	鯊	가죽에 모래(沙)가 묻어 있는 것처럼 거칠거칠한 물고기(魚).
			상어 사
			• 鯊魚(사어) 상어.
			• 鯊翅(사시) 상어(鯊) 지느러미(翅)의 껍질을 벗기어 말린 식품: 흰빛이나 누런빛으로 모양이 이쑤시개 같은데 중국요리에서 매우 귀하게 쓰임.
1426	毋	毋	여성(女)에게 접근하지 마라(丿).
			말 무
			• 毋妄言(무망언) 이치나 사리에 맞지 아니하고 망령되게(妄) 말(言)을 하지 마라(毋).
			없을 무
			• 毋望之福(무망지복) 바람(望)이 없었으나(毋) 뜻밖의(之) 복(福).
1427	母	母	어머니가 아기에게 물리는 젖의 모양.
			어머니 모
			• 父母(부모) 아버지(父)와 어머니(母).
1428	㐱	㐱	사람(人)의 머리카락이 숱이 많고 검으며 **윤기**(彡)가 있다.
			숱 많고 검을 진
1429	珍	珍	반짝이고 윤기가 나는(㐱) **보물**(玉→王)같은 **음식**.
			보배 진
			• 珍珠(진주) 진주조개 · 대합 · 전복 따위의 조가비나 살 속에 생기는 딱딱한 덩어리.
			맛있는 음식 진
			• 山海珍味(산해진미) 산(山)과 바다(海)에서 나는 온갖 진귀한(珍) 물건으로 차린, 맛(味)이 좋은 음식: 온갖 귀한 재료로 만든 맛/좋은 음식. * 珍珠=眞珠
1430	提	提	손(扌)으로 바르게(是) 끌고 가다.
			끌 제
			• 提高(제고) 쳐들어(提) 높임(高).

175

번호	고문	해서	설 명
1431	𡩖	寡	집(宀)안의 사람(頁→直)들이 물건을 서로 **나누어**(分) 가져 **적다**. **적을 과** • 寡人(과인) 임금 자신이 자기(人)를 낮추어(寡) 일컫는 말. • 寡慾(과욕) 욕심(慾)이 적음(寡). *過慾(과욕) 욕심(慾)이 지나침(過).
1432	𥮗	篤	어릴 적에 대나무(竹)로 만든 말(馬)을 타고 놀던 친구와의 **도타움**. **도타울 독/진실할 독** • 敦篤(돈독) 도탑고 성실하다.
1433	㘨	叫	끈에 묶여있는(丩) 사람이 도와달라고 **외치다**(口). **부르짖을 규** • 絕叫(절규) 있는 힘을 다하여 절절하고(絕) 애타게 부르짖음(叫)
1434	𧖲	毫	털(毛)의 가장 끝부분(高→亯)에 있는 가느다란 부분. **터럭 호** • 毫末(호말) 털 끝: 털끝만 한 작은 일/적은 양. • 毫釐千里(호리천리) 털끝(毫) 하나(釐)의 차이가 천(千) 리(里)의 차이: 처음에는 조금의 차이지만 나중에는 대단한 차이가 생김.
1435	𢫦	揮	손(扌)을 **휘둘러** 군사(軍)를 지휘하다. **휘두를 휘** • 指揮(지휘) 주로 손이나 몸동작(揮)으로 지시함(指): 합창·합주 따위에서, 많은 사람의 노래나 연주가 예술적으로 조화를 이루도록 앞에서 이끄는 일.
1436	㘏	叱	말(口)로 베는(匕) 것은 꾸짖는 것이다. **꾸짖을 질** • 叱責(질책) 꾸짖어서(叱) 나무람(責)
1437	㕚	司	사람(⼓)이 명령(口)을 하여 **맡은 일**을 처리하다. **맡을 사** • 司法(사법) 어떤 문제에 대하여 법(法)을 적용하여 그 적법성과 위법성, 권리관계 따위를 확정하여 선언하는 일(司). • 司書(사서) 서적(書)을 맡아보는(司) 직분.
1438	𤣩	現	옥(玉→王)에서 **나타나는** 광채를 **지금** 눈으로 바르게 보다(見). **나타날 현** • 表現(표현) 생각이나 느낌 따위를 언어나 몸짓 따위의 형상으로 드러내어(表) 나타냄(現). **지금 현** • 現在(현재) 지금(現) 이때(在).
1439	罕	民	1. 끝이 뾰족한 무기(十→㇇)로 포로의 한쪽 눈(罒→𠃌)을 찔러, 저항력을 무디게 한 뒤, 노동력을 착취하였는데, 그 한 쪽 눈을 실명당한 포로가 **백성**이었음.

번호	고문	해서	설 명
			2. 백성은 눈이 보이지 않아 어둡다.
			백성 민/사람 민
			• 百姓(백성) 일반 국민: 관직이 없는 사람들.
			• 國民(국민) 국가(國)를 구성하는 사람(民).
1440	𥄑	眠	눈(目)을 감고(民) 자다.
			잘 면
			• 睡眠(수면) 잠을 자는 일: 활동을 쉬는 상태를 비유적으로 이르는 말.
1441	萠	萌	땅 밖으로 나와 밝아지는(明) 풀(艸→艹).
			움 맹
			• 萌芽(맹아) 풀이나 나무에 새로 돋아 나오는(萌) 싹(芽): 사물의 시초가 되는 것.
1442	𢒫	尋	왼손(左→⺕)과 오른손(右→彐)으로 차례차례(寸) **보통의 방법으로 찾다.**
			보통 심
			• 出於尋常(출어심상) 보통(尋常)보다(於) 훨씬 뛰어남(出).
			찾을 심
			• 推尋(추심) 찾아내어(尋) 가지거나 받아 냄(推).
1443		簣	귀한(貴) 흙을 담는 대나무(竹) 삼태기.
			삼태기 궤
			• 功虧一簣(공휴일궤) 산을 쌓아 올리는데(功) 한(一) 삼태기(簣)의 흙을 게을리 하여 완성을 보지 못한다(虧): 거의 이루어진 일을 중지하여 오랜 노력이 아무 보람도 없게 됨.
			* 삼태기: 흙을 담아 나르는 그릇.
1444	搨	搨	날개(羽)를 힘차게(日) 펴듯이, 종이로 대상물을 덮어, 손(扌)으로 눌러 무늬나 글씨를 떠내다.
			베낄 탑
			• 搨本(탑본) 비석, 기와, 기물 따위에 새겨진 글씨(本)나 무늬를 종이에 그대로 떠냄(搨).
			* 拓本(탁본)=搨本(탑본)
1445	萬	萬	전갈 모양으로, 전갈이 알을 많이 낳아 **일만**을 뜻함.
			일만 만
			• 萬一(만일) 있을지도 모르는 뜻밖의 경우.
			• 世上萬事(세상만사) 세상(世上)에서 일어나는 모든(萬) 일(事).
1446	吮	吮	머리(厶)을 앞으로 구부려(儿), 입(口)으로 빨다.
			빨 연
			• 吮犢之情(연독지정) 어미 소가 송아지(犢)를 핥아(吮) 주는(之) 정(情): 자기의 자녀나 부하에 대한 사랑을 겸손하게 이르는 말.

번호	고문	해서	설 명
1447	琹	琴	거문고의 패와 줄(珏), 몸통(수)을 나타내고, **여성**이 연주함. 　**거문고 금** • 琴瑟(금슬) 거문고(琴)와 큰 거문고(瑟): 부부 사이의 정.
1448	瑟	瑟	거문고(琴→珏) 보다 줄이 더 많은(宓→必) 큰 거문고로, **남성**이 연주함. 　**큰 거문고 슬** • 淸瑟(청슬) 맑은(淸) 소리가 나는 큰 거문고(瑟) 또는 그 거문고 소리.
1449	氷	氷	물(水) 위의 얼음(丶). 　**얼음 빙** • 氷山一角(빙산일각) 빙산(氷山)의 봉우리(角) 하나(一): 대부분이 숨겨져 있고 외부로 나타나 있는 것은 극히 일부분에 지나지 않음을 비유한 말.
1450	尺	尺	사람(尸)의 발바닥(乀)의 길이로 약30cm. 　**자 척** • 尺度(척도) 자(尺)로 재는 길이의 표준(度): 평가하거나 측정할 때 의거할 기준.
1451	尾	尾	사람(尸)의 꼬리(毛). 　**꼬리 미** • 首尾一貫(수미일관) 처음(首)부터 끝(尾)까지 변함없이(一) 일을 해 나감(貫).
1452	居	居	사람(尸)이 오래(古) 머물러 **살다**. 　**살 거** • 居住(거주) 일정한 곳에 머물러(居) 삶(住).
1453	屍	屍	죽은(死) 사람(尸). 　**주검 시** • 屍體(시체) 사람이나 생물의 죽은(屍) 몸뚱이(體).
1454	帝	帝	1. **임금**이 하늘에 제사를 지낼 때 쓰는 **제사상**. 2. 머리에 신(辛→立)자 모양의 관을 쓰고 천(巾)으로 머리를 묶은 **임금**. 　**임금 제** • 天帝(천제) 하느님: 우주를 창조하고 주재한다고 믿어지는 초자연적인 절대자.
1455	商	商	나무줄기(ㅗ)와 뿌리(古)가 한 곳으로 모이는 중심은 밑동(冂)이다. 　**밑동 적**
1456	嫡	嫡	중심인 남편(商)을 향하여 가는 여자(女). 　**아내 적** • 嫡子(적자) 정실(嫡)이 낳은 아들(子).
1457	摘	摘	손(扌)을 중심으로 모아(商) 따다. 　**딸 적**

번호	고문	해서	설 명
			• 指摘(지적) 꼭 집어서(摘) 가리킴(指): 허물 따위를 드러내어 폭로함. • 摘要(적요) 요점(要)을 뽑아(摘) 적음.
1458	𧘌	適	목표의 중심(啇)으로 알맞게 가다(辶). **알맞을 적** • 適應(적응) 일정한 조건이나 환경 따위에 맞추어 응하거나(應) 알맞게(適) 됨.
1459	𣪠	敵	상대방의 중심(啇)을 공격하다(攵). **대적할 적** • 衆寡不敵(중과부적) 무리(衆)가 적으면(寡) 대적(敵)할 수 없다(不): 적은 수효로 많은 수효를 대적하지 못한다/적은 사람으로는 많은 사람을 이기지 못함.
1460	𤁋	滴	물(氵)이 중심(啇)으로 모여 물방울이 됨. **물방울 적** • 水滴穿石(수적천석) 물(水)방울(滴)이 바위(石)를 뚫는다(穿): 작은 노력이라도 끈기 있게 계속하면 큰일을 이룰 수 있음. • 硯滴(연적) 벼루(硯)의 물(滴)을 담는 그릇.
1461	𧮫	謫	상대방의 잘못을 말(言)로 들추어내(摘→啇) 중심점에서 쫓아내다. **귀양갈 적** • 貶謫(폄적) 벼슬의 등급을 떨어뜨리고(貶) 멀리 옮겨 보냄(謫).
1462	𠀋	幷	두 사람이 연합하다. **아우를 병** • 輻輳幷臻(폭주병진) 수레의 바큇살(輻)이 바퀴통에 모이듯(輳) 합하여(幷) 모인다(臻): 한곳으로 많이 몰려듦을 이르는 말. * 幷=并
1463	屛	屛	두 사람이 나란히 서(幷) 시신(尸)을 가리는 모습으로, 병풍을 뜻함. **병풍 병** • 屛風(병풍) 바람(風)을 막거나 무엇을 가리는(屛) 물건. * 屛=屏
1464	𤀰	江	달구(工)로 둑을 쌓아 강물(氵)을 다스리다. **강 강** • 萬古江山(만고강산) 오랜(古) 세월(萬)을 두고 변함이 없는 강(江과 산(山).
1465	𤀤	池	물(氵)의 흐름을 끊임없이 이어주는(也) 못. **못 지** • 貯水池(저수지) 물(水)을 모아(貯) 두기 위하여 하천이나 골짜기를 막아 만든 큰 못(池). • 乾電池(건전지) 수분이 없는(乾) 전기(電) 에너지를 발생시키는 장치(池).
1466	𤲟	龍	용의 뿔(立)과 용의 큰 입과 날카로운 이(月) 그리고 **감쌀 수 있는** 몸통·다리·꼬리(𠃊).

번호	고문	해서	설 명
			용 룡(용)
			• 龍頭蛇尾(용두사미) 머리(頭)는 용(龍)이고 꼬리(尾)는 뱀(蛇): 시작은 좋았다가 갈수록 나빠짐/처음 출발은 야단스러운데, 끝장은 보잘것없이 흐지부지되는 것.
			• 恐龍(공룡) 중생대 쥐라기와 백악기에 걸쳐 번성하였던 거대한(恐) 파충류(龍).
			• 龍鬚鐵(용수철) 용(龍)의 수염(鬚)처럼 탄력이 있는 나선형으로 된 쇠줄(鐵).
1467	籠	籠	어떤 것을 감싸(龍) 넣을 수 있는 대(竹)바구니.
			대바구니 롱(농)
			• 欌籠(장롱) 옷 따위를 넣어 두는 장(欌)과 농(籠)의 총칭.
			• 籠球(농구) 다섯 사람씩 두 편으로 나뉘어, 상대편의 바스켓(籠)에 공(球)을 던져 넣어 얻은 점수의 많음을 겨루는 경기.
1468	壟	壟	용의 몸통처럼 구불구불 이어진(龍) 흙(土)으로 된 언덕.
			언덕 롱(농)
			• 壟斷(농단) 깎아지른(斷)듯이 높이 솟은 언덕(壟): 홀로 우뚝한 곳을 차지하고 가장 유리한 위치에서 이익과 권력을 독차지함.
1469	汩	汩	수평선(氵) 아래로 해(日)가 잠김.
			잠길 골
			• 汩沒(골몰) 다른 생각을 할 여유도 없이 한 가지 일에만 파묻힘(汩沒).
1470	呪	呪	형(兄)이 축문(口)을 읽으며 빌다.
			빌 주
			• 詛呪(저주) 남에게 재앙이나 불행이 일어나도록(詛) 빌고(呪) 바람.
1471	予	予	베틀의 횡사를 끼는 북(予)으로, 오른편으로 그리고 왼편으로 보내는 것을 나타내고, 내가 나에게 줌으로 미리 알 수 있음.
			나 여
			• 予曰(여왈) 내(予)가 말하길(曰).
			줄 여
			• 欲取先予(욕취선여) 얻고자(取) 하면(欲) 먼저(先) 주어야(予) 함.
			• 予奪(여탈) 주는(予) 것과 빼앗는(奪) 것.
1472	豫	豫	코끼리(象)는 똑똑하여 미리(予) 생각하고 행동함.
			미리 예
			• 豫約(예약) 어떤 것을 확보하기 위하여 미리(豫) 약속(約)함.
1473	葬	葬	들의 풀 속(茻→艹)에서 장사 지내다(死).
			장사지낼 장
			• 葬事(장사) 죽은 사람을 땅에 묻거나 화장하는(葬) 일(事).
1474	呵	呵	지금보다 좋게 하려고(可) 꾸짖다(口).
			꾸짖을 가

번호	고문	해서	설 명
			• 呵責(가책) 자기나 남의 잘못에 대하여 꾸짖어(呵) 책망함(責).
1475	乎	乎	목구멍(丁)에서 소리가 울려 퍼지게(丂) 물어보거나 추측하다. **어조사 호** • 不亦說乎(불역열호) 또한(亦) 기쁘지(說) 아니한(不)가(乎)? • 出乎爾反乎爾(출호이반호이) 너(爾)로부터(乎) 나온(出) 것은 너(爾)에게(乎) 돌아간다(反).
1476	呼	呼	1. 소리를 내어(乎) **부르다**(口). 2. 숨(乎)을 **내쉬다**(口). **부를 호** • 呼名(호명) 이름(名)을 부름(呼). **숨 내쉴 호** • 呼吸(호흡) 코 또는 입으로 공기를 내쉬고(呼) 들이마심(吸).
1477	粃	粃	껍질과 껍질이 연속하여 들러붙은(比) 쭉정이로 된 알갱이(米). **쭉정이 비** • 糠粃(강비) 겨(糠)와 쭉정이(粃): 거친 식사를 이름. 　* 粃=秕
1478	豸	豸	1. 입을 크게 벌리고 이빨을 드러낸(勹) 짐승을 그렸는데, 네 발은 둘로 줄였고 등은 길게 커다란 꼬리까지 잘 갖추었으며(勹), 고양이 따위의 짐승이 몸을 웅크리고 등을 굽혀 먹이에 덮치려고 노리는 모양. 2. 치(豸)는 전설속의 동물인 해태를 뜻하고, 시비와 선악을 판단하는 영물임. **벌레 치/해태 태** • 獬豸(해치/해태) 시비와 선악을 판단하여 안다고 하는(獬) 상상의 동물(豸).
1479	貌	貌	몸 전체의 모습(豸)과 얼굴 모양(皃)의 생김새. **모양 모** • 貌樣(모양) 겉으로 나타나는 생김새(貌)나 모습(樣). 　* 貌樣=模樣
1480	岐	岐	나뭇가지(枝→支) 모양의 산(山)의 갈림길. **갈림길 기** • 岐路(기로) 여러 갈래로 갈린(岐) 길(路): 갈림길/미래의 향방이 상반되게 갈라지는 지점을 비유적으로 이르는 말.
1481	冡	冡	돼지(豕)에게 덮개를 덮고(冖) 또 덮다(一). **덮어 쓸 몽**
1482	蒙	蒙	풀(草→艹)로 덮어(冡) 놓아 매우 어두우므로 속일 수 있음. **어두울 몽/속일 몽** • 無知蒙昧(무지몽매) 아는 것(知)이 없고(無) 어리석고(蒙) 어두움(昧). • 上下相蒙(상하상몽) 윗사람(上)과 아랫사람(下)이 서로(相) 속임(蒙).

번호	고문	해서	설 명
1483	橦	撞	종(鐘→童)을 손(扌)으로 치다.<hr>**칠 당** • 自家撞着(자가당착) 자기(自家)를 자기가 부딪치다(撞着): 같은 사람의 말이나 행동이 앞뒤가 서로 맞지 아니하고 모순됨.
1484	粟	粟	이삭(覀) 속에 들어 있는 작은 알갱이(米).<hr>**조 속** • 滄海一粟(창해일속) 큰(滄) 바다(海)에 던져진 좁쌀(粟) 한(一) 톨: 지극히 작거나 보잘것없는 존재를 의미/이 세상에서의 인간 존재의 허무함을 이르는 말. *속(粟): 주로 '조'로 사용되고, '벼'의 뜻으로도 쓰임.
1485	栗	栗	새집(覀)모양의 밤송이가 열리는 나무(木).<hr>**밤 률(율)** • 棗栗梨枾(조율이시) 제사에 흔히 쓰는 대추(棗), 밤(栗), 배(梨), 감(枾) 따위의 과실: 제사의 제물을 진설할 때, 왼쪽부터 대추·밤·배·감의 차례로 차리는 격식.
1486	育	育	막 출산한 아기(𠫓)를 정성으로 보살펴 살(月)을 붙이고 **기르다**.<hr>**기를 육** • 父生母育(부생모육) 아버지(父)는 낳게 하고(生), 어머니(母)는 낳아 기른다(育): 부모가 자식을 낳아 길러 주심. *막 출산된 아기(𠫓)가 자라면 서는 사람(子)이 됨.
1487	徹	徹	보살핌(育)으로(攵) 사거리(行→彳)처럼 **통하다**.<hr>**통할 철** • 眼光紙背徹(안광지배철) 눈(眼)빛(光)이 종이(紙)의 뒤(背)까지 꿰뚫어(徹)본다: 독서의 이해력이 날카롭고 깊음을 이르는 말. • 徹頭徹尾(철두철미) 머리(頭)에서 꼬리(尾)까지 통(徹)한다: 처음부터 끝까지/처음부터 끝까지 방침을 바꾸지 않고, 생각을 철저히 관철함.
1488	撤	撤	뻥 뚫어 통하게 하려고(徹→㪔) 거리적 대는 것을 손(扌)으로 **모두 치우다**.<hr>**거둘 철** • 撤收(철수) 걷어(收)치움(撤).
1489	轍	轍	수레(車)가 지나갈 때 뚫린(徹→㪔) 자국을 **남기다**.<hr>**바퀴자국 철** • 前車覆轍(전거복철) 앞(前) 수레(車)가 엎어진(覆) 바퀴 자국(轍): 앞사람의 실패/실패의 전례/앞사람의 실패를 거울삼아 주의하라는 교훈.
1490	販	販	돈(貝)으로 산 물건을 **또(反)** 팔고 돈을 받음.<hr>**팔 판** • 販賣(판매) 상품을 팜.
1491	貪	貪	재물(貝)을 지금(今) 갖고 싶어 하다.<hr>**탐낼 탐**

번호	고문	해서	설 명
			• 食貪(식탐) 음식(食)을 탐내는(貪) 일.
1492	貶	貶	재물(貝)의 가치를 **모자라게**(乏) 매기다. **낮출 폄** • 褒貶(포폄) 칭찬함(褒)과 나무람(貶): 시비·선악을 평정함. • 貶毁(폄훼) 남을 깎아 내리고(貶) 헐뜯음(毁)
1493	精	精	모내기부터 정미까지 수십 번의 **정성스런** 손질을 거친 **깨끗한**(靑) 쌀(米). **정할 정** • 精誠(정성) 온갖 힘을 다하려는 참되고(精) 성실한(誠) 마음. • 精神(정신) 육체나 물질에 대립되는 영혼이나 마음: 사물을 느끼고 생각하며 판단 하는 능력/마음의 자세나 태도.
1494	哀	哀	장례를 치르며 상복(衣)을 입고 슬픔에 겨워 크게 소리 내어(口) 울다. **슬플 애** • 喜怒哀樂(희로애락) 사람이 살아가면서 느끼는 네 가지 감정으로 기쁨(喜)과 노 여움(怒)과 슬픔(哀)과 즐거움(樂)을 아울러 이르는 말.
1495	睪	睪	바르게 보고(罒) **행복하고 좋은 것**(幸)을 가려서 끌어 모으다. **엿볼 역/가릴 택**
1496	擇	擇	손(扌)으로 **내가 고르다**(睪). **가릴 택** • 取捨選擇(취사선택) 가질 것은 갖고(取) 버릴 것은 버려서(捨) 골라(選)잡음 (擇)
1497	澤	澤	물(氵)을 알맞게 끌어 모으는(睪) 우묵한 **못**이 있으면, 농사가 잘되어 **덕택**을 받는다. **못 택** • 沼澤(소택) 못 **덕택 택** • 德澤(덕택) 베풀어 준 은혜(德)나 도움(澤). • 惠澤(혜택) 은혜(惠)와 덕택(澤): 자연이나 문명이나 단체 등이 사람에게 베푸는 이로움이나 이익.
1498	釋	釋	동물의 발자국(采)으로 어떤 동물인지 가려내다(睪). **풀 석** • 解釋(해석) 문장이나 사물 따위로 표현된 내용을 이해하고(解) 설명함(釋).
1499	繹	繹	엉킨 실(糸) 중 알맞은 실을 골라(睪) 풀어냄. **풀 역** • 演繹法(연역법) 일반 원리로부터(演) 낱낱의 일을 이끌어내는(繹) 추론의 방법 (法): 경험에 의하지 않고, 논리상 필연적인 결론을 내게 하는 것임.

번호	고문	해서	설 명
1500	譯	譯	다른 나라의 말(言)을 알맞게 가려서(睪) 우리말로 풀이하다. **번역할 역** • 飜譯(번역) 어떤 말의 글을 다른 나라 말의 글로 옮김. * 飜譯=翻譯
1501	驛	驛	좋은 말(馬)을 골라서(睪) 탈 수 있는 곳. **역 역** • 驛前(역전) 역(驛) 앞(前)
1502	寅	寅	구부러진 화살을 두 손으로 **잡아당겨 펴다.** **당길 인/펼 인/나아갈 인/범 인**
1503	演	演	물(氵)이 넓게 퍼지다(寅). **펼 연** • 演劇(연극) 배우가 각본에 따라 어떤 사건이나 인물을 말과 동작으로 관객에게 보여 주는(演) 무대 예술(劇): 남을 속이기 위하여 꾸며 낸 말이나 행동. • 黃昏演說(황혼연설) 노인의 잔소리.
1504	胡	胡	나이가 들어(古) 턱 밑살(月)이 늘어진 모양으로 턱인지 살인지 **분명하지 아니함.** **턱 밑살 호**
1505	糊	糊	쌀알(米)이 분명하지 아니한(胡) 풀. **풀칠할 호** • 糊塗(호도) 풀(糊)을 바른다(塗): 명확하게 결말을 내지 않고 일시적으로 감추거나 흐지부지 덮어 버림. **죽 호** • 糊口之策(호구지책) 가난한 살림에서 그저 겨우 죽(糊)을 먹고(口) 살아가는(之) 방책(策). **모호할 호** • 模糊(모호) 흐리터분하고(模) 분명하지 아니함(糊). * 模: 법 모/모호할 모

1506	軎	軎	굴대 끝(口)이 수레바퀴(車)를 줏대에 매어 있게 함.
			
			굴대 끝 세
			  * 굴대 끝=차축두(車軸頭): 바퀴가 잘 굴러가게 하고, 줏대에서 바퀴가 빠지지 않도록 하는 장치.
			  * 줏대: 수레바퀴 끝의 휘갑쇠.

1507	轂	轂	굴대 끝(口)은 수레바퀴(車)와 서로 부딪치고(殳) 수레바퀴가 줏대에 매어 있게 함. **부딪칠 격/매어 기를 계** * 轂=轙
1508	擊	擊	손(扌)으로 치다(轂).

번호	고문	해서	설　명
			칠 격
			• 攻擊(공격) 나아가 적을 침: 말로 상대편을 심하게 논박하거나 비난함.
1509	繫	繫	끈(絲→糸)으로 잡아매다(毄).
			맬 계
			• 繫留(계류) 붙잡아 매어(繫) 놓음(留).
1510	賓	賓	집(宀)에 온(止→夊) 손님을 예물(貝)로 대접하다.
			손 빈
			• 來賓(내빈) 와 계신(來) 손님(賓): 주로 회장이나 식장 같은 공식적인 자리에 온 손님.
1511	糠	糠	벼를 찧으면(康) 껍질이 벗겨져 쌀알(米)이 나올 때, 그 껍질과 겨.
			겨 강
			• 糠粃(강비) 겨(糠)와 쭉정이(粃): 거친 식사를 이름.
1512	票	票	중요(要→覀)한 내용을 나타낸(示) 표(票)를 **빠르게** 전달하려면 **가벼워야** 함.
			표 표
			• 投票(투표) 선거를 하거나 가부를 결정할 때에 투표용지(票)에 의사를 표시하여 일정한 곳에 내는(投) 일.
1513	瓢	瓢	박(瓜)으로 만든 **가벼운**(票) 바가지.
			바가지 표
			• 佩瓢(패표) 쪽박(瓢)을 참(佩): 빌어먹음.
1514	鳥	鳥	새의 모양.
			새 조
			• 如鳥數飛(여조삭비) 새(鳥)가 하늘을 날기(飛) 위해 자주(數) 날갯짓하는 것과 같다(如): 배우기를 쉬지 않고 끊임없이 연습하고 익힘. * 數: 셈 수/자주 삭
1515	賦	賦	강제(武)로 매긴 세금(貝)을 내야 함.
			부세 부
			• 賦稅(부세) 조세(稅)를 부담함(賦).
1516	泰	泰	큰 사람(大→𡗞)이 흐르는 물(水→氺)에 두 손(廾)을 씻어 **편안**하다.
			클 태
			• 泰山(태산) 높고 큰(泰) 산(山)
			편안할 태
			• 國泰民安(국태민안) 나라國家 태평(泰)하고 백성(民)이 살기가 평안(安)함.
1517	奠	奠	**정해진 제삿날**에 향기 나는(八) 좋은 술(酋)을 올리다(廾→大).
			정할 전
			• 奠居(전거) 살 곳(居)을 정함(奠).

185

번호	고문	해서	설 명
			제사 전 • 奠物(전물) 신령과 부처 앞에 차려 놓는(奠) 음식(物).
1518	鄭	鄭	제사에 올리는 술(奠)을 **정성스럽고** 전문적으로 만드는 나라(邑→ß). 정나라 정 정중할 정 • 鄭重(정중) 점잖고(鄭) 묵직함(重): 친절하고 은근함.
1519	擲	擲	제사 술의 상태를 판정하여 **수준 미달인 술(鄭)**을 손으로(扌) **던져** 버리다. 던질 척 • 乾坤一擲(건곤일척) 하늘(乾)이냐 땅(坤)이냐를 한(一) 번 던져서(擲) 결정한다: 운명과 흥망을 걸고 단판으로 승부나 성패를 겨룸/오직 이 한 번에 흥망성쇠가 걸려 있는 일. • 快擲(쾌척) 금품을 마땅히 쓸 자리에 시원스럽게(快) 내놓는 것(擲).
1520	鳴	鳴	새(鳥)가 울다(口). 울 명 • 悲鳴(비명) 갑작스러운 위험이나 두려움(悲) 때문에 지르는 외마디 소리(鳴).
1521	擴	擴	넓게(廣) 하다(扌). 넓힐 확 • 擴大(확대) 모양이나 규모 따위를 늘려서(擴) 크게(大) 함: 크게 넓힘.
1522	賻	賻	사람이 죽었을 때, 그 비용(貝)을 충당하라고(尃) 예로 내는 것. 부의 부 • 賻儀(부의) 초상집에 돈(賻)이나 물품을 보내는 일(儀).
1523	購	購	돈(貝)으로 사서, 생활에 편리하도록 얽어 모아 합치다(冓). 살 구 • 購買(구매) 물건 따위를 사들임.
1524	擾	擾	손(扌)을 **마구 휘둘러** 걱정거리(憂)를 만들다. 시끄러울 요 • 擾亂(요란) 시끄럽고(擾) 어지러움(亂). * 擾亂=搖亂
1525	贅	贅	재화(貝)를 쓸데없이 사용하다(敖). 혹 췌/군더더기 췌 • 贅言(췌언) 쓸데없는 군더더기(贅) 말(言).
1526	紅	紅	1. 실(絲→糸)을 짜듯 달구질(工)로 다져진 황토는 **붉다**. 2. 화톳불(灯→工)빛 같은 **붉은색**의 실(絲→糸). 붉은 홍 • 紅爐點雪(홍로점설) 빨갛게(紅) 달아오른 화로(爐) 위에 한 송이(點)의 눈(雪)을 뿌리

번호	고문	해서	설 명
			면, 순식간에 녹아 없어지는 데에서, 도를 깨달아 의혹이 일시에 없어짐을 의미함. * 灯: 화톳불 홍
1527	㑲	兟	앞으로(先) 나아가다(先). **나아갈 신**
1528	贊	贊	선물(貝)을 들고 남을 도우러 가다(兟). **도울 찬** • 贊成(찬성) 어떤 일을 도와서(贊) 이루어지도록(成) 함: 어떤 행동이나 견해, 제안 따위가 옳거나 좋다고 판단하여 수긍함.
1529	洋	洋	크게 무리지어 다니는 양떼(羊) 모양의 물(氵). **큰 바다 양** • 太平洋(태평양) 아무 걱정 없고(太) 평안한(平) 큰 바다(洋): 오대양의 하나/유라시아, 남북아메리카, 오스트레일리아 따위의 대륙에 둘러싸인 바다/세계 바다 면적의 반을 차지함. **지역 양** • 西洋(서양) 동양의 서쪽(西)에 있는 유럽 지역(洋). • 東洋(동양) 유라시아 대륙의 동부(東) 지역(洋). * 유라시아: 유럽과 아시아.
1530		紋	실(絲→糸)로 짜서 나타낸 무늬(文). **무늬 문** • 指紋(지문) 손가락(指) 끝마디 안쪽에 있는 살갗의 무늬(紋): 사람마다 다르며 그 모양이 평생 변하지 아니하여 개인 식별, 범죄 수사의 단서, 인장 대용 등으로 사용됨. • 紋樣(문양) 무늬(紋)와 모양(樣)
1531	納	納	비단(緋→糸)을 받거나 내다(內). **들일 납** • 出納(출납) 금전·물품 따위를 내어 주거나(出) **받아들임(納)**. • 歸納(귀납) 개개의 특수한 사실로부터(歸) 일반적 결론을 이끌어 내는(納) 추리. **낼 납** • 納付(납부) 관공서나 공공단체 따위에 세금, 공과금 따위를 **냄(納付)**.
1532	給	給	긴 실(糸)을 만들기 위해서, 계속 다른 실을 **이어주어야** 한다(合). **줄 급** • 月給(월급) 한 달(月)을 단위로 하여 지급하는 급료(給).
1533	蔑	蔑	적을 **업신여기고**, 졸면서(苜) 국경을 지키다(戍). **업신여길 멸** • 蔑視(멸시) 업신여기거나 하찮게 여겨 깔(蔑)봄(視). * 蔑(업신여길 멸)≠夢(꿈 몽)

번호	고문	해서	설 명
1534	𠭥	曼	말(曰)을 잡아(又) 늘려 길게 하고, 눈(目→罒)의 화장을 아름답고 길게 하다(又). **길 만**
1535	𧆞	蔓	풀(艹)의 덩굴이 길게(曼) 퍼지다. **덩굴 만/퍼질 만** • 蔓延(만연) 널리 번지어(蔓) 퍼짐(延). * 蔓延=蔓衍
1536	拜 𦝢	朋	1. 마노조개 다섯 개를 끈에 꿴 것의 **한 쌍**으로, 열 개의 조개를 일붕(一朋)이라 함. 2. 새의 양쪽 큰 날개. **벗 붕** • 朋友(붕우) 비슷한 또래로서 서로 친하게(朋) 사귀는 사람(友): 친구.
1537	嵋	崩	줄이 끊어져 마노 조개(朋)가 쏟아지듯이, 산(山)의 토사가 무너져 내리다. **무너질 붕** • 崩壊(붕괴) 허물어져(崩) 무너짐(壊).
1538	⊠	囟	어린아이이기 때문에 머리 위의 뼈(囟)가 아직 굳지 않은 상태의 상형. **정수리 신** • 囟門(신문) 갓난아이의 정수리(囟)가 굳지 않아서 숨 쉴 때마다 발딱발딱 뛰는 곳(門): 숫구멍/정수리.
1539	細	細	정수리(囟→田)에서 실(糸)처럼 **가늘고 미세한 기**가 나오다. **가늘 세** • 仔細(자세) 사소한 부분까지 아주 구체적(仔)이고 분명(細)함. • 詳細(상세) 자세(詳)하고 세밀(細)함.
1540	⚡ 𣆉	申	번개가 거듭 쳐 번갯불이 퍼지는(申) 것처럼, 사람이 다른 사람에게 **거듭 알리는** 것임. **거듭 신** • 申申當付(신신당부) 거듭하여(申申) 단단히(當) 부탁(付)함. **알릴 신** • 申請(신청) 단체나 기관에 어떠한 일이나 물건을 알려(申) 청구함(請).
1541	輕	輕	곧장 경쾌하게(巠) 적에게 돌진하는 전차(車). **가벼울 경** • 輕快(경쾌) 움직임이나 모습, 기분 따위가 가볍고(輕) 상쾌(快)함. • 輕薄(경박) 언행이 신중하지 못하고(輕) 가벼움(薄). • 輕重(경중) 가벼움(輕)과 무거움(重): 가볍고 무거운 정도/중요함과 중요하지 않음.
1542	㳘	活	혀(舌)에 수분(氵)이 더해지면 부드럽고 원활하게 살아남. **살 활** • 活潑(활발) 생기 있고(活) 힘차며 시원스러움(潑).

번호	고문	해서	설 명
1543	𢽳	放	사방(方)으로 내 보내는(攵) 것을 의미하고, 나쁜 사람을 중앙으로부터 좇아내거나, 어떤 것을 내버려 둔다는 뜻임. **놓을 방** • 放學(방학) 학교에서 학기를 마치고 한동안 수업(學)을 쉬는 일(放). • 追放(추방) 일정한 지역이나 조직 밖으로 좇아(追)냄(放): 몰아 냄.
1544	𣲴	派	강물(氵)이 갈라져(𠂢) 지류가 생기다. **갈래 파** • 學派(학파) 학문(學)에서의 주장을 달리하여 갈라져 나간 갈래(派).
1545	𦇓	終	바느질을 다 하고 나서 실(糸)을 매듭짓는다(冬). **마칠 종** • 始終(시종) 처음(始)과 끝(終): 항상/처음부터 끝까지.
1546	卯	卯	문의 모양으로, 갈마들거나 머무르다. **장붓구멍(홈) 묘/무성할 묘/토끼 묘**
1547	柳	柳	작은 바람도 잘 **흔들거리는**(卯) 버드나무(木) 가지. **버들 류(유)** • 柳花(유화) 버드나무(柳)의 꽃(花). • 風前細柳(풍전세류) 바람(風) 앞(前)에 나부끼는 가느다란(細) 버들(柳): 부드럽고 영리한 사람이 성격을 평한 말.
1548	留	留	경작지(田)에서 작물을 잘 기르기 위해, 사람들이 머무르다(卯→丣). **머무를 류(유)** • 留學(유학) 외국에 머물면서(留) 공부함(學). • 留保(유보) 뒷날로 미루어(留) 둠(保): 멈추어 두고 보존함.
1549	略	略	내 땅(田)을 **관리하고**(各), 상대방의 땅(田)을 **간단하고 쉽게** 빼앗는(各) 꾀. **다스릴 략** • 戰略(전략) 전쟁(戰)을 전반적으로 이끌어 가는 방략(略). **간략할 략** • 省略(생략) 전체에서 일부를 줄이거나(省) 뺌(略).
1550	湯	湯	물(氵)이 태양빛(昜)처럼 요동치고 뜨겁다. **끓일 탕** • 沐浴湯(목욕탕) 머리를 감으며(沐) 온몸을 씻는(浴) 일을 할 수 있도록 마련해 놓은 시설(湯).
1551	蕩	蕩	요동치는 끓는 물(湯)에 **제멋대로** 움직이는 풀(艹)을 **제거하다**. **방탕할 탕** • 放蕩(방탕) 주색잡기에 빠져(放) 행실이 좋지 못함(蕩): 마음이 들떠 갈피를 잡을 수 없음.

번호	고문	해서	설 명
			없앨 탕 • 掃蕩(소탕) 휩쓸어(掃) 죄다 없애 버림(蕩).
1552	綵	絲	생사를 꼰 실의 모양. **실 사** • 一絲不亂(일사불란) 한(一) 오라기의 실(絲)도 흐트러지지(亂) 않았다(不): 질서나 체계 따위가 잘 잡혀 있어서 조금도 흐트러짐이 없음.
1553	統	統	실(糸)의 여러 가닥을 한데 합쳐(充) **한줄기**로 **길게** 꼰 실을 **관리함.** **합칠 통** • 統合(통합) 모두 합쳐서(合) 하나로 모음(統): 둘 이상의 것을 하나로 모아서 다스림/통일. **계통 통** • 傳統(전통) 계통(統)을 받아 전(傳)함. **거느릴 통** • 統制(통제) 일정한 방침이나 목적에 따라(統) 행위를 제한하거나 제약함(制).
1554	整	整	바르게(正) 묶도록(束) 하다(攵). **가지런할 정** • 整理(정리) 흐트러진 것을 가지런히(整) 바로잡음(理): 불필요한 것을 없애고 일이 잘 되게 함.
1555	絕	絕	칼(刀)을 잡고(巴) 실(糸)을 **끊거나** 끊어 **없애다.** **끊을 절** • 連絡杜絶(연락두절) 교통이나 통신 등이 막히거나(杜) 끊어져(絶) 연락(連絡)이 원활하지 못한 상태. **없앨 절/최고 절** • 絕對(절대) 상대(對)하여 견줄 만한 다른 것이 없음(絕): 아무런 제약이나 구속을 받지 않음/어떠한 경우에도 반드시. * 絕=絶
1556	敷	敷	퍼지게(尃) 하다(攵). **펼 부** • 敷衍(부연) 덧붙여(敷) 알기 쉽게 자세히 설명을 늘어놓음(衍): 늘려서 퍼지게 함. * 敷衍=敷演
1557	開	開	문(門)의 빗장(一)을 두 손(廾)으로 **열다.** **열 개** • 開閉(개폐) 열고(開) 닫음(閉)
1558	閉	閉	문(門)을 나무빗장(材→才)으로 **닫다.** **닫을 폐** • 閉業(폐업) 그날의 영업(業)을 끝냄(閉). * 廢業(폐업) 직업이나 영업(業)을 그만둠(廢).

번호	고문	해서	설 명
1559	疏	疏	두 발(疋)은 각각 대등한 관계로 가까이 또는 멀리하고, 양수(川→㐬)가 나온 후 출산(去)하는데, 그 시간과 정성 그리고 말할 수 없는 고통이 따른다는 뜻. **소통할 소** • 疏通(소통) 막히지 아니하고(疏) 서로 통(通)함: 뜻이 서로 통함. **거칠 소** • 飯疏食(반소사) 밥(飯)을 거칠게(疏) 먹다(食): 반찬이 없는 밥/안빈낙도함. **멀어질 소** • 疏遠(소원) 지내는 사이가 두텁지 않고(疏) 버성김(遠)/서먹서먹함. * 去(어린아기)→子(걷게 됨)
1560	辡	斑	쌍옥(珏)에서 아롱진(文) 빛이 나다. **아롱질 반** • 斑點(반점) 얼룩얼룩한(斑) 점(點).
1561	涕	涕	차례차례(弟) 흐르는 눈물(氵). **눈물 체** • 破涕(파체) 눈물(涕)을 거둔다(破): 슬픔을 기쁨으로 돌리어 생각함.
1562	斗	斗	곡식이나 액체를 되는 그릇. **말 두** • 一間斗屋(일간두옥) 한(一) 말(斗)들이 말만한(間) 작은 집(屋): 한 칸밖에 안 되는 작은 집 **구기 두** • 北斗七星(북두칠성) 북쪽(北) 하늘의 큰곰자리에서 가장 뚜렷하게 보이는 국자(斗) 모양을 이룬 일곱(七) 개의 별(星).
1563	奞	奞	새(隹)가 힘차게 날개를 펴고(大) 날다. **날개 칠 순**
1564	奮	奮	새(隹)가 밭(田) 사이에서 **힘차게** 날개를 펴고(大) 높이 나르다. **떨칠 분/힘쓸 분** • 奮發(분발) 가라앉은 마음과 힘을 떨쳐(奮) 일으킴(發). * 떨치다: 위세나 명성 따위가 널리 알려지다.
1565	奪	奪	새(隹)가 **힘차게** 날개를 펴고(大) 순식간에 발톱(寸)으로 먹이를 낚아채다. **빼앗을 탈** • 爭奪(쟁탈) 서로 다투어(爭) 무슨 사물이나 권리 따위를 빼앗는(奪) 싸움.
1566	奐	奐	산모(人→⺈)의 배(冂)에서 아기(儿)를 두 손(廾→大)으로 받아내는 일은 **빛나는** 모양이고, 상황이 **바뀌는** 일임. **빛날 환/바꿀 환**

번호	고문	해서	설 명
1567	爌	煥	불(火)이 빛나다(奐). **불꽃 환/빛날 환** • 才氣煥發(재기환발) 재주(才)와 슬기(氣)가 불(煥) 일어나듯이(發) 나타남.
1568	嚐	喚	산모가 출산(奐) 시 고통으로 **소리를 질러**(口) 필요한 것을 구하다. **부를 환** • 召喚(소환) 사법기관이 특정의 개인을 일정한 장소로 오도록 부르는 일.
1569	㸐	換	손(扌)으로 서로 바꾸다(奐). **바꿀 환** • 換骨奪胎(환골탈태) 뼈대(骨)를 바꾸어(換) 끼고 근원(胎)을 없애다(奪): 고인의 시문의 형식을 바꾸어서 그 짜임새와 수법이 먼저 것보다 잘되게 함/사람이 보다 나은 방향으로 변하여 전혀 딴사람처럼 됨. * 奪: 빼앗을 탈/없앨 탈
1570	喜	喜	북(豈)을 치고 노래를 부르니(口) 기쁘다. **기쁠 희** • 喜悅(희열) 기쁨(喜)과 즐거움(悅).
1571	絳	斜	말(斗)에 곡식을 넉넉하게(余) 담을 때 **빗면**이 생김. **비낄 사** • 傾斜(경사) 비스듬히(傾) 기울어짐(斜). • 斜陽(사양) 해질 무렵에 비스듬히(斜) 비치는(陽) 해: 왕성하지 못하고 차츰 쇠퇴하여 가는 일.
1572	繾	繾	실(糸)을 **정성스럽고 세심하게** 다루듯, 삼태기(虫)에 필요한 것(呂)을 **정성스럽고 세심하게** 담아 아쉽지만 보내다(辶). **곡진할 견** * 曲盡(곡진) 참으로 정성스럽고 친함.
1573	綣	綣	실(糸)이 감겨(卷) 달라붙듯이 서로 **정다움**. **정다울 권** • 繾綣之情(견권지정) 참으로 친하고(繾) 정다워서(綣) 마음속에 굳게 맺혀 잊히지 않는(之) 정(情).
1574	喪	喪	죽은 사람(亡→匕)의 위패를 뽕나무(桑→亞)로 만들다. **잃을 상** • 喪失(상실) 어떤 사람과 관계가 끊어지거나(喪) 헤어지게(失) 됨: 어떤 것이 아주 없어지거나 사라짐. * 뽕나무: 누에를 길러 소득이 올릴 수 있지만, 자라는 데 시간이 걸려 부모님께서 자식을 생각하여 미리 뽕나무를 심어놓음.
1575	呂	呂	사람의 등뼈가 규칙적으로 연결된 모습. **등뼈 려/법칙 려/음률 려**

번호	고문	해서	설 명
1576	閭	閭	집들이 모여서 이어진(呂) 마을과 그 마을을 들어가는 문(門). **마을 려(여)** • 閭閻(여염) 백성의 살림집이 많이 모여 있는 곳. **이문 려(여)** • 倚閭之望(의려지망) 어머니가 동구 밖(閭)에까지 나가서(倚) 자녀가 돌아오기를 초조하게(之) 기다림(望). * 里門(이문) 동네(里)의 어귀에 세운 문(門). * 閻: 마을 염
1577	叕	叕	손(又)과 손(又)을 마주잡다(又又). **연할 철**
1578	綴	綴	끈(糸)으로 엮어서(叕) 하나로 하다. **엮을 철** • 編綴(편철) 통신·문건·신문 따위를 정리하여(編) 짜서 철함(綴).
1579	綻	綻	옷의 솔기가 **터져** 속옷이 보여, 실(糸)로 바르게 꿰매다(定). **터질 탄** • 綻露(탄로) 비밀이 드러남: 비밀을 드러냄. • 破綻(파탄) 찢어지고(破) 터짐(綻): 일이 원만히 해결되지 않고 중도에서 그릇됨.
1580	㫃	㫃	**깃발이 나부낄 언/깃발이 쓰러질 언**
1581	旗	旗	어떤 특징을 나타낸(其) 군대의 기(㫃→⺆). **기 기** • 國旗(국기) 나라(國)를 상징하는 기(旗).
1582	族	族	전쟁이 나면 **같은 핏줄의 무리**가 기(旗→⺆)과 활(矢)을 들고 싸움에 나섬. **겨레 족** • 民族(민족) 일정한 지역에서 오랜 세월 동안 공동생활을 하면서 언어와 문화상의 공통성에 기초하여 역사적으로 형성된 사회(民) 집단(族).
1583	旅	旅	군기(旗→⺆)를 앞세운 병사들(从→氏)의 집단을 나타내고, **군대는 이동하기** 때문에 여행도 뜻함. **군대 려(여)** • 旅團(여단) 군대 편성 단위의 하나. **여행 려(여)** • 旅行(여행) 일이나 유람을 목적으로 다른 고장이나 외국에 가는 일. * 고대의 려(旅): 군사 500명으로 구성됨.
1584	施	施	부족의 기(旗→⺆)를 세워둔 신전은 모든 사람에게 끊임없이(也) 안전을 **베풀어** 준다. **베풀 시/시행할 시**

번호	고문	해서	설 명
			• 施設(시설) 도구, 기계, 장치 따위를 베풀어(施) 설비(設)함. • 施行(시행) 실제(施)로 행(行)함.
1585	㫃	旋	전쟁이 끝나면, 군대(旗→㫃)는 원위치로 되돌아간다(疋). ─────────── **돌 선** • 螺旋(나선) 물체의 겉모양이 소라 껍데기(螺)처럼 빙빙 비틀린(旋) 것. • 周旋(주선) 일이 잘되도록 여러 가지 방법(周)으로 힘씀(旋).
1586	耤	耤	농부가 가래(耒)로 땅을 뒤섞다(昔). ─────────── **짓밟을 적**
1587	藉	藉	풀(艹)을 뒤섞고 엮어(耤) **깔개**를 만들어 **의지하다**. ─────────── **깔 자** • 狼藉(낭자) 이리(狼)에게 깔렸던 풀(藉)처럼 어지럽게 흩어져 있음. • 憑藉(빙자) 남의 힘을 빌려서(憑) 의지(藉)함.
1588	籍	籍	죽간(竹)에 농사짓는 농부(耤)의 이름을 적고 나라에서 관리함. ─────────── **문서 적** • 國籍(국적) 한 나라(國)의 구성원이 되는 자격(籍).
1589	闊	闊	생기가 넘치고 왕래가 자유로운(活) 문(門). ─────────── **넓을 활** • 廣闊(광활) 막힌 데가 없이(廣) 트이고 넓다(闊).
1590	藍	藍	쪽 풀(艹)을 항아리(皿)에 넣고 각 과정(丶)을 허리를 굽혀 **자세히** 살펴야(臣) 함. ─────────── **쪽 람(남)** • 藍水(남수) 남빛(藍)의 물(水). *색깔의 변화 과정: 쪽 풀→녹색→노랑→회색→보라→연두→녹색→초록→청록 색→파랑→쪽빛(남색)
1591	鷗	鷗	물에서 먹이를 구분(區)하는 새(鳥). ─────────── **갈매기 구** • 白鷗(백구) 새머리와 몸은 대체로 흰색(白), 등과 날개는 회색, 부리와 다리는 노란색이고, 물갈퀴가 있어 헤엄을 잘 치고 물고기를 잡아먹는 새(鳥).
1592	嗚	嗚	까마귀(烏)의 슬픈 울음소리(口). ─────────── **슬플 오** • 嗚咽(오열) 목이 메어(咽) 욺(嗚). *咽喉(인후) 목구멍 *咽: 목구멍 인/목멜 열
1593	川	川	양쪽 언덕 사이(丨丨)로 물(丨)이 흐르고 있는 모양. ─────────── **내 천** • 山川草木(산천초목) 산천(山川)과 초목(草木): 산(山)과 물(川)과 풀(草)과 나무 (木): 자연.

번호	고문	해서	설 명
1594	闡	闡	참되고 크게(單) 열린 문(門)은 모든 것을 드러내고 **밝힌다**. **밝힐 천** • 闡明(천명) 사실이나 의사를 분명하게 드러내서(闡) 밝힘(明). *單: 홑 단, 참될 단, 클 단
1595	夾	亦	큰 사람(大→亣)이 왼쪽 겨드랑이에 무언가(丿)를 끼고, 오른쪽 겨드랑에 **또** 끼다(乀). **또 역** • 亦是(역시) 어떤 것을 전제로 하고 그것(亦)과 같게(是): 생각하였던 대로.
1596	跡	跡	발자국(足)을 남기고 또(亦) 발자국을 남겨, **자취**를 남기다. **발자취 적** • 痕跡(흔적) 어떤 현상이나 실체가 없어졌거나 지나간 뒤에 남은 자국(痕)이나 자취(跡). *跡=迹
1597		泰	물(氺)이 뭉쳐서(共) 크게 솟다. **클 태**
1598	艦	滕	배(舟→月)에서 물이 **크게 솟다**(泰). **물 솟을 등**
1599		藤	물 솟듯(滕) 높이 올라가는 등나무(艹). **등나무 등** • 葛藤(갈등) 칡(葛)과 등나무(藤): 일이나 사정이 서로 복잡하게 뒤얽혀 화합하지 못함.
1600	藥	藥	약초(艹)를 먹고 다시 즐거운(樂) 상태로 되돌아 감. **약 약** • 死後藥方文(사후약방문) 죽은(死) 뒤(後)에 약방문(藥方文)을 쓰다: 이미 때가 지난 후에 대책을 세우거나 후회해도 소용없다. *약방문(藥方文): 약(藥)을 짓기(方) 위해 약의 이름과 분량을 쓴 종이(文).
1601	⊙	日	태양을 그린 것. **날 일** • 末日(말일) 그 달의 마지막(末) 날(日).
1602	淨	淨	다툼(爭)이 끝난 물(氵)은 깨끗하다. **깨끗할 정** • 淸淨(청정) 맑고(淸) 깨끗함(淨)
1603	旬	旬	천간의 10일(日)을 감쌈(勹). **열흘 순**

번호	고문	해서	설 명
			• 初旬(초순) 한 달 가운데서 초하루(初)부터 초열흘(旬)까지의 사이.
1604	旭日	旭	아침 해(日)의 쭉 뻗어나가는 햇살(九).<hr>**아침 해 욱** • 旭光(욱광) 솟아오르는 아침 해(旭)의 빛(光).
1605	緯	緯	직물의 날실을 휘감는(韋) 씨실(糸).<hr>**씨 위** • 經緯(경위) 직물의 날(經)과 씨(緯)를 아울러 이르는 말: 일이 진행되어 온 과정/ 지구 경도와 위도를 아울러 이르는 말.
1606	練	練	오랜 시간동안 정성을 들여 누인(柬) 명주(絹→糸).<hr>**익힐 련** • 練習(연습) 학문이나 기예 따위를 익숙하도록 되풀이하여(練) 익힘(習). • 洗練(세련) 깨끗이 씻고(洗) 불에 달굼(練): 서투르지 않고 능숙함/깔끔하고 품위가 있음/말이나 글이 군더더기가 없이 잘 다듬어져 있음. * 누이다: 무명이나 모시, 명주 따위를 잿물에 삶아 희고 부드럽게 하다. * 柬: 가릴 간, 고를 간
1607	淵	淵	물(氵)이 **깊은 못**(鼎).<hr>**못 연** • 深淵(심연) 깊은(深) 못(淵).
1608	淸	淸	물(氵)이 맑다(靑).<hr>**맑을 청** • 淸濁(청탁) 맑음(淸)과 흐림(濁): 선인과 악인/현인과 우인/청음과 탁음/청주와 탁주. * 淸=清
1609	忝	忝	하늘(天→夭)이 나에게 은혜를 너무 많이 **보태주어** 황송한 마음(小) 뿐임.<hr>**황송할 첨**
1610	添	添	물(氵)을 **보태다**(忝).<hr>**더할 첨** • 添削(첨삭) 문자를 보태거나(添) 뺌(削): 시문·답안 등을 더하거나 깎거나 하여 고침. • 添附(첨부) 더하여(添) 붙임(附)
1611	嗾	嗾	전쟁에 나서기 전에 장수가 병사들(族)에게 전투의욕을 부추기다(口).<hr>**부추길 주** • 使嗾(사주) 남을 부추겨(嗾) 좋지 않은 일을 시킴(使).
1612	市	市	상점(宀)에 걸린 간판(巾).<hr>**저자 시** • 市場(시장) 도회지에 날마다 서는 물건을 사고파는(市) 곳(場).

번호	고문	해서	설 명
1613	𢁳	布	천(巾)을 손(又→𠂇)으로 넓게 펴다. **베 포** • 布衣(포의) 베(布)옷(衣): 벼슬이 없는 선비/백의/백포. **펼 포** • 分布(분포) 일정한 범위에 흩어져(分) 퍼져 있음(布).
1614	㞢	丈	지팡이(一)를 든(乂) **어른**으로, 어른의 키의 **길이**를 뜻함. **어른 장** • 大丈夫(대장부) 사내답고(大) 씩씩한(丈) 남자(夫). **길이 장** • 億丈(억장) 썩 높은 것: 그 길이/극심한 슬픔이나 절망 등으로 몹시 가슴이 아프고 괴로운 상태가 됨. * 한 장(1 丈)은 한 자(尺)의 열 배로 약 3M에 해당함.
1615		㿺	목욕통(皿)의 **따뜻한** 물에 몸을 담구고(囚), 몸에 **열기를 저장하다**. **온화할 온**
1616	䌞	縕	열기를 저장하는(㿺) 명주(糸)나 헌솜. **헌솜 온** • 縕袍(온포) 묵은 솜(縕)을 둔 도포(袍).
1617		蘊	열기를 저장하고(縕) 또 그 위에 풀(艹)로 덮어 더욱 열기를 저장하다. **쌓을 온/모을 온** • 蘊奧(온오) 학문이나 기예 따위의 이치가 깊고(蘊) 오묘(奧)함.
1618		瘟	열이 많이 나는(㿺) 질병(疒). **염병 온** • 瘟疫(온역) 급성 전염병의 하나.
1619	嘗	嘗	입에 맞는(旨) 음식을 들어올려(尙) **맛보다**. **맛볼 상** • 嘗味(상미) 맛(味) 보기(嘗) 위하여 조금 먹어봄.
1620	縛	縛	줄(糸) 펴(尃) **얽다**. **얽을 박** • 自繩自縛(자승자박) 자기(自己)의 줄(繩)로 자기(自己)를 묶다(縛): 자기가 자기를 망치게 한다/자기의 언행으로 인하여 자신이 꼼짝 못하게 되는 일.
1621	星	星	밝고 맑은(生) 별(日). **별 성** • 恒星(항성) 늘 같은(恒) 자리에 있는 것처럼 보이는 별(星). • 行星(행성) 해의 둘레를 각자의 궤도에 따라서 돌아다니는(行) 별(星). • 衛星(위성) 행성의 인력에 의하여 그 행성의 주위(衛)를 도는 별(星).

번호	고문	해서	설 명
1622		渠	자(榘→榘)로 측량을 하여 **인공적인 개천(氵)**을 만들다. **개천 거** • 溝渠(구거) 수채물이 흐르는 인공적인 작은 도랑.
1623		測	물의 양(氵)을 기준(則)에 따라 헤아리다. **헤아릴 측** • 推測(추측) 미루어 생각하여 헤아리거나(推) 어림을 잡음(測). • 臆測(억측) 이유(理由)와 근거(根據)가 없는 추측(推測). *臆: 가슴 억, 주관적 억
1624	月	丹	깊은 굴(井) 중심부에 있는 **매우 귀한 붉은 모래(丶)**. **붉은 단** • 丹靑(단청) 붉은(丹)빛과 푸른(靑)빛: 집의 벽·기둥·천장 따위에 여러 가지 빛깔로 그림과 무늬를 그림. **참될 단** • 一片丹心(일편단심) 한(一) 조각(片)의 참된(丹) 마음(心): 한결같은 참된 정성/변치 않는 참된 마음.
1625		踰	걸어서(足) 넘어가다(兪). **넘을 유** • 父母衣服 勿踰勿踐(부모의복 물유물천) 부모(父母)님의 의복(衣服)을 넘어 다니지(踰) 말고(勿) 밟지(踐) 마라(勿).
1626	防	防	둑(阝)을 쌓아 막다(方). **막을 방** • 豫防(예방) 질병이나 재해 따위가 일어나기 전에 미리(豫) 대처하여 막는 일(防).
1627		嘲	빛나는(十) 해(日)가 달(月)을 비웃다(口). **비웃을 조** • 嘲弄(조롱) 비웃거나 깔보면서(嘲) 놀림(弄).
1628	績	績	실(糸)을 꼬아 쌓다(責). **길쌈할 적** • 紡績(방적) 동식물의 섬유를 가공하여 실(紡)을 만듦(績). **성과 적** • 成績(성적) 하여 온 일의 결과(成)로 얻은 실적(績): 교육 학생들이 배운 지식, 기능, 태도 따위를 평가한 결과.
1629	柔	柔	창(矛)처럼 뻗어나는 나무(木)의 새로운 순은 부드럽고 연하다. **부드러울 유** • 優柔不斷(우유부단) 마음이 부드럽고(優) 약(柔)하여 딱 잘라 결단(斷)을 하지 못함(不).

번호	고문	해서	설 명
			• 外柔內剛(외유내강) 겉(外)으로 보기에는 부드러우나(柔) 속(內)은 꿋꿋하고 (剛) 강함. • 柔軟(유연) 부드럽고(柔) 연함(軟).
1630	蹂	蹂	발(足)로 밟아 부드럽게 하다(柔). ――――――――――――――――――――― **밟을 유** • 人權蹂躙(인권유린) 다른 사람(人)의 권리(權)를 밟고(蹂) 짓밟다(躙).
1631	匜	匜	환자(丙)가 **더러워져 좁은 곳**에 숨다(匚). ――――――――――――――――――――― **더러울 루(누)/좁을 루(누)**
1632	陋	陋	산골(阝)에 있는 **좁은 곳**(匜). ――――――――――――――――――――― **더러울 루(누)** • 陋醜(누추) 지저분하고(陋) 더럽다(醜). **좁을 루(누)** • 孤陋(고루) 보고 들은 것이 없어 마음가짐이나 하는 짓이 융통성이 없고(孤) 견문이 좁음(陋). * 匜=匜
1633	虔	虔	호피무늬(虍)처럼, 이마에 죄명이 문신된 **죄인**은 항상 언행을 **삼가고 다른 사람을 공경해야** 함. ――――――――――――――――――――― **공경할 건** • 敬虔(경건) 공경하며(敬) 삼가고(虔) 엄숙하다.
1634	乙	乙	1. 굽은 작은 칼의 모양. 2. 새의 굽은 모양. ――――――――――――――――――――― **둘째 을** • 甲男乙女(갑남을녀) 갑(甲)이라는 남자(男子)와 을(乙)이라는 여자(女子): 신분이나 이름이 알려지지 아니한 그저 평범한 사람들. **굽을 을**
1635	肅	肅	물이 깊은 못(淵)에서 삿대질(聿)을 **조심스럽게** 하느라 몸이 오그라들다. ――――――――――――――――――――― **엄숙할 숙** • 嚴肅(엄숙) 분위기나 의식 따위가 장엄하고(嚴) 정숙하다(肅).
1636	繡	繡	삿대로 물을 젓듯(肅), 바늘로 헝겊(糸)에 수를 놓다. ――――――――――――――――――――― **수놓을 수** • 錦繡江山(금수강산) 비단(錦)에 수(繡)를 놓은 듯이 아름다운 강(江)과 산(山): 아름다운 우리나라 강산을 뜻함.
1637	㡀	㡀	옷(巾)이 해지고(八) 또 해지다(八). ――――――――――――――――――――― **해진 옷 폐**

| --- | --- | --- | --- |
1638	㡀	敝	1. 옷(巾)을 오래 입어서(攵) 해지고(八) 또 **해지다**(八). 2. 옷(㡀)의 해진 부분을 수선하여(攵) **가리다**. 해질 폐/가릴 폐
1639	幣	幣	1. 해진 부분(㡀)이 없이 잘 관리된(攵) 비단(巾). 2. 돈으로 사용된 비단(巾)은 때가 타 더러워져(敝) 회수하여 재발행 함. 비단 폐 • 幣帛(폐백) 임금에게 바치거나 제사 때 신에게 바치는 물건: 신부가 처음으로 시부모를 뵐 때 큰절을 하고 올리는 물건/혼인 전에 신랑이 신부 집에 보내는 예물. 화폐 폐 • 貨幣(화폐) 상품 교환 가치의 척도가 되며 그것의 교환을 매개하는 일반화된 수단: 돈.
1640		弊	**낡고 해가 되는 것**(敝)을 팔짱을 끼고(廾) 두고 보다. 폐단 폐 • 弊端(폐단) 어떤 일이나 행동에서 나타나는 해로운(弊) 현상(端).
1641	蔽	蔽	풀(艹)을 엮어 만든 덮개(敝)로 덮다. 덮을 폐 • 隱蔽(은폐) 가리어(隱) 숨김(蔽): 덮어 감춤.
1642	陣	陣	언덕(阝) 위에 전차(車)로 **짧은 시간 동안 진을 치다**. 진칠 진 • 鶴翼陣(학익진) 학(鶴)이 날개(翼)를 펴듯이 치는 진(陣): 적을 둘러싸기에 편리한 진형임. 짧은 시간 진 • 陣痛(진통) 해산할 때에, 짧은 간격(陣)을 두고 주기적으로 반복되는 배의 통증(痛): 사물을 완성하기 직전에 겪는 어려움의 비유.
1643	黽	黽	맹꽁이의 머리·몸통·다리를 나타냈고, 땅바닥에 **달라붙어** 엉금엉금 **힘써** 기어가는 맹꽁이. 힘쓸 민 • 黽勉(민면) 부지런히(黽) 힘씀(勉). 맹꽁이 민
1644	繩	繩	끈(糸)으로 달라붙게(黽) 묶어 바로 잡고 **통제하다**. 노끈 승 • 結繩(결승) 옛적에 글자가 없었던 시대에, 노끈(繩)으로 매듭(結)을 맺어서 기억의 편리를 꾀하고 또 서로 뜻을 통하던 것.
1645	孚	孚	손(爪)으로 자녀(子)를 품에 안다. 미쁠 부

번호	고문	해서	설 명
			• 孚佑(부우) 믿고(孚) 도와줌(佑). * [믿다: 동사]→[미쁘다: 형용사]
1646	𩵋	乳	어미가 아이(子)를 손(爪)으로 안고 젖(乚)을 물리고 있는 모습. **젖 유** • 哺乳類(포유류) 젖(乳) 먹이(哺) 동물(類).
1647	秊	年	사람(人→𠂉)이 **1년 동안** 가꾸고 수확한 곡식을 등에 지고 집으로 가다(𠂉). **해 년(연)** • 年俸(연봉) 일 년(年) 단위로 정하여 지급하는 봉급(俸).
1648	𣈙	晴	해(日)가 보이고 하늘이 푸르다(靑). **갤 청** • 晴天(청천) 맑게 갠(晴) 하늘(天).
1649	𡐦	坴	(불룩하게 솟은)버섯 록 (잘 움직이지 않는)두꺼비 록
1650	坴	坴	불룩하게 솟은(坴) 땅(土). 언덕 륙(육)
1651	𨺮	陸	언덕(坴)의 뜻을 확실하게 하려고 언덕(阝)을 추가함. **뭍 륙(육)** • 陸地(육지) 물에 덮이지 않은(陸) 지구 표면(地).
1652	𨻰	陵	계단(阝)을 **밟아야**(夂) 넘을 수 있는 가파른 **언덕**(坴→坴). **무덤 릉(능)** • 陵(능) 임금이나 왕후의 무덤. **언덕 릉(능)** • 武陵桃源(무릉도원) 무릉(武陵)에 사는 한 어부가 배를 저어 복숭아꽃(桃)이 아름답게 핀 수원지(源)로 올라가 굴속에서 진나라의 난리를 피하여 온 사람들을 만났는데, 그들은 하도 살기 좋아 그동안 바깥세상의 변천과 많은 세월이 지난 줄도 몰랐다고 함. **업신여길 릉(능)** • 陵蔑(능멸) (사람을) 업신여겨(陵) 깔봄(蔑). * 陵蔑=凌蔑
1653	晶	晶	하늘에 많은 별(日)들을 가리키고, '밝다', '맑다'의 의미를 나타냄. **맑을 정** • 水晶(수정) 무색투명한(水) 석영(晶)의 하나. **결정 정** • 結晶(결정) 원자·분자·이온 등이 대칭적·주기적으로 규칙 있게 배열되어 있는 다면체의 고체/애써 노력하여 이루어진 보람 있는 결과. • 液晶(액정) 액체(液)와 고체(晶)의 중간 상태에 있는 물.

번호	고문	해서	설 명
1654	鹽	鹽	사람(人→宀)이 가마솥(皿)에서 **소금**(鹵)이 만들어지는 과정을 눈(臣)으로 지켜봄. **소금 염** • 賣鹽逢雨(매염봉우) 소금(鹽)을 팔다가(賣) 비(雨)를 만나다(逢): 일에 마가 끼어서 되는 일이 없음.
1655	倝	倝	초원에 해가 뜰 때(卓) 햇빛이 쭉 뻗어 나가는(人) 모양. **햇빛 빛나는 모양 간**
1656	乾	乾	하늘에서 햇빛(倝)이 대지를 마르게 하면 아지랑이(乙)가 피어오른다. **하늘 건** • 乾坤(건곤) 하늘(乾)과 땅(坤)을 상징적으로 일컫는 말: 온 세상. **마를 건** • 乾燥(건조) 말라서(乾) 습기가 없음(燥): 물기나 습기가 말라서 없어짐. 또는 물기나 습기를 말려서 없앰/분위기, 정신, 표현, 환경 따위가 여유나 윤기 없이 딱딱함. • 乾杯(건배) 잔(杯) 비우기(乾): 잔을 높이 들어 행운을 빌고 마시는 일.
1657	皆	皆	**다** 함께(比) 말하다(白). **다 개** • 粒粒皆辛苦(입립개신고) 쌀 한 톨(粒) 한 톨(粒)마다 모두(皆) 괴로움(辛)과 고생(苦)이 배어 있다: 농부의 수고로움과 곡식의 소중함을 비유하는 말.
1658	蒿	蒿	향기가 **멀리**(高) 퍼지는 쑥(艹). **쑥 호**
1659		嚆	소리(口)가 멀리 퍼지다(蒿). **울릴 효** • 嚆矢(효시) 전쟁터에서 우는(嚆) 화살(矢)을 쏘아 개전의 신호로 삼다: 모든 일의 시초.
1660	牀	床	집안(广)에서 나무(木)로 만든 **평상** 또는 **침대**를 사용하다. **평상 상** • 冊床(책상) 책(冊)을 읽거나 글씨를 쓰는 데 받치고 쓰는 상(床). * 床=牀
1661	二	二	두 개의 손가락을 펴거나 나무젓가락 두개를 옆으로 뉘어 놓은 모양. **두 이** • 二十五時(이십오시) 때를 놓침: 절망 등의 뜻으로 쓰이는 말.
1662	序	序	북(予)은 베틀에서 날실의 틈으로 왔다 갔다 하면서 **차례차례** 씨실을 푸는 기구이고, 학교(广)는 **처음**부터 **끝**까지 **차례대로** 내용을 가르침. **차례 서** • 秩序(질서) 혼란 없이 순조롭게 이루어지게 하는 사물의 순서(秩)나 차례(序).

번호	고문	해서	설 명
			머리말 서 • 序論(서론) 본론의 실마리(序)가 되는 논설(論).
1663	廛	廛	한 가족에게 나누어(八) 준 마을(里)의 땅(土)에 가게(广)을 짓다. **가게 전** • 廛房(전방) 물건을 늘어놓고 파는 가게. * 1廛: 약300평
1664	纏	纏	한 종류의 물건만 파는 가게(廛)들이 실(糸)처럼 **얽혀** 있다. **얽을 전** • 纏帶(전대) 돈이나 물건을 넣어 허리에 매거나 어깨에 두르기(纏) 편하도록 만든 자루(帶).
1665	暑	暑	여러(者) 개의 해(日)가 떠있어 덥다. **더울 서** • 避暑(피서) 선선한 곳으로 옮기어 더위(暑)를 피(避)하는 일.
1666		皓	크게 퍼지는(告) 흰색(白). **흴 호/환할 호** • 丹脣皓齒(단순호치) 붉은(丹) 입술(脣)과 하얀(皓) 이(齒): 여자의 아름다운 얼굴.
1667	韭	韭	땅 위에 무리지어 나 있는 **가느다란** 부추의 모양. **부추 구** • 韭菹(구저) 부추(韭)로 담근 김치(菹).
1668		戔	두 사람(从)이 창(戈)으로 자르고 잘라 **가늘어지다.** **자를 첨** * 戋: 다칠 재
1669	韱	韱	가느다란(戔) 부추(韭). **부추 섬/가늘 섬**
1670	纖	纖	실(糸)처럼 가늘다(韱). **가늘 섬** • 纖纖玉手(섬섬옥수) 가녀리고(纖) 가녀린(纖) 옥(玉) 같은 손(手): 가냘프고 고운 여자의 손.
1671	暗	暗	해(日)가 소리(音)처럼 불분명하여 **어둡다.** **어두울 암** • 明暗(명암) 밝음(明)과 어두움(暗). • 暗記(암기) 어두운 머릿속(暗)에 그대로 외어서(記) 잊지 아니함. * 音: 불분명한 모든 소리를 뜻함 * 言: 분명한 소리로 말을 뜻함

| --- | --- | --- | --- |
1672		隙	벽의 틈(小) 사이로 빛(日)이 새어 나오다. **틈 극**
1673	隙	隙	언덕(阝)과 언덕 사이의 벌어진 틈(𧮫). **틈 극** • 間隙(간극) 사물 사이(間)의 틈(隙): 사귀는 사이나 의견 따위에서 생기는 틈.
1674	俯	俯	사람(人→亻)이 기대려고(府) 몸을 **구부리다.** **구부릴 부** • 俯伏(부복) 고개를 숙이고(俯) 엎드림(伏)
1675	障	障	언덕(阝)이 **가로막고** 있어 분명히(章) 알 수 없다. **막을 장** • 障碍(장애) 어떤 사물의 진행을 가로막아(障) 거치적거리게 하거나(碍) 충분한 기능을 하지 못하게 함: 신체 기관이 본래의 제 기능을 하지 못하거나 정신 능력에 결함이 있는 상태. * 障碍=障礙
1676	碍	碍	돌(石)과 같은 장애물이 막고 있어 내가 획득(得→㝵)하는 데 어렵다. **막을 애** • 融通無碍(융통무애) 거침없이(融) 통(通)하여 막히지(碍) 않는다(無): 사고나 행동이 자유롭고 활달함.
1677	溝	溝	물(氵)이 흐르도록 이것저것 잘 짜서(冓) **인공적인 도랑**을 만들다. **도랑 구** • 溝渠(구거) 사람이 인공적으로 만든 도랑: 하천보다 규모가 작은 4~5m 폭의 개울
1678	溢	溢	물(水→氺→𠁥)이 담긴 그릇(皿)에 물(氵)을 더하여 **넘치다.** **넘칠 일** • 海溢(해일) 해저의 지각 변동이나 해상의 기상 변화에 의하여 갑자기 바닷물(海)이 크게 일어서 육지로 넘쳐(溢) 들어오는 것. • 滿則溢(만즉일) 가득 차(滿)면(則) 넘친다(溢): 모든 일이 오래도록 번성하기는 어려움을 이르는 말.
1679	坐	坐	흙덩이(土) 위에 두 사람(从)이 마주 앉다. **앉을 좌** • 坐不安席(좌불안석) 앉아도(坐) 자리(席)가 편안(安)하지 않다(不): 마음이 불안하거나 걱정스러워서 한군데에 가만히 앉아 있지 못하고 안절부절못하는 모양을 이르는 말. • 坐礁(좌초) 함선이 암초(礁)에 얹힘(坐).
1680		座	집안(广)에서 앉는(坐) 곳. **자리 좌**

번호	고문	해서	설 명
			• 座席(좌석) 앉는(座) 자리(席). • 計座(계좌) 계산하는(計) 자리(座). 　* 座席=坐席
1681	閵	閵	문(門)사이로 황색의 까치 새(隹)가 문턱을 **밟다**. 　새 이름 린/밟을 린
1682	藺	藺	깔개(閵)로 사용되는 골 풀(艹) 　골 풀 린
1683		躙	발(足)로 밟다(藺). 　짓밟을 린(인) • 蹂躙(유린) 남의 권리나 인격을 짓밟음. 　* 蹂躙=蹂躪=蹂躪
1684	險	險	여러 개(僉)의 언덕(阝)이 겹쳐있어 **가파르다**. 　험할 험 • 危險(위험) 불안하고(危) 가파름(險): 해로움이나 손실이 생길 우려가 있음.
1685	𣈣	廷	재주가 많은 사람(壬)이 **조정**의 계단을 천천히 오르다(廴). 　조정 정 • 朝廷(조정) 나라의 정치를 의논하고 집행하던(朝) 곳(廷).
1686	庭	庭	큰 집(广)의 사람(壬)들이 천천히 걸을 수 있는(廴) 뜰이나 마당. 　뜰 정 • 庭園(정원) 집안에 있는 뜰.
1687	𡰡	皮	동물의 가죽(𠃌)을 손(又)으로 벗겨내는 모습. 　가죽 피 • 皮革(피혁) 날가죽(皮)과 무두질한 가죽(革)의 총칭: 가죽. • 脫皮(탈피) 껍질이나 가죽(皮)을 벗김(脫): 일정한 상태나 처지에서 완전히 벗어 　남/동물 파충류, 곤충류 따위가 자라면서 허물이나 껍질을 벗음.
1688	庸	庸	1. 큰 집(广)에서 **일꾼**이 절굿공이를 잡고(彐) 절구질(用)을 일정하게 하다. 2. 절구질은 부끄러움이 없고 **떳떳한** 일이나, **평범하고 변변치 못한** 일이다. 　떳떳할 용 • 中庸(중용) 치우침이나 과부족이 없이(中) 떳떳하며(庸) 알맞은 상태나 정도. 　평범할 용 • 庸音(용음) 평범(平凡)한 소리로 시문, 작품 등을 뜻함. 　변변치 못할 용 • 凡庸(범용) 평범하고(凡) 변변하지 못함(庸) 또는 그런 사람. • 庸劣(용렬) 재주가 남만 못하고(庸) 어리석음(劣).
1689	傭	傭	사람(亻)이 돈을 받고 일을 해 주다(庸).

205

번호	고문	해서	설 명
			품 팔 용 • 雇傭(고용) 삯을 받고(雇) 남의 일을 해 줌(傭). *품: 어떤 일에 드는 힘이나 수고/삯을 받고 하는 일.
1690		雇	1. 출입문(戶) 밖에서 농부들에게 농사를 지으라고 울부짖는 새(隹)의 모습. 2. 바쁜 농사철에 품을 **팔거나 사야** 함. ⋯⋯⋯⋯⋯⋯⋯⋯⋯⋯⋯⋯⋯⋯⋯⋯⋯⋯⋯⋯⋯⋯ **품 팔 고** • 雇工(고공) 고용살이하는(雇) 직공(工): 머슴/품팔이. **품 살 고** • 雇用(고용) 삯을 **주고**(雇) 사람을 부림(用). *雇傭(고용) 삯을 **받고**(雇) 남의 일을 해 줌(傭).
1691		顧	다시 돌아오는 철새(雇)처럼 머리(頁)를 다시 되돌려 봄. ⋯⋯⋯⋯⋯⋯⋯⋯⋯⋯⋯⋯⋯⋯⋯⋯⋯⋯⋯⋯⋯⋯ **돌아볼 고** • 三顧草廬(삼고초려) 유비가 은거하고 있던 제갈량의 풀(草)로 인 농막집(廬)으로 세 번(三)이나 찾아감(顧): 인재를 맞아들이기 위하여 참을성 있게 노력함. • 顧客(고객) 다시 돌아 와서(顧) 물건을 사는 손님(客).
1692		雅	어금니(牙)를 두드려 **맑은 소리**를 내는 메 까마귀(隹). ⋯⋯⋯⋯⋯⋯⋯⋯⋯⋯⋯⋯⋯⋯⋯⋯⋯⋯⋯⋯⋯⋯ **맑을 아** • 優雅(우아) 고상하고 기품이 있으며 아름답다.
1693		兼	한 손(彐)으로 벼 두 포기(秝)를 잡다. ⋯⋯⋯⋯⋯⋯⋯⋯⋯⋯⋯⋯⋯⋯⋯⋯⋯⋯⋯⋯⋯⋯ **겸할 겸** • 兼床(겸상) 두 사람이 한 상에 마주 앉게(兼) 차린 상(床).
1694		廉	한 손으로 두 가닥의 곡식을 잡을 수 있게 해주는(秝→兼) 가게(广)를 뜻하고, 소비자가 같은 가격에 두 배의 이익을 얻을 수 있어 **'값이 싸다'**, 가게 주인이 '탐욕을 부리지 않고 **청렴하다**'로 쓰이며, 시장에서 그런 가게를 날카롭게 **살펴야 봐야** 함. ⋯⋯⋯⋯⋯⋯⋯⋯⋯⋯⋯⋯⋯⋯⋯⋯⋯⋯⋯⋯⋯⋯ **값쌀 렴** • 廉價(염가) 매우 싼(廉) 값(價). **청렴할 렴** • 淸廉(청렴) 성품과 행실이 높고 맑으며(淸), 탐욕이 없음(廉). **살필 렴(염)** • 廉探(염탐) 몰래 남의 사정을 살피고(廉) 조사함(探).
1695		嫌	여자(女)의 증오심은 점점 커진다(兼). ⋯⋯⋯⋯⋯⋯⋯⋯⋯⋯⋯⋯⋯⋯⋯⋯⋯⋯⋯⋯⋯⋯ **싫어할 혐** • 嫌惡(혐오) 싫어하고(嫌) 미워함(惡). *兼: 겸할 겸, 쌓일 겸
1696		軋	수레바퀴(車)가 흔들거려(乚) 삐걱거리다. ⋯⋯⋯⋯⋯⋯⋯⋯⋯⋯⋯⋯⋯⋯⋯⋯⋯⋯⋯⋯⋯⋯ **삐걱거릴 알** • 軋轢(알력) 수레바퀴의 삐걱거림: 의견이 서로 충돌됨.

번호	고문	해서	설 명
1697	轢	轢	수레바퀴(車)가 굴러갈 때 나는 소리(樂). **삐걱거릴 력**
1698	舀	舀	곡식을 확(臼)에서 계속 퍼내다(爫). **퍼낼 요**
1699	滔	滔	물(氵)을 계속 퍼내어(舀), 물이 그득 퍼져 흘러가다. **물 넘칠 도** • 滔滔(도도) 물이 그득 퍼져 흘러가는 모양: 말을 거침없이 잘하는 모양/감흥 따위가 북받쳐 누를 길이 없음. ＊ 도도하다: 잘난 체하여 주제넘게 거만하다.
1700	它	它	사람의 발을 무는 **독사**(它)는 보통 뱀과 **다르다**. **다를 타/뱀 사**
1701	佗	佗	다른(它) 사람(亻). **다를 타**
1702	他	他	남자(人→亻)와 생식구조(也)가 **다르다**. **다를 타** • 自他(자타) 자기(自)와 남(他).
1703	仚	仙	산(山)에서 사는 사람(亻). **신선 선** • 神仙(신선) 도를 닦아서 현실의 인간 세계를 떠나(神) 자연과 벗하며 산다(仙)는 상상의 사람: 세속적인 상식에 구애되지 않고, 고통이나 질병도 없으며 죽지 않는다고 함.
1704	盛	盛	신에게 바치는 음식을 그릇(皿)에 높이 풍성하게 괴다(成). **성할 성** • 茂盛(무성) 풀이나 나무 따위가 우거지어(茂) 성(盛)함.
1705	曰	曰	입(口)과 입 안에서 나오는 말(一). **가로 왈/말하다 왈** • 曰可曰否(왈가왈부) 어떤 일에 대하여 옳거니(可) 옳지 아니하거니(否) 하고 말함(曰).
1706	仲	仲	중간(中)사람(亻)으로 형제 중에 '**둘째**'를 뜻함. **버금 중** • 伯仲之勢(백중지세) 형제인 장남(伯)과 차남(仲)의 차이처럼 큰 차이가 없는(之) 형세(勢): 누구를 형이라 아우라 하기 어렵다는 뜻/우열의 차이가 없이 엇비슷함.
1707	盲	盲	눈(目)이 멀다(亡). **눈멀 맹**

번호	고문	해서	설 명
			• 盲人(맹인) 시각 장애(盲)인(人).
			• 盲目(맹목) 눈(目)이 멀어서 보지 못하는 눈(盲): 이성을 잃어 적절한 분별이나 판단을 못하는 일.
1708	聽	廳	국민의 목소리에 귀 기울여야 하는(聽) 관청(广).
			관청 청
			• 市廳(시청) 시(市)의 행정 사무를 맡아보는 기관(廳).
1709	盾	盾	투구의 차양(厃)이 눈(目)을 가려 보호함.
			방패 순
			• 矛盾(모순) 창(矛)과 방패(盾): 말이나 행동의 앞뒤가 서로 일치되지 아니함.
1710	替	替	두 벼슬아치(夫)가 큰 소리를 질러(曰) 인계인수를 하고 갈마들다.
			바꿀 체
			• 移替(이체) 서로 갈리고(移) 바뀜(替): 계좌 따위에 들어 있는 돈을 다른 계좌 따위로 옮김.
1711	較	較	수레(車)와 수레를 맞대놓고(交) **비교하다**.
			비교할 교
			• 比較(비교) 둘 이상의 사물을 견주어(比) 서로 간의 유사점, 차이점, 일반 법칙 따위(較)를 고찰하는 일.
1712	桼	桼	나무(木) 줄기에 상처를 내어(人) 나무의 액(水→氺)을 채취 함.
			옻 칠/옷 나무 칠
1713	漆	漆	옻나무(桼)의 진액(氵).
			옻 칠
			• 漆黑(칠흑) 옻칠(漆)처럼 검음(黑).
			• 膠漆之交(교칠지교) 아교(膠)와 옻(漆)의(之) 사귐(交): 매우 친밀한 사귐.
1714	月	月	초승달을 그린 것.
			달 월
			• 歲月(세월) 해(歲)나 달(月)을 단위로 하여, 한없이 흘러가는 시간: 시절/세상.
1715	眉	眉	눈(目) 위에 있는 **눈썹**(尸).
			눈썹 미
			• 白眉(백미) 흰(白) 눈썹(眉): 여럿 가운데에서 가장 뛰어난 사람이나 훌륭한 물건을 비유적으로 이르는 말/중국 촉한 때 마씨 다섯 형제가 모두 재주가 있었는데 그중에서도 눈썹 속에 흰 털이 난 마량이 가장 뛰어났다는 데서 유래함.
1716	伐	伐	사람(亻)이 창(戈)을 들고 상대방을 공격하다.
			칠 벌
			• 征伐(정벌) 적 또는 죄 있는 무리를 무력으로써 침.
			• 伐草(벌초) 무덤의 잡초(草)를 베는 일(伐).

번호	고문	해서	설 명
1717	(고문)	圓	員(원)을 '둥글다'로 사용하다가, 나중에 '수'를 세는 말로 쓰이게 되어, '둥글다'의 뜻으로 '圓(원)'이라고 씀. **둥글 원** • 圓滿(원만) 성격이 모난 데가 없이(圓) 부드럽고 너그럽다(滿): 일의 진행이 순조로움/서로 사이가 좋음. • 楕圓(타원) 길고 둥근(楕) 원(圓). * 楕圓=橢圓
1718	(고문)	鼓	장식(十)이 달린 북(豆)을 북채(十)로 쳐(又) 사람을 **격려하다**. **북 고** • 鼓吹(고취) 북을 치고(鼓) 피리를 붊(吹): 용기와 기운 북돋우어 일으킴/의견이나 사상 등을 열렬히 주장하여 널리 선전함.
1719	(고문)	蜚	날개를 어긋나게 펴(非) **날 수 있는** 벌레(虫). **날 비** • 三年不蜚(삼년불비) 삼(三) 년(年)간이나 한 번도 날지(蜚) 않는다(不): 뒷날에 웅비할 기회를 기다림. **바퀴 비** * 蜚=飛
1720	(고문)	鼠	쥐의 이빨(臼), 다리(ㅌㅌ), 꼬리(乚)를 나타냄. **쥐 서** • 首鼠兩端(수서양단) 구멍에서 머리를 내밀고(首) 나갈까 말까(兩) 살피는(端) 쥐(鼠): 머뭇거리며 진퇴나 거취를 정하지 못하는 상태. • 泰山鳴動 鼠一匹(태산명동 서일필) 태산(泰山)이 쩡쩡 울리도록(鳴) 야단법석을 떨었는데(動) 결과는 생쥐(鼠) 한(一) 마리(匹)가 튀어나왔을 뿐: 아주 야단스러운 소문에 비하여 결과는 별것 아닌 것. * 端: 끝 단, 살필 단 * 泰山(태산) 높고 큰 산: 크고 많음을 비유적으로 이르는 말.
1721	(고문)	輩	**여러 대의 수레**(車)가 날개를 펼치듯(非) 횡렬로 줄지어 전진하는 모습. **무리 배** • 先輩(선배) 학교나 직장을 먼저 거친(先) 사람(輩): 나이·학식 등이 자기보다 많거나 나은 사람/모든 면에서 자기보다 앞선 사람.
1722		漫	물(氵)이 길게(曼) 끝없이 퍼져 **흩어지다**. **흩어질 만/넘칠 만** • 天眞爛漫(천진난만) 꾸밈이나 거짓이 없이 자연 그대로(天) 깨끗하고(眞) 주고받는 의견이 충분히(爛) 많음(漫). • 浪漫(낭만) 현실에 매이지 않고 감상적이고(浪) 이상적으로(漫) 사물을 대하는 태도나 심리: 감미롭고 감상적인 분위기.
1723	(고문)	露	길(路)가의 풀에 **이슬**(雨)이 새벽에 **나타나다**. **이슬 로** • 結露(결로) 이슬(露)이 맺힘(結).

번호	고문	해서	설 명
			나타날 로
			• 露出(노출) 감춰지거나 가려져 있는 대상이나 사실을 보이거나(露) 알 수 있도록 드러내는(出) 것: 어떤 대상을 좋지 않은 환경이나 상황에 놓여 있게 하는 것.
1724	櫤	朴	나무(木)의 **자연 그대로** 갈라진(卜) 껍질.
			순박할 박
			• 淳朴(순박) 소박하고 순진함: 인정이 두텁고 거짓이 없음.
			• 素朴(소박) 거짓이나 꾸밈이 없이 순수하고(素) 자연스러움(朴): 생긴 그대로임.
			*淳朴=淳樸=醇朴
1725	㿝	鼻	인중(畀)위의 코(自)에서 나오는 숨(廾).
			코 비
			• 吾鼻三尺(오비삼척) 내(吾) 코(鼻)가 석(三) 자(尺): 자기 사정이 급하여 남을 돌볼 겨를이 없음.
			처음 비
			• 鼻祖(비조) 어떤 일을 가장 먼저 시작한(鼻) 사람(祖) .
			*人中(인중) 코와 윗입술 사이에 오목하게 골이 진 곳 .
			*鼻: 코 비, **처음 비**(옛 선인들은 태아의 얼굴에서 코가 가장 먼저 형성된다고 봄)
1726	䀮	眼	눈(目)안에 멈춰있는(艮) 눈동자.
			눈 안
			• 白眼靑眼(백안청안) 흘겨보는 하얀(白) 눈(眼)과 정다운 푸른(靑) 눈(眼).
1727	輾	輾	수레바퀴(車)가 반 바퀴 앞으로 나아가다(展).
			돌아누울 전
			• 輾轉反側(전전반측) 누워서 몸을 뒹굴거나(輾) 구르고(轉) 반대(反)쪽(側)으로 이리저리 뒤척이며 잠을 이루지 못함.
1728	⊙	旦	아침 해(日)가 지평선(一) 위로 막 솟는 모양.
			아침 단
			• 旦夕(단석) 아침(旦)과 저녁(夕).
1729	坦	坦	지평선(旦)처럼 평평한 땅(土).
			평탄할 탄
			• 平坦(평탄) 지면이 평평함: 마음이 편하고 고요함/일이 순조롭게 됨.
			• 坦坦大路(탄탄대로) 높낮이가 없이 평탄(坦坦)하고 넓은(大) 길(路): 앞이 환히 트여 순탄하게 앞으로 나아갈 수 있는 상태.
1730	㫰	但	보이지 아니하던 해가 떠올라(旦) **보이는** 것처럼, 사람(亻)이 보이지 아니하던 것을 분명히 나타나게 하다.
			다만 단/오직 단
			• 但(단) 다른 것이 아니라 **오로지**.
1731	彌	彌	누에(弓)가 3일 동안 **쉬지 않고** 실을 토해 옷을 **꿰매듯**, 빠진 곳이 없이 두루두루 꽃(爾) 같은 고치를 만듦.

번호	고문	해서	설 명

미륵 미
- 彌勒菩薩(미륵보살) 내세에 성불하여(彌勒) 사바세계에 나타나서 중생을 제도하리라는 보살(菩薩).

두루 미
- 彌日(미일) 온(彌)종일(日) 걸림: 몇 날에 걸침.

꿰맬 미
- 彌縫策(미봉책) 꿰매어(縫) 깁는(彌) 계책(策): 결점이나 실패를 덮어 발각되지 않게 이리저리 주선하여 감추기만 하는 계책.

1732 杏

나무(木)의 뿌리가 뭉쳐 자라는(口) 살구나무.

살구 행
- 杏林(행림) 살구나무(杏)의 수풀(林): 옛날 동봉이란 의원이 치료의 대가로 중환자에게는 다섯 그루, 경환자에게는 한 그루씩 살구나무를 심게 한 것이 몇 년 뒤에 가서 울창한 수풀을 이루었다는 옛일에서 온 말로 **의원**을 달리 이르는 말.

은행나무 행
- 杏壇(행단) 공자가 은행나무(杏) 단(壇) 위에서 강학하였다는 옛일에서 나온 말로, 학문을 닦는 곳을 이름.

1733 材

상태나 재질이 좋은(才) 나무(木).

재료 재
- 材料(재료) 물건을 만드는 데 드는(材) 원료(料): 일을 할 거리/예술적 표현의 제재.

재주 재
- 人材(인재) 어떤 일을 할 수 있는 학식이나 능력을 갖춘(材) 사람(人).

1734 罔

1. 그물망(罔) 사이의 공간에 아무것도 **없다**(亡).
2. 그물(罔)로 **속여** 잡다(亡).

없을 망
- 罔極(망극) 임금이나 부모의 은혜가 너무 커서(極) 갚을 길이 없음(罔).

속일 망
- 欺罔(기망) 남을 그럴듯하게(欺) 속여 넘김(罔).

1735 彩

나무(木)에서 딴(爪) 열매의 색이 **고운 빛깔**로 빛나다(彡).

채색 채
- 彩色(채색) 그림에 색(彩)을 칠함(色): 여러 가지 고운 빛깔/채색감.

1736 置

그물(罒)을 똑바로(直) 세우다.

세울 치
- 措置(조치) 벌어지는 사태를 잘 살펴서 필요한 대책(措)을 세워(置) 행함.
- 設置(설치) 어떤 일을 하는 데 필요한 기관이나 설비 따위를 베풀어(設) 세움(置).
   * 措: 준비할 조, 처리할 조[홍수(昔)를 손(扌)으로 대비하다]

1737 圭

옥으로 만든 홀의 모양.

211

번호	고문	해서	설 명
			서옥 규
			*규(圭) 위 끝은 뾰족하고 아래가 세 모 또는 네 모가 졌음: 예전 중국에서 천자가 제후를 봉하거나 신을 모실 때 썼음.
1738	佳	佳	천자(亻)가 규(圭)를 든 모습이 **아름답고 크다.**
			아름다울 가
			• 佳人(가인) 참하고 아름다운(佳) 사람(人).
1739	个	午	세워 놓은 절굿공이(午)의 모양으로, 하루 중 절굿공이의 그림자의 길이가 **가장 짧은 때.**
			낮 오
			• 正午(정오) 낮12시.
1740	杵	杵	나무(木)로 된 절굿공이(午).
			공이 저
			• 臼杵(구저) 절구(臼)와 절굿공이(杵).
1741	咢	咢	시끄러워(吅) 놀라 턱이 **벌어지다(亏).**
			놀랄 악/벌어질 악
			*屰(거스를 역)→亏(이지러질 휴)
			*吅: 시끄럽다
1742		愕	놀란(咢) 마음(忄).
			놀랄 악
			• 驚愕(경악) 소스라치게(驚) 깜짝 놀람(愕).
1743		顎	머리(頁)에서 벌어지는 턱(咢).
			턱 악
			• 上顎(상악) 위(上)턱(顎).
1744		齶	이(齒)가 자리 잡은 턱(咢)은 잇몸임.
			잇몸 악
1745	役	役	어떤 일을 하도록(行→彳) 계속 자극을 주다(殳).
			부릴 역
			• 役割(역할) 제가 하여야 할(役) 제 앞의 일(割).
1746	彼	彼	분리된(皮) 저쪽 길(行→彳).
			저 피
			• 彼此一般(피차일반) 저것(彼)이나 이것(此)이나 마찬가지임(一般) : 다 같음.
1747	松	松	나무(木) 중에서 귀족(公)인 소나무.
			소나무 송
			• 松亭(송정) 솔(松)숲 사이에 지은 정자(亭): 정자(亭) 나무처럼 생긴 소나무(松).

번호	고문	해서	설 명
1748	𧗟	征	바르게(正) 고치려고 가다(行→彳). **갈 정** • 遠征(원정) 먼(遠) 곳으로 싸우러 나감(征): 먼 곳으로 운동 경기 따위를 하러 감/연구, 탐험, 조사 따위를 위하여 먼 곳으로 떠남.
1749		歰	발(止)이 얽혀 막히다(歰). **떫을 삽**
1750		澁	발(止)이 얽혀 막히듯(歰) 물(氵)이 자연스럽게 흐르지 아니하다. **떫을 삽** • 難澁(난삽) 글이나 말이 매끄럽지 못하면서 어렵고(難) 까다롭다(澁).
1751	徂	徂	가고(行→彳) 또(且) 가 목적지에 도달하다. **갈 조** • 徂謝(조사) 죽어(徂) 이 세상을 하직함(謝).
1752	𧥷	謝	말(言)로 목표물을 맞히고(射) 끝나다. **사례할 사** • 謝禮(사례) 언행이나 선물 따위(禮)로 상대에게 고마운 뜻을 나타냄(謝). • 感謝(감사) 고맙게 여기고(感) 사례(謝)함. **갈아들 사** • 新陳代謝(신진대사) 묵은(陳) 것이 없어지고 새(新)것이 대신(代) 생기거나 들어서는 일(謝). **잘못을 빌 사** • 謝過(사과) 자기의 잘못(過)을 인정하고 용서를 빎(謝). **거절할 사** • 謝絶(사절) 요구나 제의를 받아들이지 않고 거절하여(謝) 물리침(絶). **시들 사** • 開謝(개사) 꽃이 피고(開) 짐(謝).
1753	𧒒	螳	당당한(堂) 벌레(虫)로 사마귀를 뜻함. **사마귀 당** • 螳螂(당랑) 사마귀.
1754	𧑓	螂	젊은이(郞)처럼 용감한 벌레(虫)로 사마귀를 뜻함. **사마귀 랑** • 螳螂窺蟬(당랑규선) 사마귀(螳螂)가 매미(蟬)를 엿본다(窺): 눈앞의 이익에만 정신이 팔려 뒤에 닥친 위험을 깨닫지 못함을 이르는 말/사마귀가 매미를 덮치려고 엿보는 데에만 정신이 팔려 참새가 자신을 엿보고 있음을 몰랐다는 데서 유래함.
1755	奢	奢	많이(大) 이것저것 모으다(者). **사치할 사**

213

번호	고문	해서	설 명
			• 奢侈(사치) 필요 이상으로(奢) 돈이나 물건을 씀(侈).
1756	侈	侈	사람(亻)이 재물을 지나치게 많이(多) 쓰는 것은 사치하는 것이다.
			사치할 치
			• 不侈不儉(불치불검) 의식주에 있어서 사치(侈)하지도 않고(不) 검소(儉)하지도 아니함(不)/모든 면에 아주 수수함.
1757		垈	대대(代)로 물려주는 땅(土)인 터전.
			집터 대
			• 垈地(대지) 집터(垈)로서의 땅(地).
1758	徐	徐	여유롭게(余) 행하다(行→亻).
			천천히 할 서
			• 徐行(서행) 사람이나 차가 천천히(徐) 감(行).
1759	徒	徒	흙(土)길을 **걸어서**(止→止), 목적 없이 **헛되이 무리**를 따라가다(亻)
			걸을 도
			• 徒步(도보) 타지 아니하고 걸어(徒)감(步).
			헛될 도
			• 無爲徒食(무위도식) 하는 일(爲) 없이(無) 헛되이(徒) 먹기(食)만 함.
			무리 도
			• 信徒(신도) 종교를 믿는(信) 사람들(徒).
1760	枕	枕	사람(儿)이 머리에 베는(一) 나무(木)
			베개 침
			• 衾枕(금침) 이부자리(衾)와 베개(枕).
1761	供	供	사람(亻)이 상대방에게 필요한 것(廿)을 두 손(廾)으로 **주다**.
			이바지할 공/줄 공
			• 供給(공급) 요구나 필요에 따라 물품 따위를 제공함.
1762	散	散	작게(几) 만들어져(攵) 영향이 있다(之→屮→屮).
			작을 미
			* 几: 안석 궤, 몇 기(매우 적은 수)
1763	微	微	작게(散) 하다(行→亻).
			작을 미
			• 微細(미세) 분간하기 어려울 정도(微)로 아주 작다(細): 몹시 자세하고 꼼꼼함.
1764	數	數	뛰어나게(王) 만들어져(攵) 영향이 있다(之→屮→屮).
			거둘 징
1765	徵	徵	뛰어남(數)이 **명백하여, 불러가거나 걷어감**(行→亻).

번호	고문	해서	설 명
			명백할 징
			• 特徵(특징) 다른 것에 비하여 특별히(特) 눈에 뜨이는(徵) 점.
			거둘 징
			• 徵收(징수) 나라, 공공 단체, 지주 등이 돈, 곡식, 물품 따위를 거두어(徵)들임(收).
			부를 징
			• 徵集(징집) 병역 의무자를 현역에 복무할 의무를 부과하여 불러(徵) 모음(集): 물건을 거두어 모음.
1766	枯	枯	오래된(古) 마른 나무(木).
			마를 고
			• 枯木生花(고목생화) 마른(枯) 나무(木)에서 꽃(花)이 핀다(生): 곤궁한 처지의 사람이 행운을 만나 신기하게도 잘됨.
1767	枳	枳	가시(八)로 둘러싸인(口) 탱자나무(木)는 사람을 해칠 수 있음.
			탱자 지
			해칠 지
			• 枳塞(지색) 벼슬길을 막거나(枳) 막히게(塞) 함.
1768	便	便	사람(亻)이 불편한 것을 고치면(更) 편하고, 배설을 하면 편하다.
			편할 편
			• 便利(편리) 편하고(便) 이로우며(利) 이용하기 쉬움.
			똥오줌 변
			• 大便(대변) 사람의 똥을 점잖게 이르는 말
			• 小便(소변) 오줌을 점잖게 이르는 말.
1769	翁	翁	공평하게 잘 나누는 사람(公)의 수염(羽)으로 늙은이의 존칭.
			늙은이 옹
			• 老翁(노옹) 늙은(老) 남자의 존칭(翁).
1770	卂	卂	빨리 날아 날개 한쪽이 덜 보임.
			빨리 날 신
1771	迅	迅	빨리(卂) 가다(辶).
			빠른 신
			• 迅速(신속) 매우 날쌔고(迅) 빠르다(速).
1772	柏	柏	반짝반짝 빛나는 열매(白)를 맺는 측백나무(木).
			측백 백
			• 側柏(측백) 사람의 곁(側)인 정원이나 울타리 등에 심는 측백나무(柏).
			• 歲寒松柏(세한송백) 추운(寒) 계절(歲)에도 소나무(松)와 측백나무(柏)는 잎이 지지 아니함: 어떤 역경 속에서도 변하지 않는 굳은 절개를 의미함.

번호	고문	해서	설 명
1773	習	習	확실하고 분명히(白) 날개 짓(羽)을 연습하다. **익힐 습** • 復習(복습) 한 번 배운 것을 다시(復) 익히러(習) 공부(工夫)함: 다시 익힘.
1774	韓	韓	태양빛(軒→卓)이 감싸는(韋) 나라. **나라 한** • 韓半島(한반도) 남북한을 달리 이르는 말. * 半島(반도) 삼면이 바다로 둘러싸이고 한 면은 육지에 이어진 땅: 대륙에서 바다 쪽으로 좁다랗게 돌출한 육지.
1775	忖	忖	상대방의 마음(忄)을 헤아리다(寸). **헤아릴 촌** • 忖度(촌탁) 남의 마음을 미루어서(忖) 헤아림(度).
1776	夾	夾	양팔과 양다리를 벌리고(大)이 **좁은** 옆구리에 물건(从)을 **끼움**. **좁을 협** • 夾路(협로) 큰 길거리에서 갈려 나간 좁은(夾) 길(路). **낄 협** • 夾門(협문) 대문이나 정문 옆에 있는 작은 문.
1777	俠	俠	다른 사람을 도와주려는(夾) 의로운 사람(亻). **의기 협** • 義俠心(의협심) 남의 어려움을 돕거나 억울함을 풀어 주기(義) 위하여 자신을 희생하려는 의로운(俠) 마음(心): 체면을 중히 여기고 신의를 지키는 마음. * 義氣(의기) 정의(義)의 마음에서 일어나는 기개(氣).
1778	矢	矢	화살촉과 깃의 모양을 본뜸. **화살 시** • 弓矢(궁시) 활(弓)과 화살(矢).
1779	矣	矣	내(厶)가 쏜 화살(矢)이 날아가, 목표물을 맞히어 **완료**되었다. **완료 의** • 萬事休矣(만사휴의) 만(萬) 가지나 되는 방법을 사용했으니(事) 더 이상 해볼 게 없어 끝났다(休矣).
1780	喬	喬	젊어서 **곧고 굵으며**(夭) **높다**(高→呙). **높을 교** • 喬木(교목) 줄기가 곧고 굵으며 높이(喬) 자라는 나무(木): 소나무·향나무 따위/ 큰키나무.
1781	矯	矯	구부러진 화살(矢)을 곧게(喬) 바로잡다. **바로잡을 교** • 矯正(교정) 좋지 않은 버릇이나 결점 따위를 바로잡음(矯正).

번호	고문	해서	설 명
1782	念	念	지금(今) 마음(心)에 있는 것. **생각 념(염)** • 觀念(관념) 어떤 일에 대한 견해(觀)나 생각(念).
1783	蟻	蟻	양 머리(羊)로 장식한 창(我) 모양의 개미(虫) 머리. **개미 의** • 堤潰蟻穴(제궤의혈) 방축(堤)도 개미(蟻) 구멍(穴)으로 인하여 무너진다(潰): 작은 일일지라도 신중히 해야 함.
1784	翼	翼	양쪽 **날개**(羽)를 서로 다르게(異) 조정하여 날다. **날개 익** • 比翼連理(비익연리) 암수가 각각 눈 하나에 날개(翼)가 하나씩이라서 짝(比)을 짓지 않으면 날지 못한다는 **비익조**와 한 나무의 가지가 다른 나무의 가지와 맞붙어서 서로 결(理)이 통(連)한 **연리지**: 부부의 사이가 깊고 화목함을 비유.